AF635280

Sieger | Jungbauer | Feldmann

Schulbegleitung von Kindern mit FASD

E-Book inside

Mit dem untenstehenden Download-Code erhalten Sie die PDF-Version dieses Buches.

So laden Sie Ihr E-Book inside herunter:

1. Öffnen Sie die Website: http://www.beltz.de/ebookinside
2. Geben Sie den untenstehenden Download-Code ein und füllen Sie das Formular aus.
3. Mit dem Klick auf den Button am Ende des Formulars erhalten Sie Ihren persönlichen Download-Link. [Für den Einsatz des E-Books in einer Institution fragen Sie bitte nach einem individuellen Angebot unseres Vertriebs: buchservice@beltz.de. Nennen Sie uns dazu die Zahl der Nutzer, für die das E-Book zur Verfügung gestellt werden soll.]
4. Der Code ist nur einmal gültig. Bitte speichern Sie die Datei auf Ihrem Computer.
5. Beachten Sie bitte, dass es sich bei Ihrem Download um eine Einzelnutzerlizenz handelt. Das E-Book ist für Ihren persönlichen Gebrauch bestimmt.

Download-Code

M9VX4M3KDF

Angela Sieger | Johannes Jungbauer | Reinhold Feldmann

Schulbegleitung von Kindern mit FASD

Kinder mit FASD in der Schule kompetent begleiten

Mit E-Book inside

BELTZ

Angela Sieger, Klinisch-therapeutische Sozialarbeiterin (M. A.), Wissenschaftliche Projektmitarbeiterin am Institut für Gesundheitsforschung und Soziale Psychiatrie (igsp) in Aachen, langjährige berufliche Erfahrung in der ambulanten Kinder- und Jugendhilfe und Inklusionsberatung.

Johannes Jungbauer, Dipl. Psych., Prof. Dr. phil. habil., ist seit 2004 Professor für Psychologie an der Katholischen Hochschule Nordrhein-Westfalen in Aachen.

Reinhold Feldmann, Dr. rer. medic., lic. iur. can., Dipl.-Psych., Dipl.-Theol., Psychol. Psychotherapeut, ist seit 1998 tätig in der Kinderklinik des UKM Münster, seit 2011 auch in der FASD-Ambulanz in Walstedde.

FSC www.fsc.org MIX Papier | Fördert gute Waldnutzung FSC® C089473

Dieses Buch ist erhältlich als:
ISBN 978-3-407-83220-7 Print
ISBN 978-3-407-83221-4 E-Book (PDF)

1. Auflage 2024

Lektorat: Christine Wiesenbach
Illustrationen/Abbildungen Innenteil:
Abb. 1, 4, 8, 11 © Elliot Stelling; Abb. 7 © Louis-Paul St-Onge / Alamy Stock Foto;
Abb. 10 © redchocolatte/gettyimages
Umschlaggestaltung: Michael Matl
Umschlagabbildung: © gettyimages /damircudic

Satz und Herstellung: Michael Matl
Druck und Bindung: Beltz Grafische Betriebe, Bad Langensalza
Beltz Grafische Betriebe ist ein klimaneutrales Unternehmen (ID 15985-2104-100).
Printed in Germany

Weitere Informationen zu unseren Autor:innen und Titeln finden Sie unter: www.beltz.de

Inhalt

Vorwort

»Nun schreibt bitte das Gedicht *Die ersten Sonnenstrahlen* von der Tafel ab.« Auf diesen Arbeitsauftrag seiner Lehrerin hätte Tim noch bis vor wenigen Monaten folgendermaßen reagiert: Zunächst wäre er regungslos auf seinem Stuhl sitzen geblieben, nach einiger Zeit hätte er begonnen, mit seinem Federmäppchen zu spielen oder wahllos in seiner Schultasche herumzukramen. Bei einer wiederholten Aufforderung seiner Lehrerin, mit dem Abschreiben des Gedichts zu beginnen, hätte Tim sein Heft wütend vom Tisch gefegt und seinem Ärger lautstark Luft verschafft. Einfach anfangen und wie seine Mitschülerinnen und Mitschüler relativ einfache Arbeitsaufträge konzentriert und selbstständig ausführen – das schafft Tim einfach nicht. Dies liegt nicht, wie man vermuten könnte, an fehlender Motivation, sondern an seiner speziellen Behinderung. Denn Tim leidet an einer Fetalen Alkoholspektrumstörung (FASD), einer vorgeburtlichen Schädigung, die durch Alkoholkonsum der Mutter während der Schwangerschaft verursacht wird. Die betroffenen Kinder sind in ihrer geistigen und körperlichen Entwicklung oft so stark beeinträchtigt, dass sie ihren Alltag nicht ohne Hilfe bewältigen können. Gerade im Schulunterricht sind sie sehr schnell überfordert. Ohne geeignete Unterstützung ist der Schulalltag vieler FASD-betroffener Kinder von Misserfolgen, Versagensängsten und Frustration geprägt.

Zum Glück wird Tim seit einiger Zeit von einer Schulbegleiterin unterstützt, die ihm beim Lernen assistiert und ihm dabei hilft, sich zu konzentrieren und am Unterricht zu beteiligen. Wenn Tim sehr gestresst ist, darf er mit seiner Schulbegleiterin den Klassenraum verlassen und eine Pause an der frischen Luft machen – danach ist er meist viel ruhiger. Außerdem bemüht sich die Schulbegleiterin, Tims Integration in die Klassengemeinschaft zu fördern. Sie kennt mittlerweile Tims Schwierigkeiten, aber auch seine besonderen Bedürfnisse und Stärken ziemlich gut. Sie hat gelernt, Anzeichen für eine Überforderung frühzeitig wahrzunehmen und gegenzusteuern, bevor die Situation eskaliert. Dadurch gelingt es ihr, Tims behinderungsbedingte Probleme im Schulalltag auszugleichen und ermöglicht es ihm, gleichberechtigt am Schulleben teilzuhaben. Probleme, Konflikte und Misserfolge sind in letzter Zeit viel seltener geworden.

Kinder wie Tim sind nicht selten – im Gegenteil: Tatsächlich zählt die Fetale Alkoholspektrumstörung (FASD) zu den häufigsten Ursachen für »angeborene« geistige Behinderungen und Entwicklungsstörungen. In der Fachliteratur wird davon ausgegangen, dass zwischen einem und zwei Prozent aller neugeborenen Kinder von FASD betroffen sind. Dies entspricht in Deutschland einer Zahl von ca. 7.000 bis 14.000 Kindern pro Jahr. Trotz dieser Häufigkeit erhält dieses Behinderungsbild nur allmählich die angemessene öffentliche und fachliche Aufmerksamkeit – selbst medizinische und pädagogische Fachkräfte wissen oft überraschend wenig über FASD. Ausreichende Kenntnisse über FASD sind jedoch unabdingbar, um adäquat auf die betroffenen Kinder und Jugendlichen eingehen zu können. Dies lässt sich insbesondere in der Schule beobachten: Erfahrungsgemäß zeigen die meisten Kinder mit FASD typische Lern- und Verhaltensprobleme, die erhebliche Herausforderungen im schulischen Alltag mit sich bringen. Weil die Kinder sehr leicht ablenkbar sind, können sie dem Unterricht nicht aufmerksam folgen oder sich an ihm beteiligen, oft stören sie ihn auch aktiv. Es fällt ihnen ungemein schwer, den Aufforderungen der Lehrkräfte Folge zu leisten und sich den gestellten Aufgaben zuzuwenden. Vielfach fehlt es bereits an der hinreichenden Vorbereitung des nötigen Arbeitsmaterials. Die Kinder können kaum Ordnung halten, verwechseln Schulbücher, Mappen und Arbeitsblätter oder werfen alles durcheinander. Häufig vergessen sie auch ihr Schulmaterial oder verlieren es. Neben diesen unterrichtsbezogenen Problemen zeigen viele betroffene Kinder und Jugendliche erhebliche Schwierigkeiten in sozialen Situationen mit Mitschülerinnen und Mitschülern. Oft verstehen sie deren Handlungen nicht gut und fühlen sich schnell angegriffen. In Konflikten wehren sie sich eskalierend, was wiederum Unverständnis und Ablehnung bei den anderen Kindern bewirken kann. Kinder und Jugendliche mit FASD werden daher schnell zu Außenseitern, fühlen sich ausgegrenzt, stehen allein auf dem Schulhof oder geraten in die Position des Klassenclowns.

Trotz all dieser Schwierigkeiten ist davon auszugehen, dass die meisten jungen Menschen mit FASD einen Schulabschluss schaffen können, wenn ihnen Entwicklungsbedingungen zur Verfügung gestellt werden, die ihren besonderen Bedürfnissen gerecht werden – sei es in einer Förderschule oder im Rahmen des inklusiven Unterrichts in einer Regelschule. Allerdings bedarf es hierzu einer sorgfältigen Anpassung von Lehrstilen und Unterrichtsmethoden, Klassenräumen und Ablaufstrukturen (Lüders, Feldmann & Jungbauer, 2020). Darüber hinaus kann die Unterstützung durch Schulbegleiterinnen und Schulbegleiter hilfreich sein, um betroffenen Kindern eine für sie optimale Bildungsteilhabe zu ermöglichen.

Obwohl die Anzahl der beantragten Schulbegleitungen für junge Menschen mit FASD in den letzten Jahren stark zugenommen hat und weiter zunehmen dürfte, existiert zu diesem Thema bislang leider keine Fachliteratur. Auch spezifische fachliche Einweisungen und Fortbildungen zur Schulbegleitung von Kindern mit FASD gibt es bislang kaum. Schulbegleiterinnen und Schulbegleiter müssen sich daher relevante Fachkenntnisse oft mühsam zusammensuchen oder sich die notwendigen Kenntnisse im Verlauf ihrer Tätigkeit nach dem Prinzip »Learning by doing« verschaffen (Jungbauer, Sieger & Feldmann, 2023).

Vor diesem Hintergrund soll das vorliegende Buch in allgemeinverständlicher und kompakter Form Basiskenntnisse vermitteln, die für alle Akteure in der Schule, die für die schulische Integration von Kindern mit FASD Verantwortung tragen, wichtig sind. Das Buch richtet sich in erster Linie an angehende sowie praxiserfahrene Schulbegleiterinnen und Schulbegleiter, aber auch an alle weiteren Akteure im Praxisfeld Schule (z. B. Sonderpädagoginnen, Sozialarbeiter, Schulpsychologinnen etc.) sowie an (Pflege-/Adoptiv-)Eltern von Kindern mit FASD. Ferner erhalten Kostenträger und Leistungsanbieter mit diesem Buch spezifische Informationen und Anregungen, die für die bedarfsorientierte Unterstützung von Schülerinnen und Schülern mit FASD nützlich sein können. Im Rahmen dieses Buches können natürlich nicht alle Möglichkeiten der Unterstützung und Förderung dargestellt werden, die für den Schulbesuch von Kindern mit FASD relevant sind. Unser Ziel war es vielmehr, speziell für den Bereich der Schulbegleitung verständliches Fachwissen und praxisorientierte Anregungen bereitzustellen.

Das Buch ist in sechs größere Kapitel gegliedert, die aufeinander aufbauen, prinzipiell aber auch unabhängig voneinander gelesen werden können. Zunächst wird das Behinderungsbild FASD etwas genauer erläutert, wobei auf die Ursache und die Auswirkungen der Schädigung, die Diagnostik sowie unterschiedliche Therapie- und Fördermöglichkeiten eingegangen wird (Kapitel 1). Im Anschluss wird die Schulbegleitung als Maßnahme der Eingliederungshilfe beschrieben, die Kindern und Jugendlichen mit FASD eine bestmögliche Bildungsteilhabe gewährleisten soll. Dabei werden auch wesentliche rechtliche Grundlagen dargestellt, die bei der Beantragung einer Schulbegleitung zu beachten sind (Kapitel 2). Mit vielen Hinweisen, Tipps und Ideen zur Umsetzung in der Schulpraxis und anhand zahlreicher Fallbeispiele werden sodann ausführlich die vielfältigen unterstützenden Aufgaben und Tätigkeiten beschrieben, die in der Schulbegleitung von Kindern mit FASD wichtig sind. Dabei geht es unter anderem um den Beziehungsaufbau und die Beziehungsgestaltung zum Kind, die Förderung von Konzentration und Motivation, den Umgang mit Regeln und Konflikten sowie die Förderung des sozialen Miteinanders in der Klassengemeinschaft (Kapitel 3). Dem schließt sich eine Darstellung der Maßnahmen zur Qualitätssicherung von Schulbegleitung für Kinder mit FASD an. Hier geht es beispielsweise um die fachliche Anleitung sowie Fort- und Weiterbildungsmöglichkeiten für Schulbegleiterinnen und Schulbegleiter, um deren Arbeitsbedingungen sowie um ihre Einbindung in das schulische System (Kapitel 4). Interessante Einblicke in die Praxis geben anschließend Erfahrungsberichte von langjährig erfahrenen Begleitpersonen sowie der Pflegemutter eines Schülers mit FASD (Kapitel 5). Im Serviceteil am Ende dieses Buches finden interessierte Leserinnen und Leser zahlreiche Hinweise für eine weitere Auseinandersetzung mit den Themen FASD sowie Schulbegleitung. Zur inhaltlichen Vertiefung sind empfehlenswerte Spiele, Filme und Videos sowie Fach- und Ratgeberliteratur aufgeführt. Ebenso finden sich in diesem Kapitel kurze Erläuterungen zur Medikation und nützliche Kontaktadressen (Kapitel 6). Mithilfe prägnanter Merksätze werden die wichtigsten Informationen der einzelnen Textabschnitte in den Kapiteln für alle Lesenden noch einmal auf den Punkt gebracht, auch kurze Zusammenfassungen am Ende der Kapitel verhelfen zum erleichterten Aneignen der wichtigsten Inhalte. In zwei Kapiteln wird auf Online-Material verwiesen, die notwendigen Informationen dazu erhalten Sie am Ende des Buches.

An dieser Stelle möchten wir uns bei all denjenigen bedanken, die zum Entstehen und Gelingen dieses Buches beigetragen haben. Allen voran gebührt unser Dank den Teilnehmerinnen und Teilnehmern der Studie »Schulbegleitung von Kindern mit Fetaler Alkoholspektrumstörung«, die am Institut für Gesundheitsforschung und Soziale Psychiatrie (igsp) der Kath. Hochschule NRW in Aachen und in Kooperation mit der FASD-Ambulanz in Walstedde durchgeführt wurde. Insbesondere die im Rahmen dieser Interviewstudie befragten Schulbegleiterinnen und Schulbegleiter haben uns wertvolle und inspirierende Einblicke in ihre praktische Arbeit gewährt. Ihre Auskunftsbereitschaft und ihre interessanten Beiträge haben dieses Buch wesentlich mitgeprägt. Ebenso möchten wir uns bei den (Pflege-/Adoptiv-)Eltern bedanken, die uns im Rahmen der Studie ihre Erfahrungen und Sichtweisen hinsichtlich der schulischen Begleitung ihrer Kinder ausführlich schilderten. Ein herzliches Dankeschön gilt auch unseren studentischen Projektmitarbeiterinnen Eva Schrödl und Louisa Jansen für ihre engagierte und kompetente Mitarbeit. Ferner möchten wir uns sehr bei Elliot Stelling bedanken, der mit ausdrucksvollen und kreativen Illustrationen dabei geholfen hat, wichtige Botschaften dieses Buches hervorzuheben. Frau Christine Wiesenbach vom Beltz Verlag danken wir für ihr überaus engagiertes Lektorat sowie zahlreiche nützliche Ideen im Hinblick auf die Endfassung des Manuskripts.

Abschließend noch einige Lesehinweise: Im Sinne einer geschlechtergerechten Schreibweise haben wir uns bemüht, entweder sowohl die männliche als auch die weibliche Form (z. B. »Schülerinnen und Schüler«) oder eine geschlechterneutrale Bezeichnung (z. B. »Fachkräfte«) zu benutzen. Um einen besseren Lesefluss zu gewährleisten, haben wir für Schulbegleiterinnen und Schulbegleiter häufig den Begriff »Begleitperson« verwendet. Aus dem gleichen Grund werden oftmals nur »Kinder mit FASD« benannt, obschon auch Kinder im Jugendalter mitgemeint sind. Ferner ist in diesem Buch vielfach von »(Pflege-)Eltern« oder »(Pflege-/Adoptiv-)Eltern« die Rede. Dies ist der Tatsache geschuldet, dass viele Kinder mit FASD nicht bei ihren leiblichen Eltern, sondern bei Pflege- oder Adoptiveltern leben. Die an einigen Stellen benutzten Begriffe »Eltern«, »Elternhaus« und »Familie« können sich sowohl auf die biologische Ursprungsfamilie als auch auf eine Pflege- bzw. Adoptivfamilie beziehen.

Wir hoffen, dass wir Sie, liebe Leserinnen und Leser, durch das in diesem Buch vermittelte Hintergrundwissen für die Beeinträchtigungen und die spezifischen Bedürfnisse von Kindern und Jugendlichen mit FASD sensibilisieren können. Besonders freuen würden wir uns, wenn Sie aus den vielfältigen Praxisanleitungen des Buches zugleich eigene Ideen für die Unterstützung Ihrer Kinder und Jugendlichen im schulischen Alltag gewinnen können. Für Rückmeldungen, Erfahrungen und Anregungen sind wir als Autorenteam sehr dankbar; Sie können uns diese gern über den Beltz-Verlag zukommen lassen.

1 Fetale Alkoholspektrumstörung (FASD) – Was ist das eigentlich?

1.1 Ein erster Überblick

Unter der Bezeichnung Fetale Alkoholspektrumstörung (englischer Fachbegriff: *Fetal Alcohol Spectrum Disorder*) – Abkürzung: *FASD* – werden alle körperlichen und geistigen Beeinträchtigungen zusammengefasst, die bei der vorgeburtlichen Entwicklung eines Kindes entstehen können, wenn die Mutter in der Schwangerschaft Alkohol konsumiert. Obwohl FASD durch Alkoholverzicht in der Schwangerschaft vollständig vermeidbar wäre, ist FASD weltweit eine der häufigsten nicht genetisch bedingten Behinderungen. Bei Menschen mit FASD können unterschiedliche Beeinträchtigungen in körperlicher, kognitiver, sozialer und emotionaler Hinsicht auftreten. Dabei verdeutlicht der Begriff »Spektrumstörung«, dass die Behinderung in vielen verschiedenen Ausprägungen und Schweregraden vorkommen kann. So haben manche Kinder »nur« eine relativ leichte Lernbehinderung, erscheinen aber abgesehen davon unauffällig und altersgerecht entwickelt. Andere Kinder sind hingegen von einer Kombination mehrerer Störungen und Beeinträchtigungen betroffen, wie z. B. körperliche Auffälligkeiten und Fehlbildungen sowie gravierende intellektuelle und emotionale Beeinträchtigungen.

MERKE

Die »Fetale Alkoholspektrumstörung« umfasst alle Formen und Ausprägungen von Entwicklungsstörungen und Beeinträchtigungen eines Menschen, die durch Alkoholkonsum der Mutter während der Schwangerschaft verursacht sind.

Medizinisch gesehen ist FASD ein Oberbegriff, der diagnostisch noch weiter differenziert werden kann. Hierbei wird zwischen dem körperlichen Vollbild, also dem Fetalen Alkoholsyndrom (FAS), dem partiellen Alkoholsyndrom (pFAS), bei dem nicht alle körperliche Anzeichen der Schädigung zu sehen sind, und der alkoholbedingten neurologischen Entwicklungsstörung (ARND) unterschieden, bei der äußerlich keine Schäden bemerkt werden. Alle drei körperlichen Ausprägungen sind aber gleichermaßen verbunden mit oft weitreichenden kognitiven, sozialen und emotionalen Auffälligkeiten des Kindes. Interessierten Leserinnen und Lesern sei die ausführliche Darstellung in unserem Band »Kinder mit FASD in der Schule« (Lüders, Feldmann & Jungbauer, 2020) empfohlen.

1.2 Ursache und gesundheitliche Folgen

Alkohol während der Schwangerschaft

Immer dann, wenn eine schwangere Frau Alkohol konsumiert, »trinkt« das ungeborene Kind mit. Über die Nabelschnur und die Plazenta nimmt es den im mütterlichen Blut enthaltenen Alkohol auf und hat in nur kurzer Zeit denselben Alkoholspiegel wie die Mutter. Für den Abbau des Zellgifts – denn nichts anderes ist Alkohol aus biochemischer Sicht – braucht der Embryo bzw. Fötus jedoch wesentlich mehr Zeit als die werdende Mutter. Denn aufgrund seiner noch nicht ausgereiften Leber ist der Organismus eines ungeborenen Kindes nur sehr eingeschränkt in der Lage, Alkohol abzubauen (Thomsen et al., 2021).

Die Gefahr von Alkoholkonsum in der Schwangerschaft wird meist unterschätzt. Aus der Forschung ist bekannt, dass vor allem Kinder von FASD betroffen sind, deren Mütter während ihrer Schwangerschaft regelmäßig Alkohol getrunken haben. Am größten ist das FASD-Risiko jedoch bei denjenigen Kindern, deren schwangere Mütter bei bestimmten Anlässen exzessiv getrunken haben (z. B. auf Partys), ebenso bei Kindern von langjährigen Gewohnheitstrinkerinnen. Allerdings bedeutet in dieser Zeit auch gelegentlicher und mäßiger Alkoholkonsum (»ein Gläschen Sekt kann ja wohl nicht schaden«) ein unkalkulierbares Risiko für die Entwicklung des ungeborenen Kindes. Zusammenfassend lässt sich somit festhalten: Während der gesamten Schwangerschaft sollte konsequent auf Alkohol verzichtet werden!

MERKE

Es gibt keinen festgelegten Grenzwert für risikoarmen Alkoholkonsum während der Schwangerschaft. Ebenfalls gibt es keine Entwicklungsphase, in der Alkoholkonsum als ungefährlich bewertet werden kann. Die einzige Option um eine FASD zu vermeiden, ist der vollständige Verzicht auf Alkohol während der gesamten Schwangerschaft.

Folgen einer »giftigen« Schwangerschaft

Körperliche Schädigungen

Als Zellgift bzw. Mitosegift (Substanz, die den normalen Verlauf der Zellkernteilung stört) wirken Alkohol und seine Abbauprodukte direkt toxisch auf alle Zellen des Körpers. Somit verursacht Alkohol verlangsamtes Wachstum in jeglicher Form (Feldmann, 2022a). Deshalb sind Neugeborene mit FASD oft untergewichtig und/oder zu klein. Meist haben sie auch einen kleineren Kopfumfang als gesunde Säuglinge (Feldmann, Löser & Weglage, 2007). Darüber hinaus kann die toxische Wirkung von Alkohol beim ungeborenen Kind zu Fehlbildungen und Fehlfunktionen der Organe führen. Da sich einzelne Körperteile und Organanlagen zeitlich unterschiedlich entwickeln, hängt eine Fehlbildung vom Zeitpunkt der Alkoholeinwirkung ab (Spohr, 2016). Körperliche Fehlbildungen können an den Organen und/oder am Skelett bzw. der Skelettmuskulatur entstehen. Ebenso kann das Immunsystem in seiner Funktion beeinträchtigt werden (Löser, 1995, zitiert nach Feldmann, 2012).

Ferner kann die pränatale Alkoholexposition auch zu Formabweichungen des Gesichtes führen. Gesichtsveränderungen sind vor allem im Säuglings- und Kleinkindalter erkennbar. Besonders auffallend ist das verlängerte, flach ausgebildete oder ganz fehlende Philtrum (Bezeichnung für die vertikal verlaufende Linie zwischen Nase und Oberlippe). Die Oberlippe ist schmal und eingezogen. Daneben sind Auffälligkeiten an Augen, Ohren, Nase, Kinn und Stirn zu erkennen (vgl. Abb. 1). Die meisten dieser Auffälligkeiten verstreichen mit zunehmendem Alter (Feldmann, Löser & Weglage, 2007).

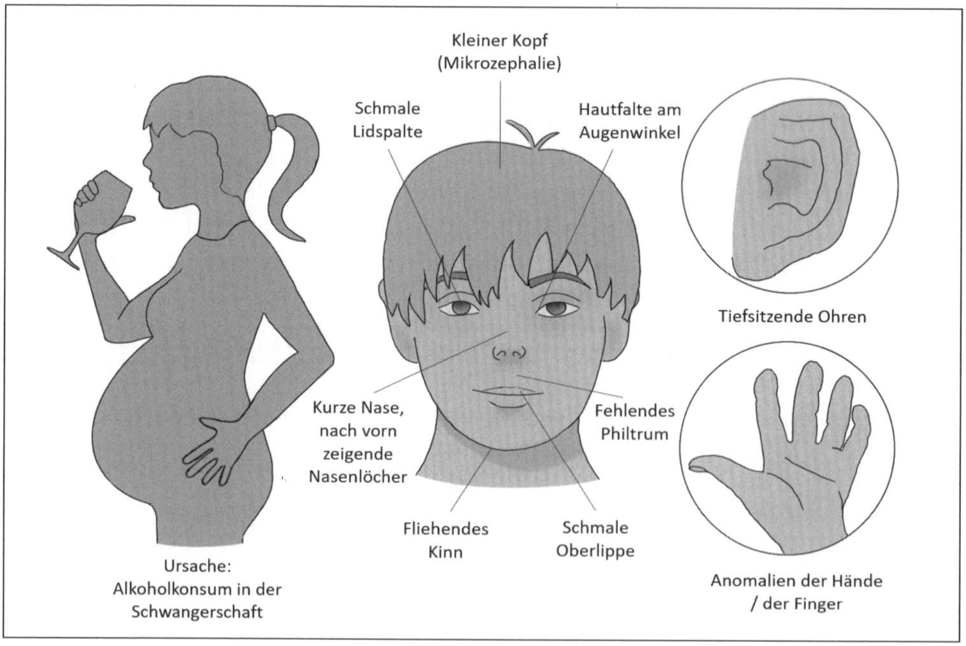

Abb. 1: Mögliche Gesichtsmerkmale

Schädigung des zentralen Nervensystems

Alkohol kann die sich entwickelnden Organe und Organsysteme des ungeborenen Kindes zu jedem Zeitpunkt der Schwangerschaft schwer schädigen. Am stärksten gefährdet ist jedoch das zentrale Nervensystem (Gehirn und Rückenmark), da sich dieses nahezu im gesamten Verlauf der Schwangerschaft entwickelt (Landgraf & Hoff, 2019). Das zentrale Nervensystem erfüllt verschiedene lebenswichtige

Aufgaben: Es dient der Verarbeitung von Umweltreizen und steuert wichtige Funktionen des Körpers, wie z. B. die Atmung, den Blutkreislauf und die Muskeln; ferner steuert es Körperhaltung und Bewegung. Darüber hinaus ist es für kognitive Funktionen zuständig, u. a. das Bewusstsein, das Denken, das Verstehen, das Sprechen, die Vernunft und das Gedächtnis.

MERKE

Das sich entwickelnde Gehirn des Embryos bzw. Fötus ist von allen Organen das anfälligste für die toxische Wirkung von Alkohol.

Störungen der exekutiven Funktionen

Studien haben gezeigt, dass Kinder mit FASD häufig von einer Störung des Frontalhirns betroffen sind. Dieser Teil des Gehirns kontrolliert die exekutiven Funktionen, die, vereinfacht ausgedrückt, Gedanken, Verhalten, Emotionen und das Handeln steuern. Betroffene sind in ihrer Denk-, Merk- und Erinnerungsfähigkeit sowie im Umgang mit Emotionen (emotionales Urteilsvermögen) beeinträchtigt. In Abbildung 2 sind die drei wesentlichen Bereiche der kognitiven Exekutivfunktionen dargestellt – Arbeitsgedächtnis, Inhibition (Impulshemmung) und Flexibilität des Denkens.

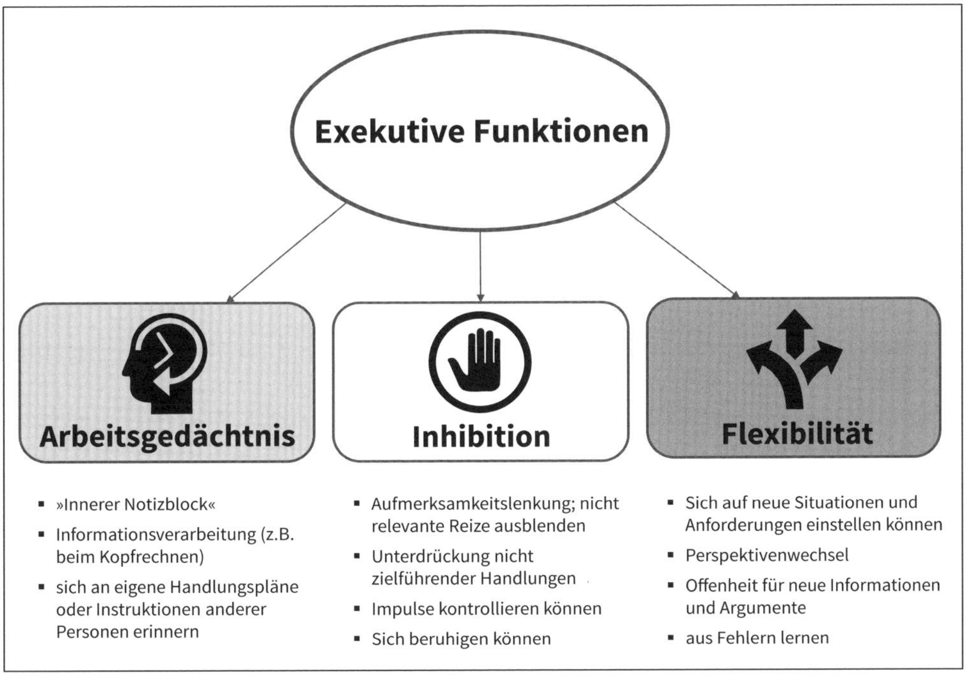

Abb. 2: Exekutive Funktionen (modifizierte Darstellung nach FASD Deutschland e. V., 2020, S.13f.)

Aufgrund der beeinträchtigten Exekutivfunktionen stellt der Schulbesuch für Kinder mit FASD in vieler Hinsicht eine besondere Herausforderung dar, denn die betroffenen Schülerinnen und Schüler haben erhebliche Probleme beim Lernen und im sozialen Miteinander. Wegen ihrer leichten Ablenkbarkeit fällt es ihnen schwer, dem Unterricht aufmerksam und konzentriert zu folgen. Außerdem haben sie Schwierigkeiten bei der Bewältigung komplexerer Aufgaben, weil ihnen das Strukturieren schwerfällt und sie Teilschritte einer Aufgabe nicht in der richtigen Reihenfolge bearbeiten können. Vielfach gelingt es ihnen auch nicht, unwichtige Informationen auszublenden und wichtige herauszufiltern. Viele der betroffenen Kinder können auch nicht gut abschätzen, wie viel Zeit ihnen für eine Aufgabe zur Verfügung steht oder welche Aufgaben zuerst erledigt werden sollten. Oft fehlt ihnen die Flexibilität, zwischen verschiedenen Aufgaben zu wechseln, und sie erkennen nicht, ob sie Unterstützung benötigen. Dann gehen sie planlos vor, vergessen Aufgaben und können ihre Materialien bzw. Unterlagen für den Unterricht nicht finden oder verlieren diese. Aufgrund ihrer beeinträchtigten Gedächtnisfunktion fällt es ihnen generell schwer, Informationen zu behalten. So können sie auf Erlerntes sehr oft nicht zurückgreifen und nicht an Erfahrung gewinnen.

Neben den genannten Lernproblemen zeigen viele Kinder und Jugendliche mit FASD auch Verhaltensauffälligkeiten, insbesondere in sozialen Situationen. Sie fühlen sich von ihren Mitschülerinnen und Mitschülern schnell angegriffen und können ihre Gefühle und Stimmungen nur schwer kontrollieren. Bei der Mehrheit der betroffenen Kinder und Jugendlichen sind hyperaktive Verhaltensmuster erkennbar. Sie verhalten sich sehr impulsiv, ungeduldig und laut, sind motorisch unruhig und ständig in Bewegung. Im Gegensatz dazu verhält sich eine Minderheit von Kindern und Jugendlichen mit FASD still, antriebsarm und zurückgezogen. Ihnen scheint die Motivation für sämtliche Alltagsverrichtungen, Hobbys und Sozialkontakte zu fehlen, ohne dass sie dabei unzufrieden wirken (Feldmann, 2022b).

MERKE

Alkoholkonsum in der Schwangerschaft kann das Gehirn des ungeborenen Kindes schwer schädigen. Die Folgen sind insbesondere exekutive Funktionsstörungen, die die Alltagbewältigung der Betroffenen erheblich beeinträchtigen und ein Leben lang bestehen.

Beeinträchtigung der kognitiven Leistungsfähigkeit

Die intellektuellen Defizite von Kindern mit FASD hängen mit der bereits erwähnten alkoholbedingten Schädigung des zentralen Nervensystems, insbesondere des Frontalhirns zusammen: Da das Gehirn eines Kindes mit FASD weniger der für eine Aufgabenlösung jeweils notwendigen Nervenzellen und Synapsen hat als das eines nicht betroffenen Kindes, benötigt es zum Denken größere Gehirnareale. Bei der Nutzung größerer Gehirnareale werden allerdings mehr für die Aufgabe weniger geeignete Gehirnzellen durch einzelne Denkprozesse gebunden und stehen für andere kognitive Operationen nicht mehr zur Verfügung. Etwas vereinfacht könnte man sagen, dass nicht betroffene Kinder bei der Bearbeitung einer Aufgabe nur diejenigen Gehirnareale nutzen, die hierfür wirklich notwendig sind. Das ist ökonomisch und spart Energie. Kinder mit FASD nutzen dafür hingegen mehr Hirnareale, was viel mehr Energieaufwand bedeutet (vgl. Abb. 3). Aus diesem Grund sind sämtliche kognitiven Prozesse wie logisches Denken, Konzentration oder flexibles Problemlösen für Kinder mit FASD wesentlich anstrengender als für nicht-behinderte Kinder (Feldmann, Kampe & Graf, 2020).

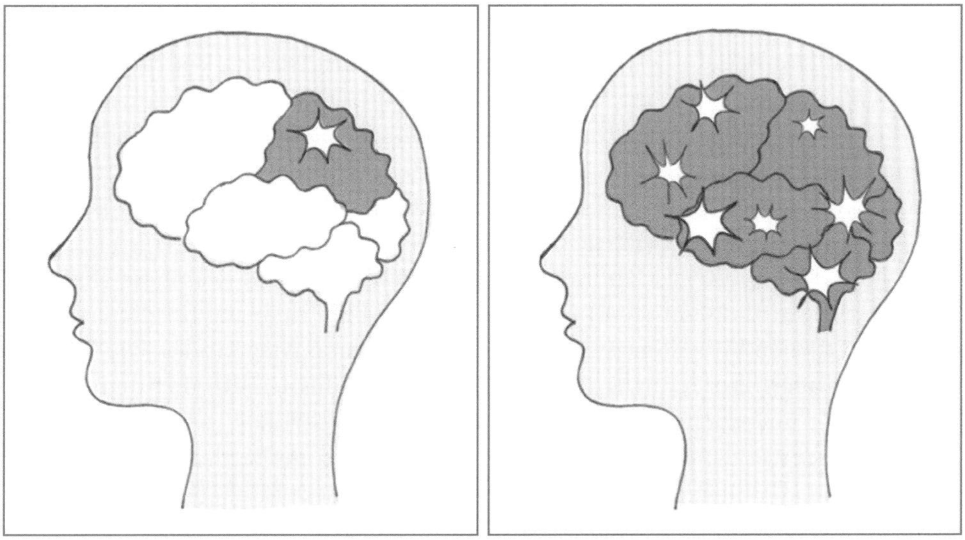

Abb. 3: Gehirnaktivierung (leicht modifiziert nach Liesegang, 2022, S. 37)
Bei Kindern ohne FASD sind bei der Bearbeitung von Aufgaben nur die hierfür notwendigen Gehirnareale aktiviert (links), während bei Kindern mit FASD (rechts) viel mehr Gehirnareale aktiviert sind.

Dass die intellektuelle Leistungsfähigkeit von Kindern und Jugendlichen mit FASD oft deutlich beeinträchtigt ist, ist für Außenstehende nicht immer sofort erkennbar. Denn viele Betroffene können sich sprachlich sehr gut ausdrücken und haben meist einen großen Wortschatz; auf den ersten Blick erscheinen sie normal entwickelt (Thomsen et al., 2021). Dies führt jedoch dazu, dass Kinder mit FASD schnell überschätzt werden. Gerade im schulischen Kontext kann es leicht passieren, dass unerfüllbare Erwartungen in Bezug auf Leistung, Selbstständigkeit oder soziale Kompetenzen an sie gestellt werden. Dies wiederum verursacht häufig Missverständnisse, Konflikte, Überforderung und Frustration bei den betroffenen Kindern und Jugendlichen. Im schlimmsten Fall verweigern sie dann die Schule, ziehen sich zurück oder verhalten sich aggressiv. Umso wichtiger ist es, dass Lehrerinnen und Lehrer sowie andere Bezugspersonen hinreichend über die besonderen Bedürfnisse von Kindern mit FASD informiert sind.

1.3 Die Diagnose FASD

Die Bedeutung einer frühzeitigen Diagnose

FASD ist nicht »heilbar« – aber die Entwicklung der betroffenen Kinder kann durch förderliche Rahmenbedingungen sehr positiv beeinflusst werden. Hierzu gehört auch eine möglichst frühzeitige Diagnose. Im Allgemeinen gilt: Je früher die korrekte Diagnose gestellt wird, desto günstiger ist die weitere Entwicklungsprognose des Kindes. Denn nur wenn FASD frühzeitig erkannt wird, können Eltern und andere Erziehungspersonen gezielt aufgeklärt werden und sind dadurch in der Lage, angemessen auf Verhaltens- und Lernschwierigkeiten zu reagieren. Wenn die Umwelt das Verhalten des Kindes besser versteht, wird es naturgemäß seltener überfordert und stigmatisiert. Außerdem können spezifische, auf das jeweilige Kind zugeschnittene Therapien und Fördermaßnahmen sowie Beratung und Unterstützung seiner (Pflege-)Eltern schneller erfolgen.

Gerade (Pflege-)Eltern empfinden es oft als sehr entlastend, wenn die Diagnose FASD gestellt wird. Denn damit gibt es eine plausible Erklärung für die bis dahin oft unerklärlichen Verhaltensweisen und Schwierigkeiten des Kindes. Die Diagnose bestätigt auch, dass die Verhaltensauffälligkeiten des Kindes nicht auf dessen Boshaftigkeit und auch nicht auf Erziehungsfehlern beruhen, wie dies mitunter befürchtet oder von Außenstehenden suggeriert wird. Außerdem können (Pflege-)Eltern auf der Grundlage der Diagnose FASD besser einschätzen, welche Herausforderungen im weiteren Entwicklungsverlauf auf sie zukommen. Im Idealfall können sie mit fachkundiger professioneller Unterstützung herausfinden, wie sie angemessen mit den Kindern umgehen können, wie der gemeinsame Alltag erleichtert werden kann und wie Barrieren abgebaut werden können (Feldmann, Kampe & Graf, 2020). Außerdem lassen sich auf Grundlage der Diagnose individuelle Fördermaßnahmen konzipieren, die für die Bewältigung des Schulalltags nützlich sind.

S3-Leitlinie Fetale Alkoholspektrumstörungen

Die Diagnose FASD sollte durch eine mit diesem Störungsbild gut vertraute und entsprechend qualifizierte Fachkraft gestellt werden. Dabei werden die Kriterien der sogenannten S3-Leitlinie zur Diagnostik von FASD zugrunde gelegt (Landgraf & Heinen, 2017). Die aktuelle S3-Leitlinie ermöglicht eine differenziertere Diagnostik von Fetalen Alkoholspektrumstörungen und umfasst Kriterien aus folgenden Bereichen: (1) Wachstumsauffälligkeiten; (2) besondere Gesichtsmerkmale; (3) Auffälligkeiten des zentralen Nervensystems; sowie (4) Information über eine bestätigte oder unbestätigte vorgeburtliche Alkoholexposition (Landgraf & Heinen, 2017). Entsprechend dieser Diagnosekriterien werden die beobachtbaren Auffälligkeiten und Symptome dem Vollbild (FAS), dem partiellen Alkoholsyndrom (pFAS) und der alkoholbedingten neurologischen Entwicklungsstörung (ARND) zugeordnet. Das diagnostische Vorgehen ist sehr komplex und erfordert umfangreiche klinische Erfahrungen. Deshalb sollte die Diagnostik im Idealfall von einem auf FASD spezialisierten, interdisziplinärem Team erfolgen und die Auswirkungen der Alkoholschädigung mehrdimensional erfassen (Hoff-Emden, 2017).

Ein wichtiger Vorteil dieser leitliniengestützten Diagnostik ist, dass die Diagnosekriterien einheitlich und transparent sind. Dadurch können professionell Helfende im Gesundheits- und Sozialsystem die Diagnose FASD besser nachvollziehen und sich ggf. weitere relevante Informationen beschaffen, die im Umgang mit dem betroffenen Kind hilfreich sind (Landgraf & Heinen, 2017).

In diesem Zusammenhang ist auch die diagnostische Abgrenzung gegenüber anderen, auf den ersten Blick ähnlichen Störungsbildern wichtig. Kinder und Jugendliche mit FASD zeigen nämlich oft Symptome und Verhaltensweisen, die bei Kindern mit ADHS, Autismus-Spektrum-Störungen und Bindungsstörungen auftreten. Aus diesem Grund kann es manchmal vorkommen, dass (zunächst) eine nicht zutreffende Diagnose gestellt wird (Feldmann, 2022b). Zu beachten ist darüber hinaus, dass FASD auch gemeinsam mit anderen Störungen auftreten kann (»Komorbidität«). Deswegen wird in der FASD-Diagnostik sorgfältig überprüft, ob neben der Grunddiagnose FASD auch noch weitere psychiatrische und/oder körperliche Erkrankungen vorliegen. So treten bei Kindern mit FASD mit erhöhter Wahrscheinlichkeit Herzfehler, Hörstörungen, Augenfehlbildungen oder Genitalfehlbildungen auf. In diesen Fällen muss eine entsprechende fachärztliche Abklärung hinsichtlich der weiteren Therapie erfolgen (Feldmann, Kampe & Graf, 2020).

1.4 Therapie, Förderung und Unterstützung

Wie bereits erwähnt, können eine frühzeitige Diagnose und früh einsetzende Therapien und Fördermaßnahmen die Entwicklungschancen des Kindes verbessern. Aufgrund der individuell sehr unterschiedlich ausgeprägten Symptome, Bedürfnisse und Fähigkeiten sollten therapeutische und sozialpädagogische Fördermaßnahmen immer auf das jeweilige Kind mit FASD abgestimmt werden. Dabei sollte auch beachtet werden, dass sich der Förderbedarf des Kindes im Verlauf seiner Entwicklung verändern kann und die Angebote entsprechend angepasst werden müssen (Landgraf & Hoff, 2019).

Angebote der interdisziplinären Frühförderung für Kinder mit Entwicklungsauffälligkeiten stehen bereits ab dem Säuglingsalter zur Verfügung und sind für die betroffenen Kinder und deren Familien meist sehr hilfreich. Bei der interdisziplinären Frühförderung arbeiten u. a. Fachkräfte aus den Bereichen der (Heil-)Pädagogik, Logopädie, Psychologie, sowie Ergo- und Physiotherapie eng zusammen, entwickeln ein gemeinsames Förderkonzept und beraten (Pflege-)Eltern. Eine interdisziplinäre Frühförderung kann einer Verfestigung von Verhaltensauffälligkeiten und Symptomen entgegenwirken und die Auswirkungen der Beeinträchtigungen begrenzen (Feldmann, Kampe & Graf, 2020). Grundsätzlich kommen für Kinder und Jugendliche mit FASD folgende Therapie- und Fördermaßnahmen in Betracht (Landgraf & Hoff, 2019):

- Ergotherapie
- Logopädie
- Physiotherapie
- Heilpädagogik
- therapeutisches Reiten
- Konzentrationstraining/kognitives Training
- Selbstwirksamkeitstraining
- soziales Kompetenztraining
- Verhaltensmodulation
- Psychotherapie
- unterstützende medikamentöse Therapie

In der therapeutischen Arbeit mit den Kindern und Jugendlichen sollte immer das Lebensumfeld einbezogen werden. Insbesondere die (Pflege-)Eltern und weitere Familienmitglieder benötigen professionelle Unterstützung, Beratung, Information und Entlastung. Folgende Unterstützungsangebote sind für (Pflege-)Eltern und weitere Bezugspersonen des Kindes möglich und empfehlenswert (Landgraf & Hoff, 2019):

- kontinuierliche Elternberatung und -unterstützung
- Erziehungsberatung; Elterntraining
- sozialrechtliche Beratung
- Selbsthilfegruppen

Darüber hinaus sollten (Pflege-)Eltern und andere Bezugspersonen möglichst frühzeitig und spezifisch hinsichtlich der für das Kind geeigneten schulischen Bildung beraten werden. Überforderungen in diesem zentralen Lebensbereich müssen so weit wie möglich vermieden werden. Deswegen müssen (Pflege-)Eltern manchmal auch lernen, Erwartungen und Ziele an die realen Fähigkeiten und Bedürfnisse ihres Kindes anzupassen. Bei Beratungsgesprächen zu diesem Thema ist es sinnvoll, ältere Schülerinnen und Schüler einzubeziehen, damit ihre Bedürfnisse und Meinungen bei wichtigen Entscheidungen berücksichtigt werden können (Landgraf & Hoff, 2019).

Abschließend sei darauf hingewiesen, dass therapeutische und pädagogische Unterstützungsmaßnahmen für Kinder mit FASD deutliche Verbesserungen in den beeinträchtigten Funktionsbereichen ermöglichen – insbesondere, wenn sie frühzeitig eingeleitet werden und kontinuierlich zur Verfügung stehen. Gleichwohl können auch die besten Therapie- und Fördermaßnahmen einen störungsfreien Entwicklungsverlauf nicht garantieren. Therapeutische Erfolge benötigen Zeit, immer wieder sind Rückschläge zu erwarten, und manche Defizite sind trotz größter Anstrengungen kaum therapierbar (Spohr, 2016). Umso mehr benötigen Kinder und Jugendliche mit FASD verständnisvolle und geduldige Bezugspersonen, die sie kontinuierlich durch ihren Lebensalltag begleiten (Feldmann, Kampe & Graf, 2020).

2 Was ist Schulbegleitung?

2.1 Definitionen, Begrifflichkeiten, Zielsetzungen

Schülerinnen und Schüler mit FASD haben – wie alle Kinder, die aufgrund einer körperlichen, geistigen oder seelischen Behinderung in ihrer Teilhabe beeinträchtigt sind – einen gesetzlichen Anspruch auf Eingliederungshilfe. Diese soll zum Ausgleich oder zur Abmilderung der Teilhabebeeinträchtigung geeignet sein. Eine verbreitete Form der Eingliederungshilfe/Teilhabeunterstützung ist die Schulbegleitung. Schulbegleiterinnen und Schulbegleiter ermöglichen Kindern mit Behinderung die Teilnahme am Unterricht und gewährleisten damit gleichberechtigte Bildungs- und Entwicklungschancen. Schulbegleitung soll grundsätzlich dazu beitragen, das Grundrecht auf Bildung zu garantieren. Ob die Maßnahme erforderlich und sinnvoll ist, wird einzelfallmäßig entschieden. Leistungsberechtigte Schülerinnen und Schüler können diese Unterstützungsmaßnahme nicht nur während des Unterrichts und in den Pausen erhalten, sondern auch darüber hinaus. Sie können auch bei außerunterrichtlichen Schulveranstaltungen (z. B. Ausflüge, Projektwochen, Sportveranstaltungen, Klassenfahrten, Praktika), bei den Angeboten des Offenen Ganztags sowie auf ihrem Schulweg begleitet werden.

Die zu erfüllenden Aufgaben und die angestrebten Ziele im Rahmen von Schulbegleitung sollen in der Hilfe- bzw. Teilhabeplanung möglichst konkret und klar definiert werden. Familie, Schulbegleitung, Schule und Jugendamt bzw. Sozialamt legen die individuellen Ziele und die Maßnahmen zur Zielerreichung gemeinsam fest. In der Hilfe- bzw. Teilhabeplanung geht es immer darum, das Kind entwicklungs- und bedürfnisorientiert zu unterstützen. Prinzipiell soll durch Schulbegleitung die Eigenständigkeit des Kindes so weit gefördert werden, dass es die Unterstützung nach einiger Zeit nicht mehr braucht. Allerdings ist dieses Ziel bei den meisten Kindern mit FASD unrealistisch, da sie aufgrund der bleibenden Schädigung des Gehirns voraussichtlich während ihrer gesamten Schulzeit Unterstützung benötigen.

Für die Maßnahme Schulbegleitung gibt es unterschiedliche Bezeichnungen, was zuweilen zur Verwirrung beiträgt. So werden neben dem Begriff Schulbegleiterin bzw. Schulbegleiter zahlreiche andere Begriffe verwendet wie beispielsweise Integrationshelferin, Schulassistent, Teilhabeassistentin, Inklusionsfachkraft usw. (Abb. 4).

Abb. 4: Begrifflichkeiten und Berufsbezeichnungen im Praxisfeld der Schulbegleitung

Trotz der unterschiedlichen Bezeichnungen für die Begleitpersonen ist deren Aufgabe immer dieselbe: Es geht darum, leistungsberechtigten Kindern und Jugendlichen die Teilnahme an dem für sie bestgeeigneten Schultyp zu ermöglichen bzw. zu erleichtern.

Begleitpersonen helfen bei der Organisation des Schulbesuchs, assistieren beim Lernen und unterstützen nicht zuletzt auch im sozialen Miteinander. Ihr Einsatz wird immer dann erforderlich, wenn die Schule dem individuellen Unterstützungsbedarf des Kindes nicht ausreichend gerecht werden kann.

Schulbegleitung findet sowohl in Regelschulen (Grund- und weiterführenden Schulen) als auch in Förderschulen statt. Somit dient sie nicht ausschließlich der Verwirklichung von Inklusion, im Sinne des gemeinsamen (inklusiven) Lernens von Kindern mit und ohne Handicap. Gleichwohl leistet Schulbegleitung einen bedeutenden Beitrag zur Umsetzung des Inklusionsgedankens, etwa dann, wenn Kinder mit FASD eine Regelschule in ihrem Wohnumfeld besuchen.

Meist erfolgt Schulbegleitung als Eins-zu-eins-Betreuung. Dies bedeutet, dass die Begleitperson ausschließlich für ein bestimmtes Kind zuständig ist. In einem anderen Modell der Schulbegleitung, dem so genannten Poolmodell, unterstützt eine Begleitperson zwei bis drei leistungsberechtigte Schülerinnen und Schüler. Manchmal wird der Begriff »Poolmodell« auch für ein infrastrukturelles Angebot der Schulassistenz verwendet, bei dem in einer Schule mehrere Begleitpersonen beschäftigt werden, die sich auch untereinander abwechseln können. In diesem

Fall stehen die Begleitpersonen für eine ganze Klasse oder Schule zur Verfügung, unabhängig von festgestellten Unterstützungsansprüchen einzelner Kinder.

Das Eins-zu-eins-Betreuungsmodell eignet sich besonders bei Schülerinnen und Schülern mit hohem Unterstützungsbedarf, so wie dies bei Kindern mit FASD der Fall ist. Der Vorteil einer Eins-zu-eins-Betreuung besteht naheliegender Weise darin, dass sich die Begleitperson voll und ganz auf die Bedürfnisse, Interessen und Schwierigkeiten des betreuten Kindes konzentrieren kann. Darüber hinaus entspricht eine Eins-zu-eins-Betreuung am ehesten dem kindlichen Bedürfnis nach Vertrautheit und Kontinuität. Erfahrungsgemäß reagieren gerade Kinder mit FASD oft sehr verunsichert auf einen Wechsel der Bezugs- oder Betreuungspersonen.

Allerdings kann eine Eins-zu-eins-Betreuung auch nachteilig sein, weil das betroffene Kind eine Sonderrolle in der Klasse einnimmt. Die Anwesenheit eines Schulbegleiters oder einer Schulbegleiterin kann auf Mitschülerinnen und Mitschüler befremdlich wirken und die Integration des betreuten Kindes in die Klassengemeinschaft erschweren. Bei der Poollösung mit einer Begleitperson für mehrere Kinder wird diese Form der Stigmatisierung weitgehend vermieden. Wie bereits erwähnt, eignet sich das Poolmodell jedoch nur dann, wenn die Schülerinnen und Schüler keine stark ausgeprägten Beeinträchtigungen aufweisen.

Leider gibt es für die Schulbegleitung von Kindern und Jugendlichen mit speziellem Unterstützungsbedarf bislang keine geregelte Ausbildung. Da keine einheitlichen Standards im Hinblick darauf existieren, über welche Qualifikationen Schulbegleiterinnen und Schulbegleiter verfügen müssen, arbeiten Personen mit sehr unterschiedlichem persönlichem und fachlichem Hintergrund in diesem Bereich (Billerbeck, 2022). Vorliegende Studien zeigen, dass rund die Hälfte der Schulbegleiterinnen und Schulbegleiter eine Ausbildung im pädagogischen Bereich hat. Als Fachkräfte gelten in diesem Bereich beispielsweise Erzieherinnen, Heilerziehungspfleger, Heil- sowie Sozialpädagoginnen sowie Logo- und Ergotherapeuten. Daneben gibt es viele sogenannte Quereinsteiger, die über berufliche Umwege oder aufgrund einer persönlichen Motivation in dieses Praxisfeld gelangen. Als Quereinsteiger werden Personen ohne pädagogische Ausbildung bezeichnet, die ihre Fähigkeiten und Erfahrungen aus anderen beruflichen und sozialen Kontexten in der Begleitung von Schulkindern einsetzen. Darüber hinaus sind auch Studierende, Bundesfreiwilligendienstleistende (BFD) sowie Personen im Rahmen eines Freiwilligen Sozialen Jahres (FSJ) im Rahmen der Schulbegleitung tätig (Henn et al., 2014).

2.2 Schulbegleitung aus rechtlicher Sicht

Die UN-Behindertenrechtskonvention

Eine wichtige rechtliche Grundlage der Schulbegleitung von Kindern mit FASD ist die UN-Behindertenrechtskonvention (UN-BRK), die in Deutschland am 26.

März 2009 in Kraft getreten ist. Speziell im Artikel 24 der UN-BRK ist das Recht auf die gleichberechtigte Teilhabe an Bildung für Menschen mit Behinderungen festgeschrieben. In diesem Sinne sollen alle Kinder und Jugendlichen mit einer Behinderung notwendige Unterstützungsleistungen erhalten, die darauf abzielen, ihnen einen erfolgreichen und ihren Bedürfnissen und Neigungen entsprechenden Schulbesuch zu ermöglichen. Vor diesem Hintergrund ist auch die Schulbegleitung von Kindern mit FASD eine Unterstützungsleistung im Sinne der UN-BRK. Sie wird immer dann erforderlich, wenn eine Schule dem individuellen Unterstützungsbedarf eines Kindes mit FASD nicht ohne zusätzliche personale Ressourcen gerecht werden kann.

MERKE

Schulbegleitung leistet einen wichtigen Beitrag zur Umsetzung der UN-Behindertenrechtskonvention. Auch Schülerinnen und Schüler mit FASD haben im Sinne der UN-BRK den Anspruch auf gleichberechtigte Bildungschancen.

Was genau versteht der Gesetzgeber unter einer Behinderung? Im 9. Sozialgesetzbuch findet sich folgende Definition:

> Menschen mit Behinderungen sind Menschen, die körperliche, seelische, geistige oder Sinnesbeeinträchtigungen haben, die sie in Wechselwirkung mit einstellungs- und umweltbedingten Barrieren an der gleichberechtigten Teilhabe an der Gesellschaft mit hoher Wahrscheinlichkeit länger als sechs Monate hindern können. Eine Beeinträchtigung […] liegt vor, wenn der Körper- und Gesundheitszustand von dem für das Lebensalter typischen Zustand abweicht. Menschen sind von Behinderung bedroht, wenn eine Beeinträchtigung […] zu erwarten ist. (§ 2 Abs. 1 SGB IX)

Ausgehend von dieser sozialrechtlichen Definition lässt sich festhalten, dass das Vorliegen einer Behinderung vor allem an einer längerfristigen Einschränkung der gesellschaftlichen Teilhabe zu erkennen ist. Aus diesem Grund ist auch der gesetzliche Anspruch auf Unterstützungsleistungen für Menschen mit Behinderungen mit dem Ziel einer verbesserten Teilhabe verbunden.

MERKE

Entscheidend für die Leistungsberechtigung eines Kindes mit FASD ist nicht das Ausmaß der körperlichen, geistigen und/oder seelischen Behinderung, sondern die damit verbundene oder zu erwartende Teilhabebeeinträchtigung.

Bundesteilhabegesetz: Das Recht auf Teilhabe an Bildung

Im Januar 2017 ist das Bundesteilhabegesetz (BTHG) in Kraft getreten. Dieses Gesetz soll im Sinne der UN-BRK Menschen mit Behinderung mehr Teilhabe und Selbstbestimmung ermöglichen. Die Umsetzung dieses Gesetzes erfolgt in vier zeitlich versetzten sogenannten »Reformstufen«. Drei Reformstufen sind bereits in Kraft getreten. Im Hinblick auf das Thema Schulbegleitung sind die Regelungen des BTHG zur gleichberechtigten Teilhabe an Bildung besonders relevant. Mit § 112 SGB IX werden die folgenden Leistungen zur Teilhabe an Bildung in Bezug auf Schulbegleitung auf eine klare Rechtsgrundlage gestellt:

- Die Hilfen des § 112 Abs. 1 SGB IX schließen Leistungen eines ganztägigen Betreuungsangebotes für Schülerinnen und Schüler mit Behinderung ein. Die Inhalte der Bildungs- und Betreuungsangebote in Offenen Ganztagsschulen (OGS) sind Förderangebote, Hausaufgabenbetreuung und Freizeitangebote. Eine Inanspruchnahme von Schulbegleitung im OGS-Bereich setzt voraus, dass die Ganztagsangebote »im Einklang mit dem Bildungs- und Erziehungsauftrag der Schule stehen und unter deren Aufsicht und Verantwortung ausgeführt werden, an den stundenplanmäßigen Unterricht anknüpfen und in der Regel in den Räumlichkeiten der Schule oder in deren Umfeld durchgeführt werden.« (§ 112 Abs. 1 S. 2 SGB IX, Leistungen zur Teilhabe an Bildung).
- Nach dem Recht des BTHG ist die Begleitung mehrerer Kinder (meist zwei bis drei leistungsberechtigte Kinder) durch eine Schulbegleiterin bzw. einen Schulbegleiter möglich. Die sogenannte Poollösung kann aber nur in Anspruch genommen werden, wenn diese Art der Leistung von den Eltern/Sorgeberechtigten bzw. der Schülerin/dem Schüler selbst gewünscht wird. Die Poollösung muss für das Kind zumutbar sein (vgl. § 112 Abs. 4 SGB IX, Leistungen zur Teilhabe an Bildung). Erfordert der spezielle Hilfebedarf des einzelnen Kindes die individuelle Unterstützung von Schulbegleitung, ist die Poollösung für das Kind unzumutbar.

Die Eingliederungshilfe hat sich im Sinne des BTHG ausschließlich an den Besonderheiten und am jeweiligen Bedarf des einzelnen Kindes zu orientieren. Ein Bedarf besteht, wenn die schulische Teilhabe des Kindes ohne Schulbegleitung gefährdet ist. Schulbegleitung findet deshalb nicht ausschließlich während des Unterrichts statt. Bedarfsentsprechend kann sie auch während der Schulpausen, auf dem Schulweg, bei Klassenfahrten usw. stattfinden. Schulbegleitung auf dem Schulweg und bei Klassenfahrten müssen von den Eltern bzw. Sorgeberechtigten beim zuständigen Kostenträger zusätzlich beantragt werden. Die im Hilfe-/Teilhabeplan festgelegten Ziele sind für die Erfüllung des individuellen Bedarfs des Kindes entscheidend.

Schulbegleitung als Leistung der Eingliederungshilfe

Der Anspruch auf Schulbegleitung basiert nach deutschem Recht auf dem Sozialgesetzbuch (SGB). Die rechtliche Grundlage ist die Eingliederungshilfe, deren Leistungen entweder im Rahmen der Jugendhilfe (durch das Jugendamt) oder im Rahmen der Sozialhilfe (durch das Sozialamt) erbracht werden. Die Zuordnung erfolgt abhängig von der Art der Behinderung, wobei körperliche, geistige oder (drohende) seelische Behinderung, Mehrfachbehinderung oder Sinnesbeeinträchtigung unterschieden werden. Wenn für ein Kind eine Schulbegleitung beantragt wird, geht es deswegen zunächst darum, welches der beiden Ämter zuständig ist und die Kosten trägt. Die rechtlichen und finanziellen Ansprüche sind jedoch unabhängig von der Zuordnung und Verantwortlichkeit bei allen Arten von Behinderungen einheitlich.

Für Kinder und Jugendliche mit einer seelischen Behinderung oder einer drohenden seelischen Behinderung ist das Jugendamt zuständig. Laut § 35a Abs. 1 S. 2 SGB VIII sind Kinder und Jugendliche von einer seelischen Behinderung bedroht, wenn aufgrund einer Behinderung eine Teilhabebeeinträchtigung am Leben in der Gesellschaft mit hoher Wahrscheinlichkeit erwartbar ist und dies aus fachlicher Sicht bestätigt wird. Die Leistungserbringung und Finanzierung von Schulbegleitung als Maßnahme der Eingliederungshilfe regelt § 35a SGB VIII mit Bezug auf die Teilhabeleistungen des SGB IX. Das Sozialamt ist hingegen für Kinder und Jugendliche mit körperlichen, geistigen oder mehrfachen Behinderungen sowie Sinnesbeeinträchtigungen zuständig. Auf der Grundlage der Eingliederungshilfe regelt § 112 SGB IX in Verbindung mit § 75 SGB IX für Menschen mit Behinderungen gem. § 99 SGB IX die Erbringung und Vergütung von Leistungen der Schulbegleitung. Bei der Entscheidung, welche Art von Behinderung vorliegt, spielt die Einschätzung der kognitiven Fähigkeiten des Kindes, die als Intelligenzquotient (IQ) erfasst werden, eine wichtige Rolle: Wenn ein Kind einen Intelligenzquotienten von unter 70 aufweist, wird dies als geistige Behinderung eingestuft. Damit ist der Träger der Sozialhilfe für die erforderlichen Teilhabeleistungen zuständig. Liegt der Intelligenzquotient hingegen über 70, wird eine seelische Behinderung angenommen, wodurch die Kinder- und Jugendhilfe als zuständig gilt (vgl. Tab. 1).

Was bedeutet dies nun im Hinblick auf die Schulbegleitung von Kindern mit einer Fetalen Alkoholspektrumstörung? Grundsätzlich muss zunächst individuell entschieden werden, welche Art von Behinderung bei dem betroffenen Kind vorliegt – ob es sich also um eine körperliche, geistige und/oder (drohende) seelische Behinderung handelt. Bei einem Intelligenzquotienten von unter 70 ist der Träger der Sozialhilfe für die Leistungen der Eingliederungshilfe zuständig. Bei einem Intelligenzquotienten über 70 werden hingegen auch die eingeschränkten Exekutivfunktionen des Kindes als Verhaltensauffälligkeiten betrachtet. In diesem Fall wird eine seelische Behinderung angenommen, wodurch die Kinder- und Jugendhilfe für die Leistungen der Eingliederungshilfe zuständig ist (Schindler, 2017).

Sozialamt	**Jugendamt**
§ 112 SGB IX in Verbindung mit § 75 SGB IX für Menschen mit Behinderungen gem. § 99 SGB IX Zuständig für Kinder und Jugendliche ab Schuleintritt mit einer • geistigen Behinderung (IQ < 70) • körperlichen Behinderung • Mehrfachbehinderung • Sinnesbeeinträchtigung	§ 35a SGB VIII mit Bezug auf die Teilhabeleistungen des SGB IX Zuständig für Kinder und Jugendliche ab Schuleintritt mit einer • seelischen Behinderung • drohenden seelischen Behinderung • IQ ≥ 70

Tab. 1: Sozialamt oder Jugendamt – wer ist zuständig?

Anzumerken ist an dieser Stelle, dass diese rechtliche Praxis mittelfristig durch eine einheitliche Regelung abgelöst werden dürfte. Ein entsprechender Gesetzentwurf zur Reform des SGB VIII liegt zum Zeitpunkt der Drucklegung dieses Buchs bereits vor. Dieser besagt, dass ab 2028 die Zuständigkeit für alle Kinder und Jugendlichen mit Behinderungen, unabhängig von der Behinderungsart, an die Träger der Kinder- und Jugendhilfe übergeben werden soll. Kinder und Jugendliche mit FASD erhalten dann in jedem Fall die Leistungen der Eingliederungshilfe vom Jugendamt, unabhängig davon, wie ihre Behinderung eingestuft wird.

2.3 Die Beantragung der Schulbegleitung

Antragstellung durch die Sorgeberechtigten

Wenn die in diesem Kapitel genannten Voraussetzungen samt fachärztlicher Diagnose vorliegen, ist ein Kind mit FASD antrags- und leistungsberechtigt. Somit können die Eltern bzw. Sorgeberechtigten als gesetzliche Vertreter des Kindes beim Jugendamt bzw. beim Sozialamt einen formlosen Antrag auf Schulbegleitung stellen. Pflegeeltern können Schulbegleitung beantragen, wenn sie die Einzelvormundschaft für das Kind haben. In anderen Fällen, insbesondere wenn das Kind in einer Einrichtung der Kinder- und Jugendhilfe lebt, ist das Jugendamt mit der Vormundschaft betraut. Hier stellt der Amtsvormund stellvertretend für das Kind den Antrag. Die Schule ist hingegen nicht befugt, Schulbegleitung zu beantragen. Ihre Stellungnahme, in welchen schulischen Bereichen Unterstützungsbedarf zur Teilhabe besteht, den die Schule selbst nicht leisten kann, ist dem Antrag jedoch beizufügen.

Vorgehensweise nach Rechtsanspruch

Sofern ein Kind mit FASD einen Rechtsanspruch auf Schulbegleitung hat, muss der zuständige Kostenträger diese Form der Unterstützung bewilligen und kostenfrei gewähren. Eltern bzw. Sorgeberechtigte werden nicht dazu verpflichtet, einen Teil ihres Einkommens oder ihres Vermögens zur Finanzierung einzusetzen. Wird die Schulbegleitung nicht bewilligt und liegt ein entsprechender Ablehnungsbescheid vor, können die Eltern/Sorgeberechtigten stellvertretend für das Kind Widerspruch einlegen. Wenn die Hilfeform ein weiteres Mal abgelehnt wird und der Widerspruchsbescheid vorliegt, so können sie stellvertretend für das Kind innerhalb eines Monats Klage beim Sozialgericht einreichen.

Nach der Bewilligung einer Schulbegleitung legt der verantwortliche Kostenträger nach fachlicher Beurteilung im Rahmen eines Hilfe-/Teilhabeplans den erforderlichen Stundenumfang, den Zeitraum und die Teilhabeziele des zu begleitenden Kindes fest. Die zeitliche Zuweisung und Kriterien zur Personalauswahl (z. B. pädagogische Fachkraft oder Nicht-Fachkraft) richten sich nach den Erfordernissen des Einzelfalls bzw. der vorhandenen personellen Ressourcen. Der Einsatz von Schulbegleitung kann alle Schultage und Unterrichtszeiten (Vollzeit-Schulbegleitung), einzelne Schultage oder einzelne Unterrichtsstunden (Teilzeit-Schulbegleitung) umfassen. Schulbegleitung wird zunächst meist für ein halbes oder ein Schuljahr bewilligt. Eine Verlängerung der Unterstützung muss beantragt werden. Die Weiterbewilligung ist grundsätzlich von der Entwicklung des Schülers oder der Schülerin abhängig. Bei Kindern mit FASD ist meist davon auszugehen, dass die Schulbegleitung während ihrer gesamten Schullaufbahn erforderlich sein wird.

MERKE

Kinder mit FASD benötigen häufig über viele Jahre hinweg und während ihrer gesamten Schullaufbahn die Unterstützung durch Schulbegleitung.

Nachdem der zuständige Kostenträger die Schulbegleitung bewilligt hat, wird meist ein Leistungsanbieter zur Durchführung beauftragt. Leistungsanbieter sind im Allgemeinen gemeinnützliche oder private Einrichtungen, die Schulbegleitung anbieten, zuordnen und verwalten. Der Leistungsanbieter erhält vom Kostenträger einen Leistungsbescheid mit definierten Teilhabezielen, Aufgabenspektrum, zeitlichem Rahmen der Begleitung und personellen Anforderungen. Im nächsten Schritt wird ein rechtsverbindlicher Betreuungsvertrag zwischen dem Leistungsanbieter und den Eltern bzw. Sorgeberechtigten (als Vertreter des Kindes) abgeschlossen. Vertragsbestandteil sind die bewilligten Wochenstunden und diverse Vereinbarungen und Verpflichtungen. Dabei geht es z. B. um Vorgehensweisen bei Ausfallzeiten (Erkrankung des Kindes/der Begleitperson), Bereitstellung einer Vertretung und Begleitung bei Ausflügen bzw. Klassenfahrten. Ebenso werden zwischen dem Leistungsanbieter und der Schule verbindliche Absprachen über Zuständigkeiten und Verantwortlichkeiten getroffen. Das Wohl des Kindes hat dabei immer im Mittelpunkt zu stehen.

Der Leistungsanbieter stellt eine geeignete Begleitperson ein und ist für alle arbeitsvertraglichen Angelegenheiten (Vergütung, Urlaub, Krankheitsfall) zuständig. Ebenso liegt die Dienst- und Fachaufsicht in seinem Verantwortungsbereich. Die Schulbegleiterin bzw. der Schulbegleiter ist dafür verantwortlich, dem Kind mit FASD die Teilnahme am Unterricht zu ermöglichen und damit gleichberechtigte Bildungs- und Entwicklungschancen zu gewährleisten. Für die Vermittlung von Lerninhalten sind hingegen die Lehrkräfte zuständig. Die Schulleitung übt im Auftrag des Schulträgers das Hausrecht aus; somit gilt die Schulordnung auch für die Schulbegleiterin bzw. den Schulbegleiter. Die Aufsichtspflicht liegt dabei immer bei den Lehrpersonen. Sowohl zur Schweigepflicht als auch zur Einhaltung der aktuellen Datenschutzbestimmungen sind die Begleitpersonen verpflichtet. Um einen Austausch mit den Beteiligten des Unterstützungssystems zum Wohle des Kindes zu ermöglichen, werden sie allerdings häufig von den Eltern bzw. Sorgeberechtigten von ihrer Schweigepflicht entbunden.

Ergänzend sei angemerkt, dass Schulbegleitung zwar meist über einen Leistungsanbieter der Eingliederungshilfe bereitgestellt wird, mit dem der zuständige Kostenträger eine Vergütungsvereinbarung abgeschlossen hat. Alternativ dazu haben Eltern/Sorgeberechtigte aber auch die Möglichkeit, eine freiberuflich tätige Begleitperson mit der Schulbegleitung zu beauftragen. Denn Schulbegleitung kann auch über das sogenannte persönliche Budget (vgl. § 29 SGB IX) finanziert werden. Eltern, Sorgeberechtigte oder volljährige Schülerinnen und Schüler erhalten in diesem Fall eine festgelegte Summe, um damit die Schulbegleitung selbst zu organisieren und zu vergüten. Da diese Form der Leistungserbringung von Schulbegleitung bislang eher selten in Anspruch genommen wurde, gibt es hierzu kaum Erfahrungswerte (Thiel, 2022).

3 Schulbegleitung für Schülerinnen und Schüler mit FASD

3.1 Voraussetzungen und Kompetenzen der Begleitperson

Die Schulbegleitung eines Kindes mit FASD ist eine komplexe und verantwortungsvolle Tätigkeit, die Einfühlungsvermögen, Geduld, Verlässlichkeit und nicht zuletzt spezifisches Fachwissen zu FASD erfordert. Grundsätzlich ist es sinnvoll, dass sich Schulbegleiterinnen und Schulbegleiter bereits vor der Aufnahme ihrer Tätigkeit solide Kenntnisse über FASD aneignen. Umgekehrt kann unzureichendes Wissen dazu führen, dass sich Begleitpersonen unsicher und ratlos im Umgang mit dem Kind fühlen und das Ziel der Schulbegleitung verfehlen. So sollten Begleitpersonen unbedingt die Beeinträchtigungen einer FASD und den damit einhergehenden spezifischen Hilfebedarf kennen, um Kinder mit FASD adäquat unterstützen zu können. Nur so schaffen sie Bedingungen, die dem betroffenen Kind helfen, sich in die Klassengemeinschaft zu integrieren und gemäß seinen individuellen Begabungen und Potenzialen Lernerfolge zu erzielen.

MERKE

Schulbegleiterinnen und Schulbegleiter sollten bereits vor Aufnahme ihrer Tätigkeit solide Kenntnisse über die FASD-bedingten Besonderheiten und Probleme haben.

Da FASD eine Vielfalt von Symptomen aufweist und individuell sehr unterschiedlich ausprägt sein kann, gibt es keine einheitliche Handlungsanweisung für die Unterstützung der betroffenen Kinder oder für den Umgang mit Lern- und Verhaltensproblemen. Weil die behinderungsbedingten Beeinträchtigungen und sozialen Defizite sehr unterschiedlich sein können, brauchen Schülerinnen und Schüler mit FASD im Rahmen von Schulbegleitung gleichsam ein »maßgeschneidertes« Unterstützungsangebot. Dieses sollte betroffenen Kindern nicht nur den Lernzugang erleichtern, sondern generell ihre Teilhabe im Lebensbereich Schule ermöglichen. Vor diesem Hintergrund benötigen Begleitpersonen nicht nur spezifische Fachkenntnisse über FASD, sondern auch Kreativität, Flexibilität und manchmal auch Mut zu ungewöhnlichen Lösungen.

Sehr wichtig ist außerdem, dass sich Schulbegleiterinnen und Schulbegleiter in die Gefühlswelt der betroffenen Kinder hineinversetzen können und sie in ihrer

Persönlichkeit mit ihren Bedürfnissen und Empfindungen ernst nehmen. Kinder mit FASD sind im Alltag oft frustriert, wenn ihr Verhalten fehlinterpretiert wird und sie nur wenig Verständnis und Anerkennung erhalten. Im Fokus steht häufig das, was ein Kind mit FASD nicht kann, was ihm schwerfällt oder was ihm einfach nicht gelingt. Wichtig ist aber, dass die Kinder Erfolgserlebnisse haben, dass ihre Bemühungen gesehen und gewürdigt und dass ihre Fähigkeiten, Interessen und Kompetenzen anerkannt werden. Schulbegleiterinnen und Schulbegleiter sollten daher in ihrer täglichen Arbeit bewusst darauf achten, eine ressourcenorientierte Perspektive einzunehmen, indem sie immer wieder die Stärken und Potenziale des Kindes in den Mittelpunkt rücken, statt sich vorwiegend auf Probleme und Defizite zu konzentrieren. So können Kinder mit FASD am besten in ihrer individuellen Persönlichkeit gestärkt und zu eigenmotiviertem Lernen angeregt werden.

MERKE

Begleitpersonen von Kindern mit FASD sollten in der Lage sein, empathisch, flexibel und ressourcenorientiert zu arbeiten. Sie sollten bewusst die Stärken und Fähigkeiten der Kinder fokussieren und ihnen Erfolgserlebnisse ermöglichen.

Zugleich sollte Schulbegleiterinnen und Schulbegleitern bewusst sein, dass die schulische Teilhabe von Kindern mit FASD nur dann gut gelingt, wenn alle beteiligten Personen und Institutionen gut zusammenarbeiten (vgl. Kapitel 3.3: Die Bedeutung der interprofessionellen Kooperation). Neben der Schulbegleitung sind dies beispielsweise (Pflege-)Eltern, Lehrkräfte, Schulsozialarbeiterinnen sowie Mitarbeitende des Jugendamts oder anderer unterstützender Einrichtungen. In diesem Sinne sollten sich Schulbegleiterinnen und Schulbegleiter als »Teamplayer« verstehen und sich aktiv um den transparenten Austausch und die Kooperation mit allen Akteuren bemühen, die das betreute Kind in seiner Entwicklung unterstützen.

MERKE

Teamfähigkeit ist eine zentrale Kompetenz von Begleitpersonen, weil das Gelingen der schulischen Teilhabe die Zusammenarbeit aller am Hilfeprozess beteiligten Personen erfordert.

Zu den Kompetenzen, über die Schulbegleiterinnen und Schulbegleiter von Kindern mit FASD idealerweise verfügen sollten (vgl. Abb. 5), gehören auch die Fähigkeit zur Selbstreflexion sowie – damit eng zusammenhängend – die Fähigkeit, adäquat mit Stressbelastungen umzugehen und für sich selbst zu sorgen. Selbstreflexion bedeutet, das eigene berufliche Handeln immer wieder ernsthaft zu überprüfen und offen für Veränderungen und Verbesserungen zu sein. Dies betrifft sowohl den Umgang mit dem begleiteten Kind als auch den Umgang mit sich selbst. Denn Schulbegleiterinnen oder Schulbegleiter von Kindern mit FASD erleben in ihrem Berufsalltag häufig auch schwierige und belastende Situationen. Um solche Situationen auf Dauer gut zu bewältigen, sind eine gewisse Stressresistenz sowie Durchsetzungs- und Durchhaltevermögen hilfreich. Mindestens genauso wichtig ist jedoch die Fähigkeit zur Selbstfürsorge. Dies bedeutet beispielsweise, in der Freizeit bewusst für emotionalen Ausgleich zu sorgen (z. B. durch positive und erholsame Aktivitäten), innerlich etwas auf Abstand zu gehen oder mit Kollegen und Kolleginnen über belastende Erfahrungen zu sprechen. In diesem Kontext kann auch Supervision eine gute Möglichkeit sein, um Selbstreflexion und Selbstfürsorge zu gewährleisten (vgl. Kapitel 4.3: Kollegiale Beratung und Supervision). Jedoch ist Supervision im Bereich Schulbegleitung nach wie vor eine Ausnahme, die meist aus Kostengründen nicht angeboten wird.

MERKE

Die Fähigkeit der Begleitperson zur Selbstreflexion und Selbstfürsorge ist wichtig, um schwierige und belastende Situationen zu bewältigen.

Abb. 5: Kompetenzen für die Begleitung von Schülerinnen und Schüler mit FASD

3.2 Aufgaben der Schulbegleitung

So vielfältig das Störungsbild FASD ist, so vielfältig sind auch die Aufgaben bei der Begleitung von Schülerinnen und Schülern mit FASD. Die Persönlichkeit und das Temperament des Kindes, sein familiärer Hintergrund, seine spezifischen Bedürfnisse sowie seine bisherige Förderung bestimmen seinen Unterstützungsbedarf.

Aus diesem Grund sind die Unterstützungsangebote und Aufgabenschwerpunkte im Rahmen der Schulbegleitung von Kindern mit FASD sehr unterschiedlich. Ungeachtet dieser Unterschiedlichkeit in der Ausgestaltung lassen sich fünf grundlegende Aufgabenbereiche in der schulischen Begleitung von Kindern mit FASD beschreiben: Fokussieren, Motivieren, Trainieren, Assistieren und Kooperieren (vgl. Abb. 6).

Abb. 6: Aufgaben der Schulbegleitung (in Anlehnung an Sautter, 2020, S. 19)

Im Folgenden werden unter Berücksichtigung dieser Aufgabenbereiche einige konkrete Unterstützungsmöglichkeiten beschrieben, die für Kinder mit FASD hilfreich sein können. Zusätzlich werden Rahmenbedingungen und Aufgaben benannt, die Kinder mit FASD den Schulalltag erleichtern können und im Verantwortungsbereich der Lehrkräfte bzw. der Schule liegen. Die Empfehlungen und Anregungen gelten gleichermaßen für die Eins-zu-eins-Betreuung eines Schülers bzw. einer Schülerin (Einzelfallhilfe) und für das seltener praktizierte Poolmodell (zwei bis drei Kinder werden von einer Begleitperson betreut). Alle aufgeführten Empfehlungen und Anregungen sollen dazu einladen, weiterentwickelt und bei Bedarf individuell angepasst zu werden. Denn letztlich dienen sie vor allem dem übergeordneten Ziel, das Wohlbefinden des begleiteten Kindes zu gewährleiten, seine Selbstwirksamkeit zu stärken und seine soziale Eingebundenheit im Lebensbereich Schule zu ermöglichen.

3.2.1 Beziehungsaufbau und Beziehungsgestaltung

Die wahrscheinlich wichtigste Voraussetzung für eine gelingende Schulbegleitung von Kindern mit FASD ist eine gute, durch Verständnis, Vertrauen und gegenseitigen Respekt geprägte Beziehung zwischen der Begleitperson und der Schülerin bzw. dem Schüler. Aus diesem Grund sollte dem Beziehungsaufbau und der Beziehungsgestaltung besondere Aufmerksamkeit entgegengebracht werden. Bevor eine Begleitperson ihre Tätigkeit als Schulbegleiterin oder Schulbegleiter aufnimmt, findet in der Regel ein erstes Kennenlerntreffen mit den (Pflege-)Eltern, dem Kind und ggf. der Klassenlehrerin statt. Dieses erste Kennenlernen kann im Rahmen einer Hospitation in der Schule oder im familiären Umfeld der Schülerin/des Schülers erfolgen; dabei kann es von Vorteil sein, wenn die Begleitperson dem Kind in beiden Kontexten begegnen kann. In einem Gespräch sollte die Begleitperson einen ersten Kontakt mit dem Kind herstellen und dabei Interesse und Wertschätzung signalisieren. Gesprächsanknüpfungspunkte können beispielsweise Hobbys, Haustiere, Musik, Spiele oder Serien sein, die dem Kind wichtig sind. Die Begleitperson sollte interessiert nachfragen, aber auch von sich selbst erzählen und das Kind dazu ermutigen, ebenfalls persönliche Fragen zu stellen. Dabei zeigt sich Interesse und Zugewandtheit immer auch auf einer nonverbalen Ebene, z. B. durch Blickkontakt, freundliches Lächeln und Nicken.

MERKE

Eine gute Beziehung zwischen dem Kind mit FASD und der Begleitperson ist die Basis, auf der eine adäquate Schulbegleitung aufbaut.

Das erste Kennenlerngespräch bietet neben dem Austausch von Informationen eine erste gute Gelegenheit, die persönliche Passung zwischen der Schulbegleiterin bzw. dem Schulbegleiter und dem Kind mit FASD einzuschätzen. Bereits hier kann sich sowohl bei der Begleitperson und beim Kind sowie bei den (Pflege-)Eltern das spontane Gefühl entwickeln, dass die »Chemie« zwischen ihnen stimmt. Zwar handelt es sich zunächst »nur« um einen ersten Eindruck, der aber erfahrungsgemäß sehr bedeutsam für den weiteren Aufbau von Vertrauen und positiven Beziehungserwartungen sein kann. Anknüpfend daran sollte sich die Begleitperson im Laufe ihrer Tätigkeit darum bemühen, die Vertrauensbeziehung zum Kind kontinuierlich weiter zu stärken. Denn Schulbegleiterinnen bzw. Schulbegleiter müssen in erster Linie verlässliche und schützende Bezugspersonen sein, um das Kind bei der Eingliederung im Lebensbereich Schule zu unterstützen und ihm die Angst vor Neuem und Unbekanntem zu nehmen.

MERKE

Schülerinnen und Schüler mit FASD werden sich im Lebensbereich Schule wohler fühlen, wenn sie spüren, dass jemand da ist, auf den sie sich verlassen können.

Den persönlichen Zugang zu Kindern mit FASD erreicht man in der Regel schnell. Denn sie sind meist sehr kontaktfreudig und offen. Viele haben sogar ein ausgeprägtes Mitteilungsbedürfnis. Sie bemühen sich auch sehr, dazuzugehören und möchten, wie alle Kinder, akzeptiert werden. Fachkräfte aus unterschiedlichen pädagogischen Bereichen berichten häufig, dass sie sehr schnell eine gute Beziehung zu Kindern mit FASD aufbauen konnten (Abb. 7). Mitunter werden sie zu wichtigen Bezugspersonen für die Kinder und erhalten mit der Zeit tiefe Einblicke in ihre Gefühls- und Erlebniswelt.

Abb. 7: Eine gute Beziehung zur Begleitperson bietet Kindern mit FASD Sicherheit, Orientierung und Halt im Schulalltag

Es kommt vor, dass sich Kinder mit FASD unangemessen gegenüber der Schulbegleitung verhalten, z. B. durch Beschimpfen, respektlose Bemerkungen oder aggressive Verhaltensweisen. Andere betroffene Kinder verhalten sich auffallend still und ziehen sich zurück. Im ungünstigsten Fall kann dies die Vertrauensbeziehung zwischen der Begleitperson und dem Kind negativ beeinflussen oder gar gefährden. Sehr wichtig ist es daher, dass Schulbegleiterinnen und Schulbegleiter derartige Verhaltensweisen nicht persönlich nehmen, sondern bedenken, dass diese dem FASD-Störungsbild zuzuordnen und somit neurologisch bedingt sind.

Doch manche Verhaltensauffälligkeiten haben auch etwas mit der schwierigen familiären Vorgeschichte der Kinder zu tun. Viele Kinder mit FASD leben in einer Pflegefamilie, weil ihre leiblichen Eltern aus unterschiedlich Gründen nicht in der Lage waren, angemessen für sie zu sorgen. Oft haben die Kinder bereits früh verletzende Erfahrungen gemacht und mussten sich in ihrer Pflegefamilie ganz neu orientieren. Manche der heftigen Gefühlsausbrüche, wie sie bei Kindern mit FASD zu beobachten sind, können auch als Reaktion auf belastende Erfahrungen gedeutet werden. Vor diesem Hintergrund ist es wichtig, dass Schulbegleiterinnen und Schulbegleiter über das Wesentliche der bisherigen Lebensgeschichte des Kindes informiert sind. Denn dann sind sie eher in der Lage, verständnisvoll auf schwierige Verhaltensweisen und Gefühlsregungen zu reagieren.

MERKE

Eine emotional tragfähige Beziehung zum Kind mit FASD ist kein Zufall, sondern entwickelt sich aufgrund der inneren Haltung der Begleitperson. Diese braucht einfühlendes Verständnis für herausforderndes Verhalten.

Vertrauen ist keine Einbahnstraße, sondern basiert auf Gegenseitigkeit. Schulbegleiterinnen und Schulbegleiter sollten dem Kind daher immer wieder signalisieren, dass sie ihm vertrauen – und ihm auch vieles zutrauen. Wenn das Kind spürt, dass seine Fähigkeiten gesehen und ernsthaft gewürdigt werden, wird es eher Selbstvertrauen entwickeln und an sich selbst glauben.

Bei alledem ist wichtig, dass sich Schulbegleiterinnen und Schulbegleiter von Kindern mit FASD über ihre berufliche Rolle im Klaren sind. Ihr Job ist es, dem begleiteten Kind den Schulbesuch zu ermöglichen bzw. zu erleichtern und dabei seine Selbstwirksamkeit zu stärken. Durch ihre Alltagspräsenz und die gemeinsam verbrachte Zeit können sie zu emotional sehr wichtigen Bezugspersonen für das begleitete Kind werden, wobei sie ihrerseits oft eine große Zuneigung und ein starkes Verantwortungsgefühl für das Kind entwickeln. Nicht selten wird eine enge Beziehung (auch deutlich über den schulischen Kontext hinaus) von den (Pflege-) Eltern durchaus begrüßt und gefördert. Umso wichtiger ist professionelle Rollendistanz, denn Schulbegleiterinnen und Schulbegleiter sollen weder die Aufgaben der Lehrkräfte noch die der (Pflege-)Eltern übernehmen.

MERKE

Schulbegleiterinnen und Schulbegleiter sind wichtige Bezugspersonen des Kindes außerhalb der Familie. Ihr stabiles Beziehungsangebot sollte mit professionellem Rollenverständnis und Aufgabenklarheit einhergehen.

Eine zu enge Beziehung und ein Übermaß an Fürsorge können sich nämlich auch negativ auswirken – z. B. auf die Kooperation mit den Lehrkräften, aber auch auf die Selbstwirksamkeit des Kindes. Deshalb sollten sich Schulbegleiterinnen und Schulbegleiter manchmal bewusst zurücknehmen und darauf beschränken, das begleitete Kind nur im schulischen Kontext und dort zu unterstützen, wo es ihre Assistenz benötigt. Die Begleitpersonen sollen nicht Freunde des Kindes werden, sondern dem Kind altersgerechte Freundschaften ermöglichen und freundschaftliche Kontakte in der Schule fördern.

MERKE

Übermäßige Fürsorge und fehlende Rollendistanz können die psychosoziale Entwicklung von Kindern mit FASD hemmen.

Im Übrigen ist nicht nur die gute Beziehung zum Kind entscheidend für eine gelingende Schulbegleitung, sondern auch die zu den (Pflege-)Eltern. Ein offener und vertrauensvoller Umgang sollte regelmäßige Gespräche und den Austausch wichtiger Informationen beinhalten, die das Kind betreffen und für seinen Schulbesuch relevant sind. So erhalten die Eltern einen Einblick in den Schulalltag ihres Kindes aus einer Perspektive, die diejenigen der Kinder und der Lehrkräfte ergänzt. Die Eltern erfahren beispielsweise mehr darüber, wie es ihrem Kind in der Schule geht, was es bewegt, freut oder stört. Umgekehrt haben Schulbegleiterinnen und Schulbegleiter dadurch die Chance, die (Pflege-)Eltern und den Familienalltag des begleiteten Kindes besser kennenzulernen und können sich dadurch einen differenzierteren Gesamteindruck verschaffen. Anregungen und Erfahrungen der (Pflege-)Eltern, die sich im Lauf der Jahre oft sehr umfangreiche Kenntnisse zu FASD angeeignet haben, kann die Begleitperson gegebenenfalls »mitnehmen« und der Schulbegleitung integrieren. Es ist allerdings nicht grundsätzlich üblich, dass Zeiten für den Austausch außerhalb des Unterrichts, also z. B. für den Austausch mit den (Pflege-)Eltern, finanziell entgolten werden (vgl. Kapitel 4.4: Verbesserte Arbeitsbedingungen).

MERKE

Eine offene und vertrauensvolle Beziehung zwischen der Begleitperson und den (Pflege-)Eltern trägt dazu bei, dass die Bedürfnisse des Kindes besser erkannt und erfüllt werden können.

Ein Kind mit FASD benötigt in der Regel über viele Jahre eine kontinuierliche Begleitung – nicht selten während seiner gesamten Schullaufbahn. Hinzu kommt, dass es manchmal längere Zeit dauern kann, bis sich eine wirklich tragfähige Vertrauensbeziehung zwischen dem Kind und seiner Begleitperson entwickelt. Deshalb ist es prinzipiell wünschenswert, dass die Schulbegleitung von Kindern mit FASD längerfristig erfolgt. Ein kurzer »Ausflug« in dieses Arbeitsfeld, um beispielsweise Wartezeiten auf ein Studium oder eine andere Tätigkeit zu überbrücken, eignet sich für diese stark auf Beziehungsarbeit basierende Tätigkeit nicht.

MERKE

Ein häufiger Wechsel der Begleitperson widerspricht dem Bedürfnis des Kindes mit FASD nach Verlässlichkeit und personeller Kontinuität.

In manchen Fällen stellt sich im Verlauf der Schulbegleitung heraus, dass das Kind und die Begleitperson trotz vieler Bemühungen keine gute und funktionierende Beziehung aufbauen können. Dies liegt in der Regel nicht an der mangelnden Kompetenz oder dem unzureichenden Engagement der Begleitperson, sondern an einer unzureichenden Passung. Wird trotzdem an einem »gemeinsamen Zurechtkommen« festgehalten, kann dies negative Auswirkungen auf die persönliche und schulische Entwicklung des Kindes haben. Daher ist im gegebenen Fall ein Wechsel der Schulbegleiterin bzw. des Schulbegleiters zu erwägen, selbst wenn dieser mit viel Aufwand verbunden ist. Möglicherweise sollte auch die Begleitperson selbst diese Option ansprechen, wenn sie den Eindruck hat, dass Probleme auf der Beziehungsebene dazu führen, dass das Kind nicht optimal von der aktuellen Schulbegleitung profitiert. Zu bedenken ist dabei immer, dass die Entwicklungschancen und das Wohlbefinden des betreuten Kindes Priorität haben müssen.

Das Wichtigste in Kürze

- Schulbegleiterinnen und Schulbegleiter sind emotional wichtige Bezugspersonen für Kinder mit FASD. Sie bieten ihnen Sicherheit und Orientierung im Schulalltag.
- Damit Schulbegleitung gelingt, muss die »Chemie« zwischen der Begleitperson und dem Kind mit FASD stimmen.
- Der Auf- und Ausbau einer tragfähigen Beziehung zum Kind erfordert Akzeptanz, Wertschätzung und Interesse.
- Zuweilen vorkommende aggressive Gefühlsausbrüche der Begleitperson gegenüber sind in der Regel nicht persönlich gemeint, sondern dem FASD-Krankheitsbild geschuldet.
- Eine dem Kind zugewandte innere Haltung und einfühlendes Verständnis für herausforderndes Verhalten sind Voraussetzungen für den Aufbau einer tragfähigen Beziehung.
- Übermäßige Fürsorge und Nähe sind ungünstig für die Entwicklung des Kindes. Professionelle Schulbegleitung zeichnet sich durch Aufgabenklarheit und reflektierte Rollendistanz aus.
- Um den Aufgaben als Begleitperson eines Kindes mit FASD gerecht werden zu können, bedarf es auch einer vertrauensvollen Zusammenarbeit mit den (Pflege-)Eltern.

3.2.2 Persönliche Ansprache und klare Kommunikation

FASD wirkt sich bei vielen Kinder auch auf die Sprachentwicklung aus. Insbesondere bei Vorschulkindern sind das Sprachverständnis, die Wortschatzentwicklung und die Fähigkeit zu erzählen beeinträchtigt. Allerdings dauert die verzögerte

Sprachentwicklung nur bei wenigen Kindern über das Vorschulalter hinaus an. Im weiteren Verlauf verfügen viele Kinder und Jugendliche mit FASD sogar über relativ gute sprachliche Fähigkeiten, und es sind oftmals keine Auffälligkeiten mehr bemerkbar. Manche Kinder beeindrucken sogar mit einem besonders großen Wortschatz und einem starken Mitteilungsbedürfnis. Diese »Redefreude« kann jedoch einen falschen ersten Eindruck erwecken, da die Beeinträchtigungen von Schülerinnen und Schüler mit FASD vor allem im Verstehen von Sprache liegen. Daher fällt es ihnen meist schwer, die Inhalte von Anweisungen, Erklärungen, Aufgabenstellungen und Gespräche im Unterricht zu verstehen und die Anliegen und Bedürfnisse anderer zu erfassen.

Um diese Schwierigkeiten zu kompensieren und die Kinder zu unterstützen, können Schulbegleiterinnen und Schulbegleiter folgende hilfreiche Strategien einsetzen:

- *Aufmerksamkeit sichern*: Bevor die Begleitperson dem Kind eine Anweisung erteilt oder eine Vorgehensweise erklärt, sollte sie seine Aufmerksamkeit auf sich lenken. Dies erreicht sie am besten, indem sie das Kind mit seinem Namen anspricht und Blickkontakt zu ihm herstellt. Wenn die Begleitperson den Blickkontakt auch während des Sprechens aufrechterhält, fühlt sich das Kind persönlich beachtet und hört meist besser zu. Schafft das Kind es jedoch nicht, den Blickkontakt zu halten, weil ihm das zeitgleiche Zuhören schwerfällt, sollte es keinesfalls hierzu gezwungen werden. Manche Kinder können auch ohne Blickkontakt aufmerksam zuhören.
- *Reizüberflutung vermeiden:* Das Kind kann sich besser auf die sprachliche Interaktion konzentrieren, wenn es nicht durch akustische oder optische Reize abgelenkt wird. Deshalb sollten ihm wichtige Informationen bzw. ausführlichere Erklärungen in einer möglichst reizarmen Umgebung mitgeteilt werden.
- *Angepasstes Sprechtempo:* Kinder mit FASD benötigen mehr Zeit, um Erklärungen und Anweisungen zu folgen und zu verstehen; oft fällt es ihnen auch schwer, sich diese zu merken. Deshalb sollte die Begleitperson Anweisungen in einem angepassten, nicht zu schnellem Sprechtempo formulieren.
- *Knapp und präzise formulieren:* Kinder und Jugendliche mit FASD können Aufforderungen meist gut verstehen, wenn sie einfach, kurz und zugleich präzise formuliert werden. Darüber hinaus ist es sinnvoll, die gestellten Aufforderungen im Imperativ zu formulieren und dadurch das Kind zum direkten Handeln aufzufordern. Außerdem empfiehlt es sich, Aufforderungen nicht als Frage zu formulieren und auf das Wort »Bitte« möglichst zu verzichten. Eine Frage oder Bitte verstehen viele Kinder mit FASD so, dass sie selbst entscheiden dürfen, ob sie der Aufforderung Folge leisten oder nicht. Eine eindeutig formulierte Aufforderung, wie beispielsweise: »Noch einmal rutschen und dann ist Tobias dran!« ist daher besser und eindeutiger als die Formulierung »Könntest du Tobias jetzt bitte auch mal rutschen lassen?«

PRAXISBEISPIEL

»Man muss Niklas schon alles sehr kleinschrittig erklären – also kurze Sätze, am besten klar und eindeutig. Befehlston wäre der falsche Ausdruck, aber es muss schon kurz und knapp sein. Deswegen hört es sich vielleicht häufig wie Befehle an.«

(Pflegemutter eines 13-jährigen Schülers mit FASD)

- *Reihenfolge klar benennen:* Wenn mehrere Aufgaben hintereinander zu erledigen sind, sollte die Reihenfolge der jeweiligen Tätigkeiten möglichst klar und eindeutig aus der Aufforderung der Begleitperson hervorgehen. So ist beispielsweise die Anweisung »Packe zuerst dein Lesebuch in deine Schultasche! Gehe dann in die Pause!« für Kinder mit FASD besser zu verstehen als die Formulierung: »Bevor du in die Pause gehst, packe dein Lesebuch in deine Schultasche!«
- *Aufforderungen positiv formulieren:* Kinder mit FASD können positiv formulierte Handlungsanweisungen besser verstehen als Anweisungen, in denen benannt wird, was zu unterlassen ist. So ist beispielsweise die Aufforderung »Packe dein Heft in deine Schultasche!« für betroffene Schülerinnen und Schüler verständlicher als »Lass doch bitte dein Heft nicht herumliegen!«

Die nachfolgende Abbildung 8 illustriert, dass Kinder mit FASD vage formulierte Bitten und Anweisungen oft nicht verstehen können. Im ungünstigsten Fall bekommt das Kind gar nicht mit, dass zeitnah eine Handlung von ihm erwartet wird.

Abb. 8: Kinder mit FASD brauchen möglichst einfache und konkrete Anweisungen

- *Keine komplizierten oder uneindeutigen Formulierungen:* Weil es Kindern und Jugendlichen mit FASD schwerfällt, Sprache kontextbezogen einzuordnen, können sie manche Redewendungen, Witze sowie ironische Bemerkungen und doppeldeutige Begriffe nicht richtig verstehen. So fällt es ihnen z. B. schwer zu begreifen, dass der Begriff »Erde« sowohl den Planeten Erde als auch die Erde im Garten bezeichnen kann. Hier hilft es dem Kind, Begriffe direkt im Kontext zu benennen z. B. »der Planet Erde«. Dass jemand in einer ironischen Bemerkung das Gegenteil dessen formuliert, was er eigentlich meint, ist für sie nur schwer nachvollziehbar. Auch bestimmte grammatikalische Konstruktionen wie Konditional- und Temporalsätze, die mit »falls«, »bevor«, »nachher«, »gleich« oder »später« gebildet werden, sind für viele Kinder mit FASD nur schwer verständlich. Vor diesem Hintergrund sollten Schulbegleiterinnen und Schulbegleiter darauf achten, in der Kommunikation mit dem begleiteten Kind eine möglichst klare, einfache und eindeutige Sprache zu benutzen und sich Ironie zu verkneifen.

- *Einheitliche Formulierungen verwenden:* Schülerinnen und Schüler mit FASD verstehen besser, was von ihnen erwartet wird, wenn möglichst immer die gleichen Begriffe und Formulierungen verwendet werden. Auch auf bekannte Signalworte, wie »Stopp«, »Nein« oder »Halt«, die oft bei Regelverstößen und unangemessenem Verhalten eingesetzt werden, reagieren Kinder mit FASD in der Regel recht gut. Grundsätzlich empfiehlt es sich, dass sich alle Beteiligten (z. B. Begleitperson, Eltern, Lehrkräfte) bezüglich der genutzten Formulierungen absprechen. Einheitliche Formulierungen mögen etwas schematisch und eintönig wirken, haben aber einen positiven Effekt auf die Merkfähigkeit des Kindes, das Anweisungen, Erklärungen usw. besser erfassen und umsetzen kann. Ein möglichst einheitliches kommunikatives Vorgehen sollte auch dann gewährleistet sein, wenn die Schulbegleitung (z. B. im Krankheitsfall) durch eine andere Person erfolgt. Daher empfiehlt es sich, die üblichen Formulierungen in einem Heft zu notieren, das für die Vertretungsperson in der Klasse bereitliegt. Wenn das Kind Formulierungen bereits kennt, reagiert es meist schneller.
- *Mitteilungen zusätzlich verdeutlichen:* Durch gezielt eingesetzte Gestik und Mimik kann die Begleitperson die Aufmerksamkeit des Kindes in Unterrichtssituationen unterstützen und sein Verständnis fördern. Wichtig hierbei ist, dass die nonverbalen Signale, die auch sprachbegleitend sein können, für das Kind leicht zu entschlüsseln sind. Wenn beispielsweise die Begleitperson dem Kind zulächelt und mit dem Kopf nickt, weiß es, dass es eine Aufgabe gut bewältigt hat. Hält sie ihren Daumen nach oben, stimmt sie dem Kind zu. Durch einfache Gestik und Mimik der Begleitperson erkennt das Kind oft schneller, was es richtig macht oder was von ihm erwartet wird. Eine weitere Möglichkeit ist es, auch Bilder oder Fotos zu nutzen, um Inhalte und Instruktionen zusätzlich zu verdeutlichen. Mit dieser Methode werden Erklärungen und Anweisungen über einen zusätzlichen Sinneskanal vermittelt, sodass das Kind Informationen besser erfassen kann. Darüber hinaus sollten Kinder mit FASD immer wieder dazu

angeleitet werden, beim Zuhören auf die Betonung und die Lautstärke einzelner Worte zu achten, weil dadurch in der Regel die wichtigen Informationen hervorgehoben werden.

- *Arbeitsanweisungen in Teilschritten formulieren:* Komplexe Aufgabenstellungen sollten prinzipiell in Zwischenschritte eingeteilt werden. Denn Schülerinnen und Schüler mit FASD erhalten einen besseren Überblick und bleiben länger konzentriert, wenn sie zunächst einen Teilschritt der Aufgabe erledigen, bevor sie mit dem nächsten beginnen. Aus diesem Grund sollte die Begleitperson den nächsten Teilschritt erst erklären, nachdem der vorherige bewältigt wurde. Insofern können Arbeitsaufträge der Lehrkraft, wie beispielsweise »Bitte unterstreicht im Arbeitsheft auf Seite 11 alle Tu-Wörter grün.« in folgende Teilschritte gegliedert werden: »Nimm dein rotes Arbeitsheft aus deiner Schultasche.« (Abwarten), »Schlage die Seite 11 auf.« (Abwarten) »Nimm deinen grünen Buntstift aus deinem Federmäppchen.« (Abwarten) »Nimm dein Lineal aus deinem Mäppchen« (Abwarten) »Lies den ersten Satz« (Abwarten) »Unterstreiche das Tu-Wort« (Abwarten) »Super, dann lies den zweiten Satz (...).«
- *Wichtige Informationen wiederholen*: Bedingt durch ihr hyperaktives und impulsives Verhalten können Kinder und Jugendliche mit FASD oft nicht konzentriert zuhören. Deswegen ergeben sich z. B. Gesprächssituationen, in denen sie ihrer Begleitperson ins Wort fallen oder plötzlich ein ganz anderes Thema ansprechen. In einem solchen Fall sollte die Begleitperson den jeweils letzten Satz oder die letzte Anweisung komplett wiederholen, um den thematischen Bezug wiederherzustellen und sicherzustellen, dass wichtige Informationen nicht »untergehen«. Aufgrund der bei Kindern mit FASD eingeschränkten Merkfähigkeit ist es grundsätzlich sehr wichtig, dass die Begleitperson relevante Informationen regelmäßig wiederholt. Wenn das Kind trotzdem etwas vergisst, sollte es gelassen und ohne Vorwurf darauf hingewiesen werden, dass es noch etwas zu erledigen hat.
- *Wertschätzend kommunizieren*: Kinder mit FASD können sich neue Wörter und Begriffe nicht gut merken. Beim Erzählen fällt ihnen das passende Wort manchmal nicht ein oder sie sprechen es falsch aus. Dennoch möchten sie sich mitteilen und dabei ernst genommen werden. Wenn ein Kind das Bedürfnis hat, seine Gedanken und Erlebnisse zu teilen, sollte ihm die Begleitperson aufrichtiges Interesse entgegenbringen und ihm auch dann aufmerksam zuhören, wenn es Fehler macht oder sich verhaspelt. Keinesfalls sollte die Begleitperson das Kind unterbrechen und verbessern, denn dies nimmt ihm die Freude, sich mitzuteilen. Unvollständig oder fehlerhaft ausgesprochene Wörter sollten indirekt verbessert werden, indem die Schulbegleiterin bzw. der Schulbegleiter das Gesagte korrekt wiederholt und positiv bestätigt. Wenn beispielsweise das Kind seiner Begleitperson freudig mitteilt: »Heute gibt es Papetti! antwortet sie: »Wie lecker, es gibt Spaghetti.«

- *Gegenwartsbezogen kommunizieren*: Schulbegleiterinnen und Schulbegleiter sollten möglichst gegenwartsbezogen mit dem Kind kommunizieren. Feststellungen wie »Gestern konntest du diese Rechenaufgabe doch noch lösen« helfen dem Kind nicht weiter. Zum einen wird es sich wahrscheinlich nicht mehr an eine Rechenaufgabe von gestern erinnern. Zum anderen ist dieser Hinweis überflüssig und löst sein aktuelles Problem mit der Rechenaufgabe nicht. Daher sollten Aufgaben möglichst unmittelbar vor bzw. während der Beschäftigung damit erklärt werden. Analog dazu ist es oft auch nicht hilfreich, Aufgaben für den nachfolgenden Schultag vorab zu erläutern, da das Kind sich wahrscheinlich am nächsten Tag nicht mehr daran erinnern wird.

In der folgenden Tabelle 2 sind einige praxisnahe Beispiele für hilfreiche und weniger hilfreiche Formulierungen in der Kommunikation mit Kindern mit FASD zusammengestellt. Schulbegleiterinnen und Schulbegleiter werden voraussichtlich nicht in jeder spontanen Situation optimal reagieren – nobody is perfect! Entscheidend ist auch nicht die einzelne Gesprächssituation, sondern vielmehr die Haltung der Begleitperson, die durch Wertschätzung, Einfühlungsvermögen und die Bereitschaft gekennzeichnet ist, stetig dazuzulernen.

Tipp	Vage Formulierung	Hilfreiche Formulierung
Aufmerksamkeit sichern	Kannst du mir bitte zuhören!!	Fynn, hör mir zu!
möglichst keinen Druck ausüben, sondern Bemühen anerkennen	Du musst noch deinen Arbeitsplatz aufräumen!	Räume die Blätter in dein gelbes Ablagefach. (Abwarten) Prima, du hast gut aufgeräumt.
präzise formulieren: • klare kurze Sätze/ Ansprache	Es wäre schön, wenn du jetzt mal anfängst, die Aufgabe zu bearbeiten!	Fynn! Beginne mit dieser Aufgabe.
• benennen, was zu tun ist	Lasse deine Schultasche nicht hier mitten im Weg stehen!	Stelle deine Schultasche neben deinen Sitzplatz.
• abstrakte Worte vermeiden	Gleich beginnt die Frühstückspause.	Rechne diese Aufgabe fertig. Dann ist Frühstückspause.
einheitliche Formulierungen verwenden	Du brauchst noch deine Tasche. Nimm deinen Ranzen. Deine Schultasche steht doch direkt neben dir.	Fynn, nimm deine Schultasche.
Arbeitsanweisungen/ Aufträge gliedern	Schreibe deine Hausaufgaben auf.	Nimm dein Hausaufgabenheft aus deiner Schultasche. (Abwarten) Schlage dein Hausaufgabenheft auf. (Abwarten) Nimm einen Stift. (Abwarten) Schaue auf die Tafel. Schreibe die Hausaufgaben in dein Heft.

Tipp	Vage Formulierung	Hilfreiche Formulierung
Entscheidungsfreiraum begrenzen	Mit welchem Arbeitsauftrag möchtest du heute auf deinem Wochenplan beginnen?	Nimm deinen Wochenplan. Möchtest du mit Deutsch oder Mathe beginnen?
bei Regelverstoß oder Fehlverhalten direkter Hinweis ohne Bloßstellung	Hörst du schlecht! Du fällst mir schon wieder ins Wort. Du wühlst schon wieder in der Schultasche deiner Sitznachbarin! Das macht man nicht!	Fynn, lass mich aussprechen. Fynn, Stopp! Das ist Majas Schultasche.
gegenwartsbezogen kommunizieren	Wir machen jetzt da weiter, wo wir gestern aufgehört haben.	Wir starten mit Rechnen.

Tab. 2: Kommunikationsbeispiele (in Anlehnung an Lüders, Feldmann & Jungbauer, 2020, S. 45)

Das Wichtigste in Kürze

- Blickkontakt aufnehmen und angemessen halten
- für eine möglichst reizarme und störungsfreie Umgebung sorgen
- ein angepasstes, nicht zu schnelles Sprechtempo verwenden
- verbale Kommunikation gezielt unterstützen (verständliche Gestik und Mimik einsetzen, Bilder oder Fotos nutzen)
- einfache Wörter sowie kurze und präzise Sätze verwenden, auf einheitliche Formulierungen achten
- Aufforderungen nicht als Fragen, sondern eindeutig formulieren
- zuhören, Anliegen des Kindes ernst nehmen und seine Mitteilungsfreude wertschätzen
- eingeschränkte Merkfähigkeit berücksichtigen: gegenwartsbezogen kommunizieren und wichtige Informationen wiederholen

3.2.3 Aufmerksamkeit und Konzentration unterstützen

Vielen Kindern mit FASD fällt es aufgrund ihrer beeinträchtigten exekutiven Funktionen schwer, ihre Aufmerksamkeit zu steuern. Im Schulalltag können sie meist nicht gut zuhören und sich auf die Unterrichtsinhalte konzentrieren. Sie verhalten sich oftmals unruhig, stören den Unterricht oder sind so angespannt, dass sie den Anweisungen und Erklärungen der Lehrpersonen nur mühsam folgen können. Außerdem fällt es ihnen besonders schwer, Ablenkungen auszublenden und ihre Aufmerksamkeit auf Wesentliches zu lenken. Für einige der Kinder ist es bereits schwierig, sich auf die wenigen Informationen zu konzentrieren, die eine Lehrperson zur Bearbeitung einer Aufgabe mitteilt. Entscheidende Punkte bekommen sie unter Umständen gar nicht mit, weil sie sich sehr schnell von Nebensächlichkeiten ablenken lassen. Ihr oft übermäßiger Bewegungsdrang trägt zusätzlich dazu bei, dass sie nicht aufmerksam zuhören bzw. konzentriert arbeiten können. Hinzu kommt, dass Kinder mit FASD schnell aufgeben und sich zurückziehen, wenn sie etwas nicht verstehen oder ihnen etwas nicht gelingt. Manchmal sind sie deswegen so frustriert, dass sie den Unterricht stören. All das führt dazu, dass sie dem Unterricht meist nur mit intensiver Unterstützung einer Schulbegleiterin/eines Schulbegleiters folgen können.

MERKE

Kinder mit FASD haben Schwierigkeiten, ihre Aufmerksamkeit konzentriert zu lenken. Im Unterricht lassen sie sich leicht von Nebensächlichem ablenken.

Neben der persönlichen Unterstützung durch Schulbegleitung benötigen Kinder mit FASD auch gut gestaltete organisatorische Rahmenbedingungen. Kleinere Klassengrößen oder der Unterricht in kleineren Lerngruppen sowie eine gut durchdachte Gestaltung des Klassenraums dienen dazu, Ablenkungen zu reduzieren, sodass sich die Kinder besser auf den Unterricht konzentrieren können.

Ein reizarm gestalteter Klassenraum und ein aufgeräumter sowie mit Bedacht ausgesuchter Arbeitsplatz tragen dazu bei, dass das Kind seine Aufmerksamkeit besser auf das Wesentliche lenken kann. Im Idealfall sollte der Klassenraum nur sparsam ausgestattet und dekoriert sein. Gedeckte Raumfarben und eine gedämpfte Beleuchtung wirken zusätzlich beruhigend. Einfallendes Sonnenlicht kann durch Vorhänge oder Jalousien abgeschirmt werden. Schließbare Schränke schaffen mehr Ordnung als offene Regale.

Von Geräuschen können Kinder mit FASD ebenfalls schnell abgelenkt werden. Meist fällt es ihnen schwer, störende Geräusche auszublenden.

PRAXISBEISPIEL

»Thomas größtes Problem ist die Konzentrationsstörung. Sobald irgendetwas tickt, knackt oder passiert im Raum, ist er sofort abgelenkt.«

(Schulbegleiterin eines 10-jährigen Jungen mit FASD)

Hilfreich kann es daher oft sein, Stuhl- und Tischbeine mit Filzschutz auszustatten, damit das Kind nicht zu sehr vom Hin- und Herschieben der Stühle bzw. Tische irritiert und abgelenkt wird. Ebenso kann es ihm helfen, bei Stillarbeiten oder Klassenarbeiten Kopfhörer zu tragen.

MERKE

Ein reizarm gestalteter Klassenraum kann die Konzentrationsfähigkeit eines Kindes mit FASD positiv beeinflussen.

Auch die Wahl des Sitzplatzes beeinflusst die Fähigkeit von Kindern mit FASD, aufmerksam zuzuhören und sich zu konzentrieren. Ein Sitzplatz ganz vorne, in der Nähe der Lehrperson, ist in der Regel mit weniger Ablenkung verbunden als ein Sitzplatz in einer der hinteren Reihen. Manche Kinder mit FASD fühlen sich jedoch unwohl, wenn andere Kinder hinter ihnen sitzen. Dieses Empfinden ist von Kind zu Kind sehr unterschiedlich. Vor diesem Hintergrund sollte individuell entschieden werden, an welchem Platz das Kind sitzt. Wichtig ist in erster Linie, dass sich das Kind an seinem Sitzplatz wohlfühlt. Wenn die Tische in Reihen statt in Gruppen angeordnet sind, richtet sich der Blick des Kindes auf die Lehrperson bzw. auf die Tafel. Somit wird es weniger abgelenkt. Ein Sitzplatz, der sich an einem Durchgang befindet oder an einem Fenster, gefährdet seine Aufmerksamkeit. Wenn die Begleitperson sich neben das Kind setzt, kann sie es meist effektiv unterstützen, seine Aufmerksamkeit zu fokussieren. Sitzt die Begleitperson aber stets neben dem Kind, kann das Kind dies auch als störend empfinden. In dieser Hinsicht sollte sich die Wahl des Sitzplatzes der Begleitperson nach den individuellen Bedürfnissen des Kindes richten und in Abstimmung mit der Lehrkraft erfolgen.

MERKE

Der Sitzplatz im Klassenraum sollte nach den individuellen Bedürfnissen eines Kindes mit FASD – mit dem Fokus auf Wohlbefinden und Aufmerksamkeit – gewählt werden.

Um Ablenkungen zu minimieren, sollten sich auf dem Arbeitstisch nur Mappen, Hefte, Bücher etc. befinden, die das Kind aktuell benötigt. Alle Arbeitsmaterialien, die derzeit nicht benutzt werden, sollten sich nicht in seinem Blickfeld befinden. Ein Kind mit FASD sollte von der Begleitperson regelmäßig dazu angeleitet und daran erinnert werden, immer nur die Arbeitsmaterialien bereitzulegen, die es für das jeweilige Unterrichtsfach benötigt. Werden die Materialien nicht mehr gebraucht, sollte es diese direkt wieder aufräumen oder an einem festen Platz ablegen. Arbeitsmaterialien (Stifte, Radiergummi, Anspitzer, Lineal), die immer wieder benutzt werden, können beispielsweise in einem Kästchen griffbereit abgelegt werden. Dieses kann – je nachdem ob das Kind Links- oder Rechtshänder ist – an der rechten oder linken oberen Ecke des Tisches befestigt sein.

MERKE

Eine übersichtliche Lernumgebung nimmt positiven Einfluss auf die Aufmerksamkeitsfähigkeit eines Kindes mit FASD.

Mit einem zweiten, von Reizen abgeschirmten Arbeitsplatz im Klassenraum oder in einem separaten Raum im Schulgebäude wird eine Umgebung geschaffen, die

Kindern mit FASD konzentriertes Arbeiten ermöglicht. Wenn es dem Kind zeitweise schwerfällt, sich an seinem Sitzplatz im Klassenraum zu konzentrieren, kann es (gemeinsam mit seiner Begleitperson) an diesem zweiten, ablenkungsfreien Arbeitsplatz weiterarbeiten.

Steht im Schulgebäude kein separater Raum zur Verfügung, kann dem Kind ein Arbeitsplatz auf einer kleinen, mit Trennwänden abgeschirmten Fläche des Klassenraums bereitgestellt werden.

MERKE

Dem Kind sollten Rückzugsmöglichkeiten zur Verfügung stehen, damit es bei einer Reizüberflutung in einer von Reizen abgeschirmten Atmosphäre ablenkungsfreier arbeiten kann.

Viele der vorgestellten Maßnahmen zur Verbesserung der Aufmerksamkeit und Konzentration können ohne großen Aufwand umgesetzt werden. Hier können Lehrkräfte und Begleitpersonen gemeinsam schauen, welche Maßnahmen sich für das jeweilige Kind besonders eignen. Schulbegleiterinnen und Schulbegleiter sollten dabei allerdings immer bedenken, dass die Funktionalität der Raumausstattung (z. B. die Einrichtung alternativer Lernplätze außerhalb des Klassenraums, Ruhezonen, Errichten von Trennwänden usw.) im Verantwortungsbereich der Schule bzw. des Schulträgers liegt.

Eine reizarm gestaltete Lernumgebung ist wichtig – sie allein reicht jedoch nicht aus, damit sich Schülerinnen und Schüler mit FASD besser konzentrieren können. Sie brauchen auch Anweisungen und klare Vorgaben im Lernprozess, um Aufgaben und Arbeitsabläufe besser überschauen zu können. Aufgabenstellungen müssen so angepasst werden, dass sie ein Kind nicht überfordern und es sich auf die Lerninhalte konzentrieren kann.

Vielen Schülerinnen und Schülern mit FASD fällt es schwer, sich auf Informationen der Lehrkraft zu konzentrieren, während sie sich mit einer Aufgabe beschäftigen. Sie haben Schwierigkeiten, ihre Aktivitäten und Gedanken zu unterbrechen und ihre Aufmerksamkeit auf neue Informationen zu richten. Deswegen müssen sie in der Regel aufgefordert werden, die Aufgabe kurz zu unterbrechen, um sich die wichtige Information der Lehrperson anzuhören. Wenn die Begleitperson diese Situationen immer mit denselben Worten z. B. »Achtung, Zuhören!« und einer Geste (z. B. erhobener Zeigefinger) einleitet, nehmen die Schülerinnen und Schüler die Informationen besser auf. Die Lehrperson kann ihrerseits mit einem vereinbarten Signal (z. B. mit einem Triangel) darauf hinweisen, dass gleich eine wichtige Information folgen wird. Meist muss die Begleitperson das Kind anschließend unter Berücksichtigung der neuen Informationen zur unterbrochenen Lernsituation zurückführen.

Kinder mit FASD bekommen auch oft nicht mit, wenn die Hausaufgaben mitgeteilt werden. Deswegen sollte das Kind auch hier einen deutlichen Hinweis bekommen: »Wichtig, Hausaufgaben«. Außerdem sollte es zum Aufschreiben der Hausaufgaben angeleitet werden. In manchen Fällen ist es erforderlich, dass die Begleitperson dem Kind die Hausaufgaben nochmals mitteilt und zusätzlich für das Kind notiert. Dies gilt übrigens nicht nur bei den Hausaufgaben – ganz generell sind Schülerinnen und Schüler mit FASD darauf angewiesen, dass ihre Begleitpersonen wichtige Informationen und Erklärungen für sie wiederholen.

MERKE

Kinder mit FASD benötigen klare Impulse, damit sie ihre Aufmerksamkeit auf wichtige Informationen lenken. Schulbegleiterinnen und Schulbegleiter fungieren als Impulsgeber.

PRAXISBEISPIEL

»Wenn Thomas nicht so konzentriert ist, dann hört er nicht richtig zu. Dann muss ich ihn »anstupsen«: Hör doch mal, weißt du die Antwort? Dann zeigt er auch schon auf. Also, dass ich ihn im Endeffekt immer wieder zur Konzentration bringe, ist meine größte Aufgabe.«

(Schulbegleiterin eines 10-jährigen Jungen mit FASD)

Aufgrund der Beeinträchtigung ihrer kognitiven Exekutivfunktionen fällt es Kindern und Jugendlichen mit FASD auch schwer, flexibel auf neue Informationen zu reagieren. Meist sind sie nicht in der Lage, Wichtiges von Unwichtigem zu unterscheiden. Sie haben Probleme, sich auf neue Situationen und Anforderungen einzustellen und erfassen die relevanten Informationen zur Bewältigung einer Aufgabe nicht. Wenn die Begleitperson die relevanten Punkte auf Arbeitsblättern oder in Schreibtexten deutlich kennzeichnet (z. B. Textmarker verwendet), können Schülerinnen und Schüler mit FASD ihre Konzentration besser auf das Wesentliche lenken. Ebenfalls hilfreich ist es, wenn irrelevante Informationen (z. B. auf einer Buchseite) einfach mit einem Blatt Papier abgedeckt werden. Die Konzentration des Kindes bleibt in der Regel länger erhalten, wenn der Lernstoff in kleine Teilabschnitte unterteilt wird. So kann das Kind die Aufgaben nach und nach bearbeiten.

MERKE

Mit dem Hervorheben relevanter Informationen und dem Abdecken (aktuell) unwichtiger Aspekte durch die Schulbegleitung erfassen Kinder mit FASD eindeutiger die Aufgabenstellung, auf die sie sich konzentrieren sollen.

Schülerinnen und Schüler mit FASD brauchen meist unverzügliche Rückmeldungen – beispielsweise im Hinblick darauf, was sie richtig gemacht haben oder machen, was von ihnen erwartet wird und was ihre nächste Aufgabe ist. Dadurch kann vermieden werden, dass sie den Überblick verlieren und sich bei der Bearbeitung unterschiedlicher Aufgaben »verzetteln«. Ebenfalls hilfreich sind bekannte und verlässliche Strukturen (Rituale, Ablaufpläne) sowie klare Handlungsanweisungen. Mit dieser Unterstützung gelingt es den Kindern besser, Aufgaben zu überblicken und ihre Aufmerksamkeit zu fokussieren.

In diesem Zusammenhang kann auch der Einsatz von Sanduhren, über die einige Schulen verfügen, nützlich sein, um die Aufmerksamkeit von Kindern mit FASD zu lenken. Mit dieser Methode wird eine dem Leistungsniveau des Kindes angemessene Zeitspanne festgelegt, in der es sich konzentriert mit einer Aufgabe befassen soll. Dabei geht es wohlgemerkt nicht darum, dass das Kind die Aufgabe erfolgreich bewältigt, sondern dass es die Zeitspanne selbst visuell erfasst und sich während dieser Zeit konzentriert. Die Zeitspanne kann schrittweise verlängert werden.

PRAXISBEISPIEL

»Ich habe Sanduhren, damit Jakob eine Zeit konzentriert durcharbeitet. Das hat sich eigentlich ganz gut bewährt, dass ich dann gesagt habe: Jetzt stelle ich dir die Sanduhr (z. B. drei Minuten), und in dieser Zeit schaffst du dieses Arbeitspäckchen. Für ihn war das eine Hilfe, um dann auch flüssig arbeiten zu können. Klar, man denkt, eine Sanduhr macht Druck, aber für ihn war es tatsächlich eine Hilfe: In drei Minuten schaffe ich das!«

(Schulbegleiterin eines 8-jährigen Jungen mit FASD)

Wenn die Begleitperson merkt, dass sich das Kind während des Arbeitsprozesses unruhig verhält oder müde wirkt, sollte sie gemeinsam mit ihm eine Ruhepause einlegen. Konzentrationsschwierigkeiten sind sehr belastend und beeinflussen das Wohlbefinden und das Verhalten des Kindes. Denn oftmals zeigen Kinder störendes oder verweigerndes Verhalten, wenn sie merken, dass sie Anforderungen nicht erfüllen können oder nicht wissen, was von ihnen erwartet wird. Oft lenken sie ihre Mitschüler vom Lernen ab oder verarbeiten ihren Frust in der Rolle des Klassenclowns. Schulbegleiterinnen und Schulbegleiter können derartige unerwünschte Verhaltensweisen auffangen, wenn sie rechtzeitig bemerken, dass das betreute Kind überfordert ist. Lehrkraft und Begleitperson sollten im Idealfall vorsorglich besprechen, was in solchen Situationen zu tun ist. Wichtig ist, dass die Begleitperson und die Lehrkraft in eskalierenden Situationen die Ruhe bewahren. Es hat sich bewährt, wenn das Kind in Begleitung an einem ruhigen Ort neue Energie schöpfen kann (vgl. Kapitel 3.2.7: Erholung, Ruhe und Pausen ermöglichen). Allerdings sollte dem Kind in diesem Fall klar vermittelt werden, dass diese Auszeit keine Bestrafung, sondern ein Hilfsangebot ist.

MERKE

Konzentrationsschwierigkeiten belasten das Wohlbefinden von Kindern mit FASD. Sie brauchen deshalb regelmäßige Ruhepausen. Die Schulbegleitung sollte dafür sorgen, dass dem Kind diese Ruhe- und Rückzugspausen ermöglicht werden.

Aufmerksamkeits- und Konzentrationsdefizite verstärken sich häufig, wenn die schulischen Anforderungen nicht auf die individuellen Voraussetzungen und Bedürfnisse des Kindes abgestimmt sind. Lernmethoden, Lerninhalte und Strukturen im Schulalltag sollten deshalb möglichst gut zu den individuellen Voraussetzungen des Kindes passen. Die Herstellung einer solchen »Passung« stellt für alle Akteure der Schule eine große Herausforderung dar, die nur gemeinsam bewältigt werden kann. Ein regelmäßiger Austausch zwischen Klassenleitung, Sonderpädagogen und Begleitpersonen sorgt erfahrungsgemäß für mehr Sicherheit im Umgang mit dem Kind. Mit den jeweiligen Erfahrungen, Kenntnissen und Sichtweisen der Personen aus den verschiedenen Verantwortungsbereichen können die individuellen Erfordernisse und Bedürfnisse des Kindes besser wahrgenommen werden.

Ein zentrales Ziel aller Bemühungen ist, das Selbstwertgefühl des Kindes unter Anerkennung und Berücksichtigung seiner individuellen kognitiven und sozialen Fähigkeiten, aber auch seiner Grenzen zu stärken. Wichtig ist, dass die Lerninhalte dem Entwicklungsstand und die Lernumgebung den Bedürfnissen des Kindes entsprechen. Hohe Arbeitsbelastungen sollten vermieden werden. Kinder mit FASD brauchen bewältigbare Aufgaben und Erfolgserlebnisse, die sie motivieren.

PRAXISBEISPIEL

»Mit der Konzentration läuft das eher wirklich so, dass diese durch Motivation immer am besten klappt. Immer nochmal so einen »Anschubser« geben und sagen: Das hat jetzt prima geklappt! – und ganz viel Lob.«

(Schulbegleiterin eines 8-jährigen Jungen mit FASD)

Aufmerksamkeit und Konzentration von Kindern mit FASD können im Übrigen auch spielerisch gefördert werden. Es gibt zahlreiche Gesellschaftsspiele für zwei oder mehr Kinder, die kurz und einfach sind und entsprechend dem Entwicklungsalter des Kindes ausgewählt werden können. Sie eignen sich besonders für die Schulbegleitung im Offenen Ganztag. Einige Anregungen zur Auswahl geeigneter Gesellschaftsspiele befinden sich im Serviceteil des Buches.

Das Wichtigste in Kürze

- In einem reizarm gestalteten Klassenraum können Kinder mit FASD konzentrierter lernen. Visuelle und akustische Reizquellen sollten deshalb minimiert werden.
- Ein zweiter, von Reizen abgeschirmter Arbeitsplatz bietet die Möglichkeit zu störungsfreierem und somit konzentrierterem Arbeiten.
- Die Wahl des Sitzplatzes sollte sich nach den individuellen Bedürfnissen und dem Wohlbefinden des Kindes richten.
- Ein aufgeräumter Arbeitsplatz, auf dem sich nur Materialien befinden, die aktuell benutzt werden, hilft dem Kind, Ablenkungen zu widerstehen.
- Kinder mit FASD benötigen deutliche Impulse, um wichtige Informationen konzentriert wahrzunehmen.
- Relevante Informationen sollten hervorgehoben werden.
- Konzentrationsschwierigkeiten belasten; ein Kind mit FASD benötigt regelmäßige Ruhepausen, auf die die Begleitperson achten sollte.
- Überforderungen frustrieren und führen zu Konzentrations- und Motivationsschwierigkeiten. Kinder mit FASD brauchen bewältigbare Aufgaben und motivierende Erfolgserlebnisse.

3.2.4 Motivation fördern und Selbstbewusstsein stärken

Schülerinnen und Schüler mit FASD haben eine sehr kurze Aufmerksamkeitsspanne. Weil die Kinder ihre Aufmerksamkeit nur schwer fokussieren können, fällt es ihnen häufig schwer, mit einer Aufgabe zu beginnen und sie zu Ende zu führen. Oftmals werden Konzentrationsschwierigkeiten oder die Probleme des Kindes bei der Selbstorganisation als Antriebslosigkeit fehlgedeutet. Auch die Lernschwierigkeiten des Kindes, die mit seiner beeinträchtigten Gedächtnisleistung einhergehen, werden manchmal falsch interpretiert. Wenn beispielsweise ein Kind mit FASD eine einfache Aufgabe nicht schafft oder plötzlich den schon bekannten Lösungsweg vergisst, wird dies oft inkorrekt auf fehlende Motivation zurückgeführt.

MERKE

Schwierigkeiten bei der Konzentration und Selbstorganisation von Kindern mit FASD sollten nicht als fehlende Einsatzbereitschaft oder als Motivationslosigkeit fehlgedeutet werden!

Die meisten Kinder mit FASD wollen sowohl mit den schulischen Anforderungen als auch mit ihren Mitschülerinnen und Mitschüler gut zurechtzukommen. Wenn ein Kind jedoch merkt, dass es nicht »mithalten« kann, gerät es leicht unter Druck und verliert die Lust am Lernen. Es fühlt sich schlicht und einfach überfordert, was wiederum seine Motivation beeinträchtigt, mit der Bearbeitung einer Aufgabe zu beginnen. Das Überforderungsgefühl kann im schlimmsten Fall dazu führen, dass sich das Kind ganz verweigert und jegliche Lernbemühungen einstellt.

PRAXISBEISPIEL

»Wenn Niklas eine Textaufgabe in eine mathematische Lösung umwandeln soll, dann ist das unglaublich abstrakt für ihn, und er kann nichts damit anfangen. Dann sagt er immer direkt: Das möchte ich nicht, ich habe da keinen Bock drauf! Aber im Grunde genommen ist der eigentliche Aspekt: Ich kann das nicht, ich weiß nicht, was ich machen soll! Aber er sagt halt: Ich habe keine Lust.«

(Schulbegleiter eines 13-jährigen Jungen mit FASD)

Schülerinnen und Schüler mit FASD brauchen in solchen Situationen vor allem Verständnis und motivierende Impulse. Denn Anerkennung und Zuspruch sowie kleine tägliche Erfolgserlebnisse tragen dazu bei, dass Kinder mit größerer Freude am Schulleben teilnehmen. Wenn sich ein Kind zutraut, mit einer Aufgabe zu beginnen oder die Bereitschaft zeigt, etwas richtig machen zu wollen, sollte die Begleitperson das Kind bestärken und Anerkennung ausdrücken (»Toll, dass du mit dieser Aufgabe beginnst!«; »Schön, dass dich diese Aufgabe interessiert«). Auch kleine Teilerfolge des Kindes sollten wahrgenommen und positiv zurückgemeldet werden – denn insbesondere bei Kindern mit FASD gilt: Nicht das korrekte Endergebnis zählt, sondern ob sich das Kind bereitwillig auf eine Aufgabe eingelassen hat und sich aufrichtig bemüht, diese korrekt zu bearbeiten.

MERKE

Kinder mit FASD brauchen Anerkennung und Zuspruch. Aufgabe der Begleitperson ist es, ihre Erfolge wahrzunehmen und sich mit ihnen darüber zu freuen.

Komplexe Arbeitsaufträge, beispielsweise das Schreiben längerer Texte, Stillarbeit oder das Ausfüllen von Arbeitsblättern, stellen für viele Schülerinnen und Schüler mit FASD eine Überforderung dar und hemmen ihre Motivation. Stehen zu viele Aufgaben auf einem Aufgabenblatt, erscheinen sie ihnen als unüberschaubar und unlösbar. Daher ist es hilfreich, wenn die Begleitperson die Aufgaben nach Rücksprache mit der Lehrkraft in kleine Aufgabenteilschritte zerlegt. Oft reicht es schon, wenn Aufgaben, die noch nicht an der Reihe sind, zunächst abgedeckt werden. Indem die Begleitperson das Kind mit den leichteren Aufgaben anfangen lässt und für jede gelöste Aufgabe ein kurzes positives Feedback gibt, bestärkt sie das Kind weiterzuarbeiten. Ebenso fühlt sich das Kind ermutigt, wenn die Begleitperson immer wieder benennt und lobt, was es bereits geschafft hat.

Ein explizites Lob nach jeder bewältigten Teilaufgabe motiviert das Kind dazu, weitere Aufgaben zu lösen. Kurze, mit deutlicher Stimme und anerkennendem Tonfall gesprochene Signalworte (»Super«, »Toll«, »Prima«), idealerweise begleitet von unterstreichender Gestik und Mimik (z. B. Lächeln und Daumen nach oben) nehmen Kinder mit FASD in der Regel gut an. Dem Kind sollte auch kurz mitgeteilt werden, weshalb es gelobt wird: »Paul, super! Diese Rechenaufgabe hast du gut gelöst.«

Einige Kinder mit FASD benötigen kontinuierliche positive Verstärkung, um ihre Motivation aufrecht zu erhalten und z. B. mit der nächsten Teilaufgabe zu beginnen: »Die nächste Aufgabe schaffst du auch.« Wichtig ist, dass das Lob hinreichend deutlich und unmittelbar nach der erbrachten Leistung ausgesprochen wird. Erfolgt das Lob zu einem späteren Zeitpunkt, kann das Kind meist nicht mehr nachvollziehen, weshalb es gelobt wurde. Außerdem sollte das Kind eindeutig erkennen können, auf welche seiner Anstrengungen bzw. Verhaltensweisen sich das Lob bezieht.

Nicht immer reicht indes eine Ermutigung oder ein Lob aus, um Kinder und Jugendliche mit FASD zum Lernen zu motivieren. Auch Belohnungen können die Anstrengungsbereitschaft des Kindes fördern. So könnte mit dem Kind vereinbart werden, dass es sich eine in Aussicht gestellte Belohnung erarbeiten kann, zum Beispiel: »Löse noch die Aufgabe 3. Dann spielen wir Karten.« Diese Möglichkeit lässt sich jedoch nur dann realisieren, wenn die entsprechenden Rückzugsräumlichkeiten gegeben sind und die Lehrperson involviert ist. Allerdings ist bei dieser Vorgehensweise auch Vorsicht geboten. Denn was passiert, wenn das Kind trotz aller Anstrengung die Aufgabe nicht schafft? In der Tat sollte die Belohnungsstrategie nur eingesetzt werden, wenn mit hoher Wahrscheinlichkeit davon auszugehen ist, dass das Kind die Aufgabe tatsächlich bewältigen kann. Die Begleitperson sollte sich sicher sein, dass die Anforderung nicht zu schwer und der Zeitrahmen für das Kind angemessen ist. Denn wenn es die Aufgabe trotz maximaler Motivation nicht schafft, kann es das Vertrauen in seine eigene Leistungsfähigkeit verlieren. Diese Enttäuschung sollte dem Kind erspart bleiben.

Viele Schulbegleiterinnen und Schulbegleiter setzen kleine Belohnungen wie Sticker, Smileys oder Stempel ein, um die betreuten Kinder zu motivieren und ihre Leistungsbereitschaft zu fördern. Speziell bei Kindern mit FASD ist zu bedenken, dass solche symbolischen Verstärker aufgrund der eingeschränkten Gedächtnisfunktion nur eingeschränkt als Anreiz für zukünftiges Handeln verinnerlicht werden können. Zudem kann eine ausschließliche Verknüpfung mit der erfolgreichen Bewältigung schulischer Anforderungen unnötig Leistungsdruck aufbauen. Grundsätzlich spricht jedoch nichts gegen die Nutzung von symbolischen Verstärkern, wenn diese nicht primär mit einer Leistungserwartung verknüpft sind. Kleine Belohnungen wie Sticker oder Stempel können z. B. auch als Anerkennung für Hilfsbereitschaft, freiwilliges Engagement in der Klasse, aktive Beteiligung im Unterricht oder das Einhalten vereinbarter Regeln vergeben werden.

MERKE

Eine Belohnung sollte nur dann in Aussicht gestellt werden, wenn sich die Begleitperson sicher ist, dass das Kind die Tätigkeit schaffen wird. Sie ist eine gegenwärtige Anerkennung, die nicht an zukünftige Leistungserwartungen geknüpft werden sollte.

Viele Schülerinnen und Schüler mit FASD benötigen auch Zuspruch und Ermutigung im Hinblick auf ihre mündliche Beteiligung am Unterricht. Wenn sich die Begleitperson sicher ist, dass das Schulkind den Unterrichtsstoff versteht oder die Antwort auf eine Frage der Lehrkraft weiß, kann sie es dazu ermutigen, aufzuzeigen. Vielleicht kann das Kind auch durch die Begleitperson – ggf. gemeinsam mit der Lehrperson – dazu motiviert werden, eine gut erledigte Hausaufgabe in der Klasse vorzustellen. Es sollte jedoch möglichst nicht dazu gedrängt werden.

In diesem Zusammenhang, aber auch darüber hinaus, sollten Schulbegleiterinnen und Schulbegleiter dem Kind die Angst vor Fehlern nehmen. Ihm sollte vermittelt werden, dass es Fehler machen darf und dass diese insbesondere im Schulalltag, wo es ja ums Lernen geht, ganz selbstverständlich dazugehören. Das Kind muss sicher wissen, dass es nicht bloßgestellt oder ausgelacht wird, wenn es gelegentlich etwas falsch macht oder vergisst. Falls Mitschülerinnen und Mitschüler das Kind auslachen, sollte dies durch die Lehrkraft sofort unterbunden werden.

MERKE

Fehler sollten wertschätzend und ermutigend korrigiert werden, und das Selbstwertgefühl des Kindes sollte nicht verletzt werden! Wenn sich diese Haltung in der Lernatmosphäre der Klasse widerspiegelt, profitieren alle Kinder davon.

Schulbegleiterinnen und Schulbegleiter sollten grundsätzlich aufmerksam darauf achten, wie sich das Kind während des Lernprozesses fühlt. Wohlbefinden und Interesse sind bekanntermaßen bei allen Kindern zentrale Voraussetzungen für Lernbereitschaft – bei Kindern mit FASD gilt dies ganz besonders. Wenn die Begleitperson das Kind regelmäßig fragt, wie es ihm geht oder was es gerade denkt, signalisiert sie ihm, dass sie sich aufrichtig für sein Wohlbefinden interessiert und seine Bedürfnisse ernst nimmt. Das Kind sollte jederzeit darauf vertrauen können, dass es sich in einer sicheren und wohlwollenden Lernumgebung befindet.

PRAXISBEISPIEL

»Ich glaube die Strategie ist, jedes Mal wieder neu auf Sebastian zu gucken und immer wieder zu schauen, wie er jetzt gerade drauf ist. Ist er müde? Ist er wach? Ist er interessiert? Wo kann ich ihn abholen?«

(Schulbegleiterin eines 10-jährigen Jungen mit FASD)

Schulbegleitung für Kinder mit FASD beinhaltet naturgemäß eine Vielzahl von Hilfestellungen und Unterstützungsleistungen. Trotzdem muss sichergestellt werden, dass die Selbstwirksamkeit der Kinder nicht durch »zu viel des Guten« eingeschränkt wird. Ein Kind mit FASD sollte unbedingt die Erfahrung machen können, dass es Aufgaben auch allein und ohne die Unterstützung seiner Begleitperson bewältigen kann. Deshalb sollte die Begleitperson dem Kind soweit wie möglich eigenständiges Arbeiten ermöglichen. Prinzipiell geht es darum, die Selbstwirksamkeit des Kindes durch tägliche kleine Erfolgserlebnisse zu stärken. Für dieses Ziel müssen die Aufgabenstellungen an den individuellen Lernmöglichkeiten und Lernvoraussetzungen des Kindes ausgerichtet sein. Hierfür sind gezielte Absprachen zwischen der Lehrkraft und der Begleitperson nützlich. Hat das Kind eine Aufgabe verstanden, kann ihm auch die Möglichkeit gegeben werden, Mitschülerinnen oder Mitschüler diese Aufgabe zu erklären. So kann sich das Kind selbst in einer völlig anderen Rolle erleben und Anerkennung in der Klassengemeinschaft erfahren.

Es gibt zahlreiche Möglichkeiten, Kinder und Jugendliche mit FASD Anerkennung und Wertschätzung zu signalisieren, um ihr Selbstwertgefühl zu stärken. Jenseits ihrer Beeinträchtigungen haben sie viele Talente und positive Eigenschaften. Sie sind, um nur einige Bespiele zu nennen, hilfsbereit, kreativ, mutig, begeisterungsfähig und fröhlich. Schulbegleiterinnen und Schulbegleiter, die diese individuellen Fähigkeiten der Kinder wahrnehmen und würdigen, fördern dadurch die Entwicklung eines positiven Selbstkonzepts. Außerdem sollte ein Kind mit FASD darin unterstützt werden, seine Kompetenzen, die es vielleicht selbst nicht wahrnimmt, besser zu erkennen und stolz darauf zu sein. So kann das Kind beispielsweise dafür gelobt werden, dass es einem Mitschüler beim Suchen nach einem verlorenen Gegenstand geholfen hat, ein anderes Kind tröstet oder einfach nur, wenn es jemanden zum Lachen bringt. So wird dem Kind vermittelt, dass es unabhängig von seiner Lernfähigkeit und seinen schulischen Leistungen wertvoll und liebenswert ist. Im Schulalltag kann das Selbstwertgefühl des Kindes auch gefördert werden, wenn ihm die Verantwortung für kleine Aufgaben übertragen wird (z. B. Aufgabenblätter austeilen/einsammeln, Blumen gießen).

Eine weitere Möglichkeit der Selbstwertstärkung besteht darin, gemeinsam mit dem Kind ein kleines Tagebuch der positiven Erfahrungen anzulegen. Hierfür kann ein einfaches Schulheft verwendet werden, dessen Umschlag das Kind, wenn es mag, mit Motiven oder Bildern nach seinen Wünschen selbst gestalten kann. Die Begleitperson sollte darin in kurzen Sätzen alles Positive und Erfreuliche notieren, was das Kind an einem Tag erlebt hat, kleine und größere Erfolge in Bezug auf Lernen und Verhalten, sowie all das, was sie darüber hinaus an ihm schätzt. Auch an Schultagen, die für das Kind, aus welchen Gründen auch immer, nicht gut laufen, wird es dennoch auch Positives zu berichten geben. Für ein Schulkind mit FASD kann es eine schöne und stärkende Erfahrung sein, wenn die Begleitperson es nochmals am Ende des Schultages darauf hinweist, was es alles gut geschafft hat. Wenn das Kind dieses Heft täglich mit nach Hause nimmt und dort vielleicht von seinen Eltern ein weiteres Lob erhält, wird dies sein Selbstwertgefühl zusätzlich stärken.

Das Wichtigste in Kürze

- Ein wohlwollendes und verständnisvolles Lernumfeld wirkt motivierend.
- Bereits die Bereitschaft, sich ernsthaft mit einer Aufgabe zu beschäftigen, verdient Anerkennung und Wertschätzung.
- Das Erreichen von Teilzielen und tägliche kleine Erfolge sollten angemessen gewürdigt und gelobt werden.
- Schulkindern mit FASD sollte die Angst vor Fehlern genommen werden, indem diese als normaler Teil des Lernprozesses behandelt werden.
- Begleitpersonen sollten die individuellen Fähigkeiten des Kindes positiv hervorheben und dadurch sein Selbstwertgefühl stärken.
- Kinder mit FASD sollen ausdrucksstark (mit unterstreichender Gestik und Mimik, betonter Stimmlage, Signalwörtern) gelobt werden. Sofortiges und konkretes Loben können sie besser einordnen.

3.2.5 Räumliche Orientierung unterstützen

Vielen Kindern mit FASD fällt es schwer, sich räumlich zu orientieren. Für sie ist es generell eine große Herausforderung, sich Wege zu merken und Orte aufzufinden. Vielen fällt es auch schwer, sich im Klassenzimmer oder anderen bekannten Räumen zu orientieren, weil sie sich nicht merken können, wie die Räume aussehen. Eine Ahnung davon, wie Kinder mit FASD jeden Tag ihren Klassenraum bzw. andere eigentlich bekannte Räume empfinden können, vermittelt vielleicht folgendes Beispiel: Stellen Sie sich vor, Sie kommen morgens an Ihren Arbeitsplatz und stellen fest, dass sämtliche Büromaterialien, Ablagesysteme, Möbel usw. umgeräumt wurden. Alles steht an einem anderen Platz. Wenn Sie nun Ihr Chef freundlich auffordert, sich an ihren Schreibtisch zu setzen und ihrer gewohnten Tätigkeit nachzugehen, wären Sie wahrscheinlich völlig ratlos und überfordert.

Ganz ähnlich erleben viele Schülerinnen und Schüler mit FASD aufgrund ihrer eingeschränkten Merkfähigkeit allmorgendlich ihren Klassenraum, obwohl er nicht anders gestaltet ist als gestern. Sie vergessen sehr schnell, wo sich ihr Sitzplatz und ihre Arbeitsmaterialien befinden. Deshalb sind sie im Lebensbereich »Schule« oftmals auf die Unterstützung durch Schulbegleitung und überdies auf visuelle Orientierungshilfen angewiesen. Die Orientierung der Kinder kann an vielen Orten und bei unterschiedlichen Aktivitäten beeinträchtigt sein, beispielsweise

- im Schulgebäude,
- auf dem Außengelände der Schule

- auf dem Schulweg,
- im Klassenraum (Arbeitsplatz) und in den Fachräumen,

Im Schulgebäude zeigen sich sehr oft – auch bei längerer Schulzugehörigkeit – Probleme beim Auffinden von Räumen. Manche Kinder mit FASD haben z. B. Schwierigkeiten, nach einer auf dem Schulhof verbrachten Pause ihren Klassenraum wiederzufinden. Es kommt auch vor, dass sie nach den Pausen oder zu Schulbeginn Schülerinnen und Schüler anderer Klassenverbände in deren Klassenräume folgen und ihren Irrtum zunächst nicht bemerken. Andere Kinder finden die Toilette nicht oder kehren nach dem Besuch der Toilette nicht wieder in ihren Klassenraum zurück. Gelegentlich, je nach Ausprägung der Symptomatik, kann es sogar vorkommen, dass ein Kind trotz längerer Zugehörigkeit zur Schule den Eingang zum Schulgebäude sucht.

MERKE

Viele Kinder und Jugendliche mit FASD sind in ihrer Orientierungsfähigkeit eingeschränkt. Es fällt ihnen schwer, sich Wege und Orte zu merken. Oft haben sie Probleme, sich im Schulgebäude zurechtzufinden. Schulbegleitungen haben als Aufgabe, den von ihnen begleiteten Kindern mit FASD Orientierung und Sicherheit zu geben.

Auch das Außengelände und insbesondere der Schulweg stellt für viele Kinder mit FASD eine Herausforderung dar. Das Außengelände der Schule bietet viel Abwechslung und eine Überfülle an Eindrücken, die auf Schülerinnen und Schüler einströmen. Dies kann die betroffenen Kinder schnell überfordern und z. B. dazu führen, dass sie sich verlaufen oder nicht mehr genau wissen, wo sie sind. Auf ihrem Schulweg sind Kinder mit FASD ebenfalls nur wenig orientiert und zugleich schnell abgelenkt. Viele sind aufgrund der gestörten exekutiven Funktionen mit den komplexen und ständig neuen Situationen des Straßenverkehrs (zugeparkte Gehwege, Ausfall einer Fußgängerampel) überfordert. Sie sind dann oft verwirrt und nicht in der Lage, flexibel und angemessen auf die veränderte Situation zu reagieren. Die meisten Kinder mit FASD benötigen daher eine Begleitung auf ihrem Weg zur Schule und auf ihrem Weg nach Hause (vgl. Kapitel 3.2.9: Gefahren vermeiden).

MERKE

An Orten mit vielen Sinneseindrücken (z. B. Schulweg, Außengelände der Schule) sind Kinder mit FASD sehr schnell überfordert. Dies trägt zusätzlich dazu bei, dass sie die Orientierung verlieren. Sie benötigen daher eine aufmerksame Begleitung, die ihnen wieder zur Orientierung verhilft.

Es gibt unterschiedliche Strategien, um Kindern mit FASD die Orientierung in der Schule zu erleichtern. Eine der möglichen Strategien besteht darin, die Tür des Klassenraums und die aller anderen Räume (z.B. Fachräume, Sekretariat, Toilettenräume, Sporthalle) von außen deutlich zu kennzeichnen. Hierfür eignen sich an Türen angebrachte Piktogramme, die anzeigen, welcher Raum sich hinter der Tür verbirgt und wozu dieser Raum genutzt wird. Um die Orientierung des Kindes im Schulgebäude zu verbessern, kann die Begleitperson mehrfach gemeinsam mit dem Kind Rundgänge im Schulgebäude und auf dem Außengelände durchführen. Sinnvoll ist, sich hier zunächst auf die wichtigsten Räume zu beschränken und bestimmte Wege immer wieder abzuschreiten. Der Schüler bzw. die Schülerin sollte dabei auch stets auf vorhandene Kennzeichnungen (Piktogramme, Hinweisschilder) aufmerksam gemacht werden. All dies sollte immer wieder gemacht werden, denn trotz intensiven Übens gehört es zum Behinderungsbild, dass sich Kinder mit FASD plötzlich nicht mehr an vermeintlich vertraute und bekannte Wege erinnern.

Eine weitere Strategie ist die Kennzeichnung von Wegen. Wege, die im Schulgebäude häufig benutzt werden, beispielsweise der Weg zwischen Klassenraum und Toilette kann durch eine farbliche Linie auf dem Fußboden markiert werden.

MERKE

Klare und eindeutige Orientierungshilfen wie beispielsweise Hinweisschilder an Türen, Markierungen auf dem Boden oder Kennzeichnungen von Wegen helfen Kindern mit FASD, sich im Schulgebäude zurechtzufinden.

Je nach der Ausprägung der FASD-Symptomatik reichen manchmal bereits kleine Anpassungen aus, um die Orientierung des Kindes zu verbessern. Prinzipiell ist es die Aufgabe der Schule, diesen Bedarf von Schülerinnen und Schülern mit FASD in der Planung und Ausgestaltung zu berücksichtigen.

Im Klassenraum sind klare Strukturen und Vorgaben erforderlich, damit sich Schulkinder mit FASD zurechtfinden können. Sie sollten insbesondere dabei unterstützt werden, ihren Sitzplatz und ihre Arbeitsmaterialien zu finden. Ein fester und mit Namen und/oder mit einem Symbol gekennzeichneter Sitzplatz bietet dem Kind Struktur und Sicherheit. Ständig wechselnde Sitzordnungen führen hingegen zur Desorientierung des Kindes. Auch die Arbeitsmaterialien sollten einen festen Platz haben, damit es sie problemlos auch selbst finden kann.

MERKE

Schülerinnen und Schüler mit FASD brauchen in ihrem Klassenraum klare und eindeutige Strukturen und Vorgaben, damit sie ihren Sitzplatz und ihren eigenen Bereich erkennen.

In allgemeinen Klassenräumen stehen den Schülerinnen und Schülern in der Regel Schrankfächer oder Regale zur Verfügung. Die Gestaltung eines Ordnungssystems (Aufbewahrungskartons, Ordner, Körbe) kann eventuell im Klassenverband besprochen werden. Wenn alle Kinder in einer Klassengemeinschaft das gleiche Ordnungssystems nutzen, kann das die Motivation eines Kindes mit FASD stärken, weil es keine Sonderrolle einnimmt. Es ist für das Kind jedoch hilfreich, wenn an seiner Schranktür ein Symbol und ein Foto mit den dort hingehörenden Arbeitsmaterialien angebracht werden. Diese erleichtern das Entnehmen und Wegräumen der Arbeitsmaterialien, was die Ordnung schafft, die zur Orientierung notwendig ist. Darüber hinaus tragen diese »bildlichen Unterstützer« dazu bei, dass das Kind seine Arbeitsmaterialien mit wenig Anleitung möglichst selbstständig findet. Es geht darum, dass es so viel wie möglich unabhängig umsetzen kann. Merkt die Begleitperson, dass das Kind noch weitere visuelle Hinweise im Klassenraum benötigt, sollte sie dies mit den Lehrkräften besprechen.

MERKE

Gut durchdachte Ordnungssysteme ermöglichen dem Kind eine bessere Orientierung und selbstständigeres Handeln.

Viele Schülerinnen und Schüler mit FASD fühlen sich durch Situations-, Raum- oder Ortswechsel gestresst und überfordert. Für sie wäre das sogenannte Klassenraumprinzip, in dem fast alle Fächer im gleichen Klassenraum unterrichtet werden, sehr entlastend und hilfreich. Ein Raumwechsel ist hier nur bei bestimmten Fächern (z.B. Sport, Musik) erforderlich. Häufig, und gerade in weiterführenden Schulen, entspricht das Klassenraumprinzip aber nicht der schulischen Realität. Wenn die Begleitperson den Wechsel vom Klassenraum zu den Fachräumen oder zur Sporthalle gezielt ankündigt, kann sich das Kind auf die neue Situation besser einstellen.

Erhalten Schulkinder mit FASD beim Raumwechsel Unterstützung von ihren Klassenkameraden, kann sich die Begleitperson im Hintergrund halten. Sie kann von dort eine beobachtende Rolle einnehmen und nur dann intervenieren, wenn es erforderlich ist.

MERKE

Ortswechsel im Schulalltag sollten Kindern mit FASD rechtzeitig angekündigt werden. Im Vorfeld sollte geklärt werden, wie sie dabei unterstützt werden können.

Wird ein Kind mit FASD mit Botengängen oder Erledigungen innerhalb des Schulgebäudes betraut, sollte es dies nicht allein tun müssen. Es ist oftmals üblich, dass zwei Kinder gemeinsam diese Aufgabe übernehmen. Die Begleitperson kann sich auch hier im Sinne der Selbstwirksamkeit des Kindes zurücknehmen.

Das insbesondere an weiterführenden Schulen praktizierte Lehrerraumprinzip, bei dem die Schülerinnen und Schüler nach jedem Unterrichtsfach den Raum wechseln, stellt für die meisten Schülerinnen und Schüler mit FASD einen enormen Stressfaktor dar. Wenn in den Pausen unter Umständen hunderte Kinder im Schulgebäude unterwegs sind, erleben Kinder mit FASD eine starke Reizüberflutung. Die Lautstärke und eine Überfülle anderer Sinneseindrücke machen sie orientierungslos und unsicher. Hinzu kommt, dass sie sich in den jeweiligen Fachräumen wieder neu orientieren müssen. Als präventive Maßnahme bietet sich an, dass ein Schulkind mit FASD den jeweiligen Fachraum bereits einige Minuten vor Ende der Unterrichtsstunde verlassen darf, um gemeinsam mit seiner Begleitperson den nächsten Fachraum aufzusuchen. Vor diesem Hintergrund sollte seitens der (Pflege-)Eltern und der Schule sorgfältig bedacht werden, ob das Lehrerraumprinzip für das Kind überhaupt tragbar ist – denn in erster Linie sollte es ja darum gehen, für Kinder mit FASD Bedingungen zu schaffen, die ihnen eine möglichst hindernisfreie Teilhabe an schulischen Bildungsangeboten ermöglichen.

Das Wichtigste in Kürze

- Aufgrund ihrer eingeschränkten Orientierungsfähigkeit können sich Kinder mit FASD nur schwer Wege und Orte merken. Sie vergessen schnell, wo sich ihr Sitzplatz und ihre Arbeitsmaterialien befinden.
- Kinder mit FASD benötigen Unterstützung durch Begleitpersonen, um sich zu orientieren und zu organisieren.
- Ein Übermaß an Sinneseindrücken kann Kinder mit FASD so sehr überfordern, dass sie die Orientierung komplett verlieren.
- Der Schulweg ist für Kinder mit FASD gefährlich. Die Komplexität, die vielen Reize und ständig neue Situationen des Straßengeschehens verwirren sie massiv. Sie benötigen daher auch hier Begleitung.
- Die Orientierung des Kindes in der Schule lässt sich mit geringem Aufwand verbessern, z. B. mit visuellen Orientierungshilfen wie Türschildern, Hinweisschildern und Kennzeichnungen auf Wegen.
- Kinder mit FASD benötigen eindeutige Strukturen und Vorgaben, damit sie sich im Klassenraum zurechtzufinden. Geeignete Ordnungssysteme helfen ihnen, ihre Arbeitsmaterialien zu überblicken und zu finden.
- Häufige Raumwechsel (Lehrerraumprinzip) sind für Kinder mit FASD enorm stressig. Am günstigsten ist es für sie, wenn der Unterricht zumeist im gewohnten Klassenraum stattfindet (Klassenraumprinzip).

3.2.6 Struktur bieten – Routinen ermöglichen

Schülerinnen und Schülern mit FASD fallen Aufgaben oft sehr schwer, die für andere Kinder kein Problem darstellen. Für Außenstehende ist z. B. schwer begreiflich, warum augenscheinlich gesunde Kinder mit guten verbalen Kompetenzen daran scheitern, ihren Schreibtisch zügig aufzuräumen und die nicht benötigten

Bücher in ihrer Schultasche zu verstauen. Dies liegt daran, dass die Fähigkeit der Kinder zu flexiblem und strukturiertem Denken beeinträchtigt ist. Es fällt ihnen schwer, Wesentliches von Unwesentlichem zu unterscheiden. Oft ist ihnen nicht klar, was sie wann in welcher Reihenfolge ausführen sollen, selbst wenn sie die betreffende Aufgabe in der Vergangenheit schon mehrfach bewältigt haben. Hinzu kommt, dass die betroffenen Kinder ein beeinträchtigtes Zeitgefühl haben und sich Lerninhalte generell schlecht merken können. Außerdem können sie nicht gut mit unvorhergesehenen Hindernissen umgehen, und sie haben große Mühe, sich an neue Situationen anzupassen. All diese Schwierigkeiten bei vermeintlich einfachen Aufgabenstellungen führen dazu, dass sich die Kinder im Schulalltag oft unsicher und überfordert fühlen.

PRAXISBEISPIEL

»Das Schwierigste ist, dass Lukas unsicher ist, was Strukturen betrifft. Wenn er nicht genau weiß, was wann kommt, wirkt er sehr unsicher. Es geht ihm dann nicht gut.«

(Schulbegleiterin eines 8-jährigen Jungen mit FASD)

Vor diesem Hintergrund benötigen Kinder mit FASD möglichst einfache und klare Strukturen und Handlungsanweisungen. Diese schützen die betroffenen Schülerinnen und Schüler vor Überforderungen und erleichtern ihnen die Orientierung. Entscheidend ist, dass sich Begleitperson und Lehrkraft besprechen, welche Strukturierungshilfen für das Kind mit FASD hilfreich sind bzw. welche bereits bestehen oder zukünftig etabliert werden sollen. Findet der Übergang von der Primarstufe in die Sekundarstufe statt, so ist es wichtig, dass die Begleitperson die Lehrkräfte über bereits genutzte Strukturierungshilfen informiert, sodass diese zum Wohle des Kindes möglichst weitergeführt werden können.

Ideal für Schülerinnen und Schüler mit FASD ist ein strukturierter, nach einem festen Plan organisierter Tagesablauf. Allerdings kann ein konstanter Tagesablauf in einem von Veränderungen geprägten Schulalltag nicht immer realisiert werden. Deswegen ist es wichtig, dass Schulbegleiterinnen und Schulbegleiter eine kontinuierliche Orientierungsfunktion übernehmen, indem sie den Kindern zeitliche und inhaltliche Strukturierungshilfen zur Verfügung stellen.

MERKE

Ein strukturierter und möglichst gleichbleibender Tagesablauf hilft Kindern und Jugendlichen mit FASD, sich im Alltag besser zurechtzufinden.

Tagesablaufplan

Mit einem Tagesablaufplan (als Beispiel s. Abb. 9), den die Begleitperson in Kooperation mit der Lehrkraft erstellt, kann anschaulich erklärt werden, was an einem Schultag in welcher Reihenfolge ansteht. Mit dieser Methode kann das Kind den Verlauf eines Schultages besser überblicken und verstehen. Ein Tagesablaufplan beinhaltet alle Aktivitäten eines Schultages, angefangen mit den üblichen Morgenritualen (z. B. Begrüßung, Morgenkreis etc.), über anstehende Unterrichtsfächer, Pausen, Klassendienste (z. B. Blumen-, Tafel-, Austeildienst) bis hin zu den Ritualen, die den Schultag beenden. Der Tagesablaufplan sollte nicht mit zu vielen Informationen überfrachtet werden, sondern sparsam und möglichst anschaulich gestaltet sein. Empfehlenswert ist die Nutzung von Bildern, Fotos oder Symbolkarten, die dem Kind eine intuitiv verständliche Orientierung geben. Der Plan kann beispielsweise eine an der Wand zu befestigende Magnet- oder Holztafel oder eine Tafel bzw. ein laminiertes Blatt im DIN-A4-Format für den Tisch sein. Im Idealfall sollte das Kind auch im Klassenraum jederzeit die Möglichkeit haben, auf den Tagesablaufplan zu schauen. Die Begleitperson kann vor Unterrichtsbeginn und nach bzw. vor jeder Unterrichtseinheit oder Aktivität auf den Plan verweisen. Dabei sollte sie das Kind immer wieder dazu anleiten, den Plan weitgehend selbstständig zu nutzen. So kann sich die Schülerin bzw. der Schüler auf das vorbereiten bzw. an das erinnern, was im Verlauf des Schultags noch ansteht und bereits ausgeführte Aktivitäten als erledigt wahrnehmen.

Die Begleitperson trägt dafür Sorge, dass der Tagesablaufplan täglich aktualisiert und möglichst zu Beginn eines jeden anstehenden Schultages für das Kind verfügbar ist. Sie kann den Plan auch gemeinsam mit dem Kind aktualisieren, sofern es dazu bereit ist. Weiterhin sorgt die Schulbegleiterin bzw. der Schulbegleiter dafür, dass Änderungen im Tagesablauf (z. B. Vertretungsstunden, Ausfall von Unterrichtsstunden) sofort nach Bekanntwerden berücksichtigt und mit dem Kind besprochen werden. Wenn der Plan und die Bildkarten mit Klettband oder Magneten ausgestattet sind, sind Aktualisierungen mit nur wenig Zeitaufwand verbunden.

Uhrzeit	**Aktivität**
8:00 Uhr 	Erzählkreis 
8:30 Uhr 	Lesen 
9:30 Uhr 	Pause 
Etc.	Etc.

Abb. 9: Ein schriftlich fixierter und stets sichtbarer Tagesplan hilft dem Kind dabei, den Überblick zu behalten (aus Lüders, Feldmann & Jungbauer, 2020, S. 46)

Strukturierung der Zeit

Um alltägliche Abläufe in der Schule zu verstehen und einzuschätzen, ist ein differenziertes Zeitverständnis sehr bedeutsam. Dieses entwickelt sich bei Kindern ohne FASD oder ohne andere Beeinträchtigungen in der Regel ab dem sechsten oder siebten Lebensjahr. Demgegenüber haben gleichaltrige Kinder mit FASD meist erhebliche Schwierigkeiten im Verstehen von Zeitspannen und Abläufen. Sie können beispielsweise kurze Zeiträume (wie die Dauer einer Pause) nicht einschätzen und die zeitliche Struktur ihres Alltags nicht überblicken. Viele Kinder verwechseln drei Minuten mit drei Stunden und können Zeitbegriffe wie gestern, heute und morgen nicht zuverlässig unterscheiden. Auch älteren Kindern und Jugendlichen mit FASD fällt es oft noch schwer, unterschiedliche Zeiteinheiten (Sekunde, Minute, Stunde, Tag, Woche, Monat, Jahr usw.) zu begreifen, weil ihnen das Grundverständnis für Zahlen und Mengenbegriffe fehlt. Somit kann sich bei ihnen kein ihrem Alter entsprechendes Zeitgefühl entwickeln.

MERKE

Kinder und Jugendliche mit FASD sind im Zeitverständnis beeinträchtigt. Es fällt ihnen schwer, sich zeitlich zu orientieren.

Beim Verstehen und Ablesen der Uhrzeit sowie beim Lösen von Mathematikaufgaben im Bereich von Zeitberechnungen benötigen Kinder mit FASD besondere Unterstützung. In diesem Zusammenhang ist es wichtig, dass sich Lehrkräfte und Begleitperson absprechen, wie das Kind dabei unterstützt werden kann. So sollte geklärt werden, welche Hilfsmittel eingesetzt werden, welches Lernziel erreicht werden soll und welche Lernschritte das Kind wiederholen sollte. Die Lehrkraft gibt die Lerninhalte vor, und die Begleitperson unterstützt das Kind im Lernprozess.

Beim Erlernen eines besseren Zeitgefühls ist wichtig, dass die Zeit für Kinder mit FASD konkret erfahrbar und sichtbar ist. Dies kann durch den Einsatz von Sanduhren, Eieruhren oder speziellen Cowntdown-Uhren (Time Timer®) ermöglicht werden. Sie zeigen dem Kind die Dauer, den Beginn und das Ende von Aktivitäten an, sodass es sich Zeitabschnitte besser vorstellen und sein Zeitbewusstsein verbessern kann. Grundsätzlich kann sich das Kind besser auf geplante Aktivitäten und Abläufe einstellen, wenn es deren Dauer einschätzen kann. Wenn es in etwa vorhersehen kann, wann eine Tätigkeit endet, gibt es diese nicht so schnell auf, sondern ist motiviert, sie auch bis zum Ende durchzuführen. Typische Fragen des Kindes wie: »Wann machen wir Pause?« »Wie lange darf ich noch malen?« »Wie lange dauert eine Viertelstunde?« »Wann bin ich mit den Aufgaben fertig?« etc., kann die Begleitperson anhand der genannten Hilfsmittel verständlicher und eindeutiger beantworten. Auch einfache Lernuhren aus Pappe oder Papier mit verstellbaren Zeigern können hilfreich sein, um das Zeitverständnis von Schülerinnen und Schülern mit FASD zu fördern. Sie können beispielsweise eingesetzt werden, wenn Aufgaben zu einer bestimmten Zeit abgegeben werden sollen. Diese Zeit kann das Kind auf seiner Lernuhr einstellen und mit der tatsächlichen Zeit auf der Uhr im Klassenraum vergleichen. Hierbei kann die Begleitperson bei Bedarf unterstützend mitwirken. Ferner kann die Begleitperson zu einem besseren Zeitverständnis beitragen, wenn sie dem Kind einen Zeitvergleich mit ihm vertrauten Aktivitäten nennt: »Die Aufgabe dauert so lange wie einmal Tafel putzen.« statt »Die Aufgabe dauert fünf Minuten.« Denn unter Minutenangaben oder abstrakten Zeitbegriffen wie später, früher, gleich, bald etc. können sich Kinder und Jugendliche mit FASD nur wenig vorstellen. Auch die unterschiedlichen Bezeichnungen einer analogen und einer digitalen Uhrzeit führen zu Verwirrungen. Deshalb sollte darauf geachtet werden, dass Zeitangaben immer gleich bezeichnet werden. Entweder verwendet man beispielsweise die Bezeichnung »Ein Uhr Mittag« oder »13:00 Uhr«. Entscheidend ist dabei, welche Bezeichnung für das jeweilige Kind am verständlichsten ist.

MERKE

Sanduhren, Eieruhren oder Time Timer® ermöglichen Kindern mit FASD eine bessere zeitliche Orientierung. Sie dienen dazu, Zeiträume und Zeitabläufe sichtbar und erfahrbar zu machen und fördern das Zeitverständnis der Kinder.

Unstrukturierte Zeiten im Schulalltag

Ein Schultag ist nicht immer planbar, und oft ergeben sich kurzfristige Änderungen im Ablauf. Wenn beispielsweise eine Lehrkraft ausfällt, kann es zu unstrukturierten Zeiten, Wartesituationen, Freistunden oder Vertretungsunterricht kommen. Im Gegensatz zu ihren Mitschülerinnen und Mitschülern, die sich über unvorhergesehene Freistunden meist freuen, kommen Kinder mit FASD gar nicht gut damit zurecht. Die plötzlich fehlende Struktur verunsichert sie und kann bei einigen Kindern zu impulsiven oder aggressiven Verhaltensweisen führen.

PRAXISBEISPIEL

»Wenn Stunden ausfallen, fühlt sich Benedikt unwohl. Er braucht genaue Angaben, genaue Anweisungen und im Tagesverlauf genaue Strukturen. Informationen der Lehrer über Vertretungen erhalte ich im Vorfeld und bespreche daraufhin den Tagesablauf mit Benedikt.«

(Schulbegleiterin eines 12-jährigen Jungen mit FASD)

Vor diesem Hintergrund sollte die Begleitperson mit den Lehrkräften grundsätzlich besprechen, was zu tun ist, wenn sich im Schulalltag kurzfristige Veränderungen und unstrukturierte Situationen ergeben. Womit kann das Kind dann beschäftigt werden? Gibt es Aufgaben, die das Kind während dieser Zeit erledigen kann? Welche Spielmaterialien stehen ihm zur Verfügung? Sollte es unterstützt werden, Kontakt zu anderen Kindern aufzunehmen? Ferner sollte geklärt werden, wo es die Wartezeit oder Freistunde bestenfalls verbringen kann. Die Individualität und die Bedürfnisse des Kindes müssen hierbei immer berücksichtigt werden.

PRAXISBEISPIEL

»Wenn plötzliche Planänderungen kommen, die für Niklas nicht vorausschaubar sind, dann hat er buchstäblich auch keinen Plan. Dann beobachten wir genau, wie er sich verhält. Wird er motorisch unruhig oder sucht er sich eine Ablenkung? Wir [Schulbegleiter und Lehrkräfte] sprechen ihn dann gezielt an, ob er sich zurückzuziehen oder eine Alternative vorschlagen möchte. Oder wir geben ihm eine klare, gezielte Aufgabe, keine Lernaufgabe, sondern um ihn aus der Situation herauszunehmen. Wir wissen ja mittlerweile auch, welche Aufgaben er sich zutraut und welche er auch gerne macht, sowas Vertrautes halt. Das hilft ihm, über Situationen hinwegzukommen, die ihn überfordern könnten.«

(Schulbegleiter eines 13-jährigen Jungen mit FASD)

Vorsorge sollte ebenfalls für Zeiten getroffen werden, in denen die Begleitperson beispielsweise wegen Krankheit ausfällt. Schulbegleiterinnen und Schulbegleiter sollten die (Pflege-)Eltern, Schule und Leistungsanbieter so früh wie möglich informieren, damit das Kind rechtzeitig auf diese Situation vorbereitet werden kann. Um Kontinuität im Schulalltag des Kindes bestmöglich zu gewährleisten, sollte eine Vertretung für die Begleitperson eingesetzt werden.

MERKE

Kinder mit FASD reagieren verunsichert und gestresst, wenn sich gewohnte Abläufe im Schulalltag plötzlich verändern. Begleitpersonen und Lehrkräfte sollten individuell passende Lösungen für solche Situationen absprechen.

Handlungspläne

Schülerinnen und Schülern mit FASD fällt es schwer, die erforderlichen Handlungsschritte zur Bewältigung einer Aufgabe zu erkennen und in der richtigen Reihenfolge anzuwenden. Schon eine scheinbar einfache Tätigkeit wie das Einkleben eines Arbeitsblattes ins Heft bereitet den betroffenen Kindern Probleme. Diese Tätigkeit erfordert nämlich mehrere aufeinanderfolgende Handlungsschritte, die das Kind vorausschauend planen muss: So muss das Kind zunächst überlegen, welche Voraussetzungen für die auszuführende Handlung gegeben sein müssen (Welche Materialien brauche ich als Erstes, und wo finde ich diese?). Danach benötigt es einen »inneren Plan« (»Was soll ich zuerst tun – Schneiden oder Kleben?«, »An welcher Stelle vom Heft klebe ich das Blatt ein?«, »Trage ich den Kleber auf dem Heft oder auf dem Blatt auf?«). Sodann muss das Kind bedenken, dass der Kleber einige Zeit zum Trocknen braucht (»Was kann ich zwischenzeitlich tun?«, »Vielleicht räume ich alle Arbeitsmaterialien auf?«, »Was benötige ich noch und wo lege ich die Arbeitsmaterialien ab?«, »Was mache ich mit dem Heft?«). Und schließlich bemerkt das Kind vielleicht, dass sein Heft am Tisch festklebt (»Was soll ich jetzt tun?«) – ein überraschender Zwischenfall, auf den das Kind flexibel reagieren muss.

Schülerinnen und Schüler ohne kognitive Einschränkungen können diese Aufgabe meist ohne große Anstrengung und quasi automatisiert erledigen. Sie handeln intuitiv planvoll, setzen Prioritäten und kalkulieren mögliche Hindernisse ein. Für Kinder mit FASD kann diese Tätigkeit aufgrund ihrer exekutiven Funktionsdefizite eine große Herausforderung darstellen, die sie ohne die Unterstützung ihrer Begleitperson nicht bewältigen können. Auch wenn es schneller geht – die Begleitperson sollte derartige Aufgaben nicht für das Kind übernehmen, sondern sie das Kind selbst ausführen lassen und dabei jeden Handlungsschritt anleiten.

PRAXISBEISPIEL

»Das Wichtigste ist, dass Niklas das Gefühl hat, dass er eine Aufgabe bewältigen kann. Niklas kann eine Aufgabe oftmals nicht in ihrer Komplexität überschauen und zu Ende denken. Je kleinteiliger die Aufgabe gestellt ist, desto leichter fällt es ihm, sich daran zu wagen. Es muss ganz klar sein: Was wird erwartet? Was ist der erste Schritt, der zweite Schritt? Das fängt schon beim Übertragen einer Aufgabe aus dem Mathebuch ins Rechenheft an. Wo kommt das Datum, die Seitenangabe etc. hin? Das waren so Dinge, die ich am Anfang gar nicht unterstützt habe, weil mir das nicht klar war. Niklas saß dann da, und es passierte nicht viel. Dann habe ich gemerkt, er braucht diesen Rahmen. Ich habe dann zum Beispiel mit Marker gekennzeichnet: »Hier oben das Gelbe, da kommt das Datum hin. Hier kommt die Seitenzahl hin, hier ist die Aufgabe, und dann legst du los.« Dieses Anbahnen der Aufgabe ist wichtig für Niklas, damit er genau weiß, was er machen soll und was erwartet wird.«

(Schulbegleiter eines 13-jährigen Jungen mit FASD)

Das Praxisbeispiel macht auch deutlich, dass es vielen Kindern mit FASD nicht gelingt, Routinen für regelmäßig ausgeübte Tätigkeiten im Schulalltag zu entwickeln. Sie sind nicht in der Lage, das hierfür erforderliche Vorwissen zu aktivieren und benötigen daher immer wieder eine gezielte Anleitung. Eine gute Orientierung bieten Handlungspläne (vgl. Abb. 10), die alltäglich wiederkehrende Tätigkeiten detailliert beschreiben. Die Begleitperson kann in Absprache mit der Lehrperson einen solchen Plan anfertigen, der eine bestimmte Tätigkeit (z. B. Hausaufgaben aufschreiben) in einzelne Teilhandlungen zerlegt. Die Verwendung von visuellen Hilfsmitteln wie Bildern, Symbolen, Piktogrammen etc. erhöht die Anschaulichkeit des Handlungsplans. Ein verschiebbarer Hilfsgegenstand (Pfeil, große Büroklammer) zeigt dem Kind an, mit welchem Teilschritt es sich gerade befasst. Der Plan sollte allerdings nicht mit zu vielen Handlungsschritten überfrachtet werden. Das wichtigste Ziel ist es, für das Kind einen guten Überblick zu gewährleisten, damit es Schritt für Schritt einzelne Teile möglichst selbstständig erledigen kann. Dies zeigt folgendes Beispiel:

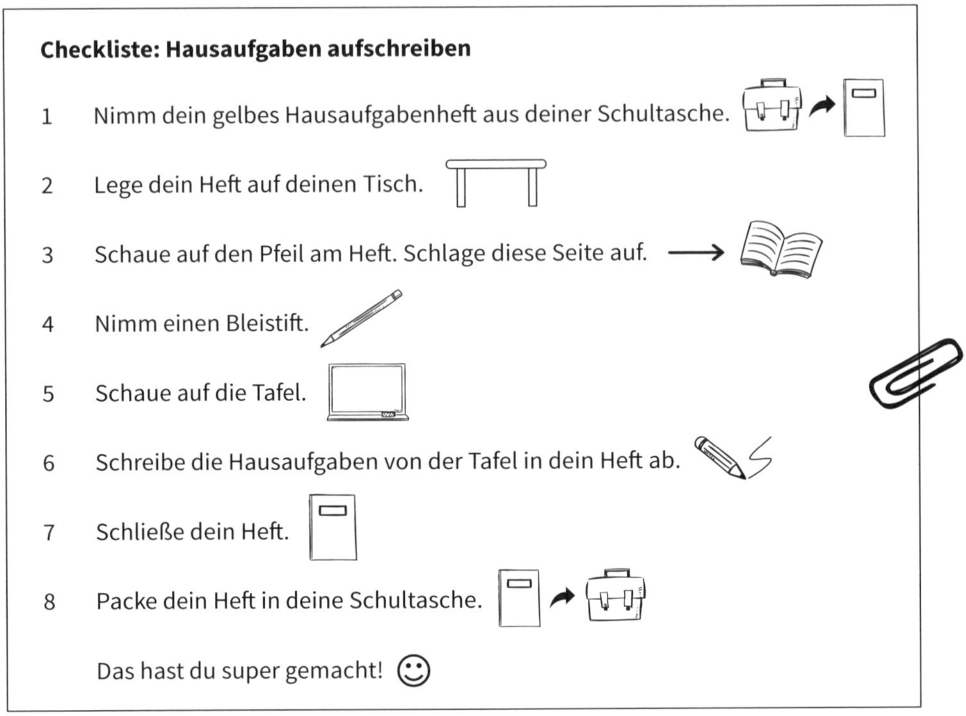

Abb. 10: Handlungsplan mit einzelnen Handlungsschritten

Derartige Ablaufpläne eignen sich gut für relativ einfache Routinetätigkeiten im Schulalltag, nicht aber für komplexere und für das Kind neue Aufgaben bzw. Aktivitäten. Das Prinzip, Handlungsabläufe in einzelne Teilschritte zu gliedern, ist jedoch auch hier hilfreich. Somit kann die Begleitperson eine neue Aufgabe in Teilschritte zerlegen und eine Reihenfolge zum Bearbeiten festlegen. Je nach Bedarf des Kindes kann sie jeden einzelnen Teilschritt verbal sowie ggf. mit unterstützenden Zeigegesten erklären. Die Begleitperson sollte sich dabei immer wieder vergewissern, ob das Kind die Aufgabe verstanden hat bzw. bei welchem Teilschritt der Aufgabe es unsicher ist. Wenn das Kind in der Lage ist, einzelne Arbeitsschritte oder die gesamte Aufgabe ohne Hilfestellung zu bewältigen, sollte sich die Begleitperson zurücknehmen und ihm selbstständiges Arbeiten ermöglichen.

PRAXISBEISPIEL

»Jasmin ist sehr selbstständig und macht ihre Aufgaben eigentlich ziemlich alleine und auch ganz gut. In dem Moment aber, wo sie halt überfordert ist oder gerade mal nicht mehr weiterweiß und meine Hilfe anfordert, versuche ich ihr einen anderen Weg zu weisen, dass sie die Aufgaben Schritt für Schritt macht.«

(Schulbegleiterin eines 13-jährigen Mädchens mit FASD)

Ordnung und Struktur

Schülerinnen und Schüler mit FASD fällt es erfahrungsgemäß sehr schwer, Ordnung zu halten und ihre Lern- und Arbeitsmaterialien sinnvoll zu verwalten. Auf Außenstehende wirken sie in dieser Hinsicht chaotisch und unorganisiert. Oft gelingt es ihnen z. B. nicht, die erforderlichen Materialien für ein bestimmtes Schulfach bereitzulegen. Sie wissen nicht, was sie brauchen, wo sie es finden und auch, was sie aktuell nicht brauchen.

PRAXISBEISPIEL

»Wenn man Niklas zum Beispiel eine Aufgabe gibt, dann passiert erst mal gar nichts, weil er sehr unstrukturiert ist. Er lässt auch alles überall stehen und liegen. Er sucht ständig alles, weil ihm da komplett die Struktur fehlt.«

(Schulbegleiter eines 13-jährigen Jungen mit FASD)

Eine bessere Selbstorganisation kann durch Ordnungshilfen und die Unterstützung bei deren Anwendung gefördert werden. Für das Kind kann es bereits hilfreich sein, wenn einzelnen Schulfächern Farben zugeordnet werden. Wird beispielsweise die Farbe Grün dem Schulfach Mathematik zugeordnet, können Heft und Buch mit einem grünen Umschlag versehen werden; für bereits bearbeitete Aufgabenblätter kann ein grüner Ordner oder eine grüne Box bereitgestellt werden. Das Fach Mathematik sollte in diesem Fall auch auf dem Stundenplan in der Farbe Grün gekennzeichnet werden. Dieses Ordnungssystem ist nicht nur in der Grundschule, sondern auch in den höheren Klassenstufen eine hilfreiche Maßnahme zur Selbstorganisation. Es bietet dem Kind einen schnelleren Zugriff auf alle Lern- und Arbeitsmaterialien und erleichtert ihm auch die Orientierung beim Packen seiner Schultasche. Wichtig ist auch, dass alle Lern- und Arbeitsmaterialien nach deren Gebrauch wieder wegeräumt werden (Arbeitsblätter abheften, Hefte wegpacken etc.). Nach jeder beendeten Unterrichtsstunde kann die Begleitperson das Kind zum eigenständigen Aufräumen anleiten. Seine Motivation und seine Bemühungen sollten auch hier immer wieder gelobt werden. Eine Sammelablage, in der zunächst alle fertigen Arbeiten und Arbeitsblätter abgelegt werden, erleichtert es dem Kind, schrittweise Ordnung zu halten. Die fertigen Arbeiten kann das Kind, angeleitet von seiner Begleitperson, später in Ruhe sortieren und abheften. Dieser immer wiederkehrende Handlungsvorgang kann als Routine im Schulalltag des Kindes eingeführt werden.

Routinen und Rituale im Schulalltag

Routinen, die jeden Tag in gleichförmiger Weise durchgeführt werden, machen den Schultag vorhersehbarer und übersichtlicher und bieten dem Kind Sicherheit. Beispielsweise kann ein Schultag mit einem individuellen Begrüßungsritual eingeleitet werden. Die Begleitperson nimmt das Kind jeden Morgen am gleichen Ort in Empfang, fragt, wie es ihm geht, und führt mit dem Kind ein kurzes Gespräch, damit es entspannt in den Schulalltag starten kann. Beim Ankommen im Garderobenbereich kann eine weitere Routine festgelegt werden, indem die Begleitperson das Kind dort anleitet, täglich die gleichen Handlungsschritte auszuführen (Schultasche absetzen; Schal, Jacke und Mütze ausziehen; Mütze und Schal ablegen; Jacke am Haken aufhängen; Schultasche nehmen etc.).

PRAXISBEISPIEL

»Erik ist nicht in der Lage, die täglichen Strukturen und Abläufe in der Schule auszuführen – also Ankommen, Ranzen hinstellen, Auspacken, sich hinsetzen etc. Es sind zu viele Schritte auf einmal, die er in der vorgesehenen Reihenfolge nicht hinbekommt. Auch wenn die Handlungen jeden Tag immer wieder gleich sind, braucht er Anleitung.«

(Pflegemutter eines 12-jährigen Schülers mit FASD)

Abläufe können auch hier besser ausgeführt und verinnerlicht werden, wenn Fotos oder Piktogramme einzelne Handlungsschritte abbilden. Weitere Routinen und Rituale lassen sich im Schulalltag, angepasst an die Bedürfnisse des Kindes, gut integrieren (z. B. Bewegungsspiele in der großen Pause). Entscheidend ist dabei die Regelmäßigkeit, mit der solche Routinen und Rituale durchgeführt und wiederholt werden.

Das Wichtigste in Kürze

- Struktur und Vorhersehbarkeit bieten Kindern mit FASD Sicherheit und Orientierung im schulischen Alltag.
- Mit einem Tagesablaufplan können die Schülerinnen und Schüler den Verlauf eines Schultages überblicken. Er ermöglicht ihnen eine bessere Orientierung.
- Hilfsgegenstände (Sanduhren, Eieruhren, Time Timer®) machen die Zeit für Kinder und Jugendliche mit FASD sichtbar und erlebbar. Ihr Einsatz fördert das Zeitverständnis und ermöglicht eine bessere zeitliche Orientierung.
- Kurzfristige Änderungen und unstrukturierte Zeiten im Schulalltag (Wartezeiten, Freistunden etc.) sind für Kinder mit FASD belastend. Daher sollte schon von der Be-

gleitperson mit den Lehrkräften im Vorfeld geklärt werden, wo das Kind Ausfallzeiten bestenfalls verbringt und womit es sich beschäftigen kann.
- Wenn eine Aufgabe in kleine Handlungsschritte aufgeteilt wird, kann sie vom Kind besser bewältigt werden.
- Ordnungssysteme für Arbeits- und Lernmaterialien und die Unterstützung bei deren Anwendung helfen dem Kind, sich besser zu orientieren.
- Routinen und Rituale vermitteln dem Kind ein Gefühl von Verlässlichkeit und helfen ihm, Abläufe zu verinnerlichen.

3.2.7 Erholung, Ruhe und Pausen ermöglichen

Laute Geräusche und viele visuelle Reize sind im Lebens- und Lernort Schule alltäglich. Kindern mit FASD fällt es schwer, die vielen Sinneseindrücke (z. B. visuelle, akustische, taktile Reize) zu filtern. Daher nehmen sie Sinnesreize auch intensiver wahr als andere Kinder. Die Intensität kann bei ihnen Reizüberflutung und Stress auslösen und so zu Unruhe oder Erschöpfung führen. Entsprechend brauchen Schülerinnen und Schüler mit FASD Zeit und Ruhe, um Reize zu verarbeiten.

PRAXISBEISPIEL

»Das Lernen fällt in einem Umfeld schwer, wo viel zu viele Reize auf einmal auf Sebastian »einprasseln«. Eine normale Klassenstärke ist einfach schon eine viel zu große Reizüberflutung. Kinder mit einer Diagnose wie Sebastian können nicht gut filtern. Sie sind mit diesen ganzen Reizen so überflutet und so beschäftigt, das zu verarbeiten, was sie sehen, fühlen, hören.«

(Schulbegleiterin eines 10-jährigen Jungen mit FASD)

Wenn die Begleitperson um diese erhöhte Reizsensibilität des Kindes weiß und aufmerksam bereits auf erste Anzeichen einer Überreizung achtet, kann sie negative Auswirkungen rechtzeitig minimieren. Manche Kinder und Jugendliche reagieren mit Angst oder Kopfschmerzen, andere hingegen werden hektisch oder aggressiv. Eine extreme Anspannung des Kindes kann bereits im Vorhinein vermieden werden, wenn das Kind eine Rückzugsmöglichkeit erhält, um zur Ruhe zu kommen. Da die benannten Verhaltensweisen des Kindes auf eine Reizüberflutung hinweisen, sollten Beobachtungen in dieser Richtung mit einer Lehrkraft besprochen werden.

Begleitpersonen sollten sich immer wieder bewusst machen, dass Kinder mit FASD für kognitive Prozesse viel mehr Energie benötigen als ihre Mitschülerinnen und Mitschüler. Sie müssen sich deutlich mehr anstrengen und sind dementsprechend auch schneller erschöpft. Daher sollte die Begleitperson darauf achten, dass das Kind nach Phasen der Anstrengung auch immer wieder die Gelegenheit zur Regeneration erhält. Eine achtsame Begleitperson sollte erkennen, was dem betreuten Kind in bestimmten Situationen noch zugemutet werden kann und was nicht. Außerdem sollte sie wissen, welche Schulfächer und Lerninhalte dem Kind besondere Schwierigkeiten bereiten. Ihre Beobachtungen und Kenntnisse sollte sie mit der Lehrkraft besprechen, damit notwendige Erholungszeiten während des Unterrichts eingeplant werden können.

MERKE

Schülerinnen und Schüler mit FASD brauchen für kognitive Prozesse wesentlich mehr Energie als ihre Mitschülerinnen und Mitschüler. Sie sind daher schneller erschöpft und benötigen zusätzliche Pausen.

PRAXISBEISPIEL

»Ganz unabhängig vom Stunden- und Pausenplan, braucht Paul zusätzliche Ruhe- und Entspannungsphasen, aber auch Bewegungsangebote. Diese Momente gilt es seitens der Schulbegleitung vorausschauend wahrzunehmen.«

(Pflegemutter eines 9-jährigen Schülers mit FASD)

Dem Kind bzw. Jugendlichen sollten bei auftretenden Stressbelastungen zeitnah Möglichkeiten eröffnet werden, die belastende Situation zu beenden oder zu unterbrechen. Die meisten Kinder nehmen Stress selbst nicht wahr. Nur in sehr seltenen Fällen äußert das Kind, dass es gestresst, müde oder kraftlos ist. Daher sollten Schulbegleiterinnen und Schulbegleiter aufmerksam auf die Signale einer Überforderung und Erschöpfung achten, um rechtzeitig reagieren zu können und eine Pause zu initiieren. Wenn Kinder mit FASD permanentem Stress ausgesetzt sind und keine Möglichkeit zur Regeneration haben, kann dies zu gesundheitlichen Beeinträchtigungen führen.

PRAXISBEISPIEL

»Jasmin hat Schwierigkeiten, wenn sie in Situationen überfordert ist. Sie kann dann zum Beispiel nicht einfach sagen: Ich kann jetzt nicht mehr, oder das ist mir zu viel. Das äußert sich meistens so, dass sie sich entweder total in sich zurückzieht oder wirklich auch aggressiv wird. Sie kann in dem Moment schlecht äußern: Ich bin jetzt überfordert. Das ist mir zu viel. Oder: Das schaffe ich nicht.«

(Schulbegleiterin eines 13-jährigen Mädchens mit FASD)

Folgende Verhaltensweisen sind typische Anzeichen dafür, dass sich Kinder mit FASD gestresst und überfordert fühlen:

- Wutausbruch (Schreien, Herumwerfen von Gegenständen, körperliche Übergriffe)
- Überaktivität (unkontrollierte Bewegungen, motorische Unruhe)

- starke Muskelanspannung
- Selbstverletzung
- plötzliches Weinen, ohne erkennbaren Grund
- Verweigerung von Aktivitäten
- Lust- und Antriebslosigkeit sowie Rückzug
- Fingernägel kauen
- sich der Situation durch Weglaufen entziehen

MERKE

Kinder mit FASD merken oftmals nicht, dass sie überfordert sind und äußern dies auch nicht. Es gibt jedoch vielfältige Anzeichen in ihrem Verhalten, auf die Begleitpersonen achten und reagieren sollten.

In den gemeinsamen Pausen auf dem Schulhof können sich Kinder mit FASD oft nicht gut erholen. Auch in der Pausenzeit sind sie zahlreichen visuellen und akustischen Reizen ausgesetzt, die sie kaum verarbeiten können. Hinzu kommt, dass sie sich häufig selbst auf dem Schulhof laut, überdreht und impulsiv verhalten, was ihnen noch zusätzlich Kraft raubt. Aus diesem Grund kehren viele Kinder mit FASD unausgeglichen aus der Pause ins Klassenzimmer zurück. Da die regulären Schulpausen Kindern mit FASD häufig nicht die notwendige Erholung bieten, benötigen sie zusätzliche Pausen, die ihrem individuellen Bedürfnis nach Entspannung entsprechen.

Im Schulalltag können verschiedene Maßnahmen realisiert werden, die unterstützend dazu beitragen, das Stresslevel von Kindern mit FASD zu senken. Insbesondere in Grund- und Förderschulen bieten viele Lehrkräfte den Schulkindern auch während der Unterrichtsstunden kleine Erholungspausen mit Lockerungsübungen, Meditation und Bewegungsübungen zu leiser Musik an. Kinder mit FASD benötigen jedoch deutlich mehr Entspannungszeiten als andere Kinder. Deshalb sollten sie die Möglichkeit haben, nach Bedarf und jederzeit weitere Pausen bzw. Ruhezeiten einzulegen. Diese Auszeiten kann das Kind gemeinsam mit seiner Schulbegleiterin oder seinem Schulbegleiter an einem reizarmen Ort außerhalb des Klassenraums verbringen. Lehrkräfte und Begleitpersonen sollten sich über eine einfache Umsetzung im regulären Schulalltag verständigen, z.B. im Hinblick auf ein vereinbartes Handzeichen oder die für eine Auszeit nutzbaren Räumlichkeiten.

Ideal für die Erholungspause ist ein separater kleiner Raum, der unkompliziert und schnell erreichbar ist. Der Raum sollte möglichst wenig akustische und visuelle Ablenkung bieten (keine offenen Regale, wenig Bilder oder andere Dekoration). Gedämpftes Licht und gedeckte Wandfarben, bequeme Sitzmöbel, Kissen und eventuell eine Hängematte schaffen eine entspannte Atmosphäre und tragen zur Beruhigung bei. Ein an der Tür angebrachtes Piktogramm »Ruheinsel« oder ein selbstgemaltes Bild kann auf die Funktion des Raumes hinweisen. Wichtig ist vor allem, dass das Kind diese Entspannungsmöglichkeit gerne annimmt. Deshalb muss es gut auf diese Auszeit vorbereitet werden. Keinesfalls sollte das Kind die Erholungspause als Strafe oder als eine Isolierung von den Klassenkameraden empfinden. Unter Umständen kann es daher sinnvoll sein, dass die Begleitperson das Kind bei jeder Auszeit kurz daran erinnert, dass diese seiner Erholung und seinem Wohlbefinden dient. Empfehlenswert ist es auch, das Kind in die Überlegungen zur Ausgestaltung der Ruhephasen einzubeziehen. Dann wird es sich in der Regel besser auf das Angebot einlassen können.

MERKE

Ein reizarm eingerichteter Ruheraum in der Schule hilft dem Kind, sich zu entspannen und zu erholen. Das Kind sollte sich dort wohlfühlen.

Falls kein separater Entspannungsraum im Schulgebäude vorhanden ist, kann im Klassenraum eine Ruhe-Ecke eingerichtet und für eine Auszeit bei Stress genutzt werden. Diese Ruhe-Ecke kann mit Trennwänden abgeteilt werden und sollte möglichst minimalistisch, aber trotzdem gemütlich eingerichtet sein (z. B. mit einem bequemen Sessel und Kissen zum Kuscheln). Auch hier gilt, dass visuelle und akustische Ablenkungen minimiert werden sollten. Empfehlenswert ist es beispielsweise, dem Kind in der Ruhe-Ecke Lärmschutz-Kopfhörer bereitzustellen, damit störende und ablenkende Geräusche aus dem Klassenraum abgedämpft werden und es besser entspannen kann.

Wie eine Auszeit im Einzelfall gestaltet werden kann, hängt grundsätzlich von der Persönlichkeit und den individuellen Bedürfnissen des Kindes ab. Manche Kinder können sich relativ schnell entspannen und benötigen dazu nur wenig Anleitung, andere hingegen sind dabei auf Unterstützung der Begleitperson angewiesen. Einige Kinder profitieren bereits von kurzen Entspannungsspielen, andere brauchen zum Entspannen mehr Zeit und Hilfestellung. Zur individuellen Förderung der Entspannungsfähigkeit gibt es zahlreiche spielerische Übungen und Aktivitäten, die einfach durchzuführen sind und dem Kind Spaß bereiten. Dies sind beispielsweise kurze Atementspannungsübungen, das Ausmalen von Mandalas, das Vorlesen eines Buches oder der Einsatz leiser Musik. Hier gilt es zu beachten, dass während einer Auszeit meist nur ein Spiel bzw. eine Entspannungsübung durchgeführt werden sollte, um das Kind nicht zu überfordern. Wenn es selbst entscheidet, ist es sinnvoll, dem Kind nur zwei Wahlmöglichkeiten anzubieten.

MERKE

Das Angebot an Entspannungsaktivitäten ist vielfältig. Bei der Auswahl gilt es, die Persönlichkeit und die Bedürfnisse des Kindes zu beachten.

Wenn Zeit für längere Pausen zur Verfügung steht (z. B. im Offenen Ganztag), können von der Begleitperson angeleitete Fantasiereisen dazu beitragen, dass Kinder mit FASD zur Ruhe kommen und wieder neue Energie auftanken. Diese Methode führt das Kind in seiner eigenen Vorstellung an einen ruhigen, friedlichen Ort – auf eine Wiese, an einen See, in die Berge, in den Wald, an den Strand. In vielen Fantasiereisen werden unterschiedliche Sinne angesprochen, wobei Farben, Gerüche, Geräusche des Ortes und das Gefühl, dort zu sein, ausführlich beschrieben werden. Bei der Auswahl einer Fantasiereise sollten der Entwicklungsstand des Kindes berücksichtigt werden, aber auch seine individuellen Interessen und Bedürfnisse. Grundsätzlich ist zu beachten, dass Entspannungsübungen und Fantasiereisen nicht für alle Kinder mit FASD gleichermaßen geeignet sind. Einige der Kinder reagieren auf solche Angebote eher unruhig, verunsichert oder sogar aggressiv. Umso wichtiger ist es daher, dass sich die Begleitperson zunächst mit den (Pflege-)Eltern, Lehrkräften und anderen Betreuungskräften des Offenen Ganztags darüber austauscht, ob und wie längere Entspannungsübungen und Fantasiereisen angeboten werden können.

Wenn eine Fantasiereise angeboten wird, sollte dem Kind zuvor erklärt werden, wie sie durchgeführt wird, damit es sich sicher fühlt und tatsächlich entspannen kann. Wenn das Kind bereit ist, bestenfalls seine Augen schließt und eine bequeme – entweder sitzende oder liegende – Position eingenommen hat, kann die Fantasiereise mit dem Klang eines Triangels oder einer Klangschale eingeleitet werden. Die Geschichte sollte mit ruhiger Stimme gelassen vorgelesen werden; langsames Sprechen und kleine Pausen dazwischen tragen zusätzlich zur Entspannung bei. Mit einem erneuten harmonischen Klang des Triangels oder der Klangschale kann die Fantasiereise wieder enden. So kann sich das Kind von dem Ruheort in seiner Fantasie verabschieden und behutsam in die Realität zurückgeführt werden. Die Dauer dieser Reise sollte nicht mehr als zehn bis fünfzehn Minuten betragen.

Die nachfolgende Fantasiereise eignet sich insbesondere für Grundschulkinder. Buchempfehlungen zu weiteren Fantasiereisen mit leicht verständlichen Erklärungen zu deren Einsatz finden Sie im Serviceteil dieses Buches.

ÜBUNG

Fantasiereise »Die Vogelfeder«

Lege dich bequem hin und schließe deine Augen. Atme tief ein und langsam aus. Spüre deinen Körper. Deine Arme und Beine, deine Hände und Füße sind entspannt. Du bist ruhig und entspannt und bei jedem Ausatmen wirst du ruhiger und schwerer. Du bist bereit, die Reise beginnt.

Stelle dir vor, du liegst auf einer grünen Wiese. Das Gras kitzelt sanft unter deinen Beinen. Warme Sonnenstrahlen treffen dein Gesicht. [Pause] Du spürst den leichten, warmen Wind auf deiner Haut. Nun siehst du die schönen gelben und weißen Blumen und einen Apfelbaum auf der Wiese. Riechst du das Gras und den Duft der Blumen? [Pause] Du atmest ruhig ein und aus. Hörst und siehst du einen Vogel? Kannst du ihn entdecken? Er sitzt auf einem Ast im Apfelbaum. Nun siehst du, wie der Vogel davonfliegt. Er schwebt kreisend durch die Luft – immer höher und höher – bis er nur noch als kleiner schwarzer Punkt zu erkennen ist. [Pause] Kannst du den Vogel noch entdecken? Siehst du die Vogelfeder? Sie schwebt ganz langsam hin und her durch die Luft. Nun landet sie direkt auf deiner Nasenspitze. Du atmest tief ein und beim Ausatmen pustest du die Feder zurück in die Luft. Sie schwebt weiter, bis sie im grünen Gras versinkt … [ca. eine Minute warten] Langsam verabschiedest du dich von der grünen Wiese und kehrst zurück in diesen Raum. Atme tief ein und aus. Bewege deine Arme und Beine und öffne deine Augen.

Eine weitere Entspannungsmethode, die relativ leicht erlernbar ist und sich für ältere Kinder und Jugendliche eignet, ist die Progressive Muskelrelaxation (PMR) nach Edmund Jacobson. Bei dieser Methode geht es um die bewusste An- und Entspannung einzelner Muskelgruppen (Arm-, Bein-, Gesichts-, Bauch-, Brust- und Rückenmuskulatur). Die Progressive Muskelrelaxation hat im Vergleich zu angeleiteten Fantasiereisen den Vorteil, dass die Kinder die Entspannungsübungen aktiver steuern können. Zudem stärkt PMR die Wahrnehmung des eigenen Körpers – insbesondere die unter Stress »unnötig« angespannte Muskulatur. Eine regelmäßige Durchführung dieser Übungen kann dem Kind ein Gefühl der Ausgeglichenheit vermitteln und seine Konzentration verbessern. In Absprache mit den (Pflege-)Eltern, Lehrkräften und Betreuungskräften des Offenen Ganztags kann die Schulbegleiterin bzw. der Schulbegleiter diese Entspannungsmethode in die Auszeit des Kindes integrieren. Vielleicht besteht auch die Möglichkeit, die Übungen in den Offenen Ganztag täglich fest zu integrieren, damit das Kind in Gemeinschaft mit anderen Kindern daran teilnehmen kann. Bücher zum Thema PMR finden Sie in den Literaturempfehlungen im Serviceteil.

Wie bereits mehrfach erwähnt wurde, haben viele Kinder und Jugendliche mit FASD ein enormes Bewegungsbedürfnis; einige leiden unter starker motorischer Unruhe und Hyperaktivität. Einigen dieser Kinder hilft es, wenn sie während des Unterrichts geeignete Knautsch- oder Igelbälle in ihren Händen bewegen. Auch Kirschkernkissen, die als Sitzunterlage verwendet werden, können dazu beitragen, innere Anspannung zu reduzieren. Die Mitschülerinnen und Mitschüler sollten sich durch diese Hilfsmittel nicht irritiert oder gestört fühlen. Die Lehrkraft sollte ihnen kurz erklären, dass ein Massageball (ähnlich wie eine Brille für schärferes Sehen) dabei hilft, sich zu konzentrieren und ruhig auf seinem Stuhl sitzen zu bleiben.

Darüber hinaus ist es für viele Kinder und Jugendliche mit FASD hilfreich, wenn sie sich zwischendurch immer wieder austoben können. Regelmäßige Bewegungspausen (am besten an der frischen Luft und außerhalb der regulären Hofpausen) sind für viele Kinder mit FASD eine gute Möglichkeit, Stress abzubauen und Überforderungen entgegenzusteuern. Bei sehr starker motorischer Unruhe oder erkennbar großer Anspannung sollte das Kind jederzeit gemeinsam mit seiner Begleitperson den Unterricht verlassen und eine Bewegungspause machen dürfen, z. B. auf dem Schulhof. Hierzu eignen sich unterschiedliche sportliche Aktivitäten wie beispielsweise Seilspringen, Hüpfspiele, Laufen, Federball, Tischtennis oder Hula-Hoop-Reifen. Wichtig ist vor allem, dass die Aktivität dem Kind Spaß macht. Nach dem Austoben kann sich das Kind im Unterricht meist wieder besser konzentrieren.

MERKE

Viele Kinder mit FASD haben ein enormes Bewegungsbedürfnis. Deswegen sollten regelmäßige Bewegungspausen in den Schulalltag integriert sein.

Ein Großteil der in diesem Buch beschriebenen Strategien zum Stressabbau lässt sich im schulischen Alltag gut integrieren und unkompliziert umsetzen. Es sei jedoch nochmals daran erinnert, dass sich nicht für jedes Kind mit FASD die gleichen Strategien eignen! Schulbegleiterinnen und Schulbegleiter, die »ihr« Kind und seine Bedürfnisse gut kennen, können in der Regel verlässlich einschätzen, welche Hilfestellungen und Angebote passend sind – und welche vielleicht eher nicht. Hierzu werden auch die (Pflege-)Eltern und andere Personen, die das Kind gut kennen, wertvolle Hinweise geben können.

Das Wichtigste in Kürze

- Kinder und Jugendliche mit FASD nehmen Umweltreize »ungefiltert« und dadurch besonders intensiv wahr. Das führt zu Unruhe, Überforderung, Stress und Erschöpfung.
- Viele betroffene Kinder nehmen Erschöpfungszustände selbst nicht wahr. Deshalb sollte die Begleitperson entsprechende Anzeichen und Warnsignale aufmerksam beobachten und rechtzeitig darauf reagieren.
- Kinder mit FASD brauchen neben den regulären Schulpausen weitere Entspannungs- und Bewegungspausen im Beisein der Begleitperson.
- Ein reizarm und gemütlich eingerichteter Rückzugsbereich hilft dem Kind, Stress und Unruhe abzubauen. In einem separaten Ruheraum im Schulgebäude oder in einer Rückzugsecke im Klassenraum kann das Kind neue Energie tanken.
- Entspannungs- und Bewegungsangebote sollten unter Berücksichtigung der Persönlichkeit und der Bedürfnisse des Kindes von der Begleitperson im Schulalltag angeleitet werden.
- Bei Hyperaktivität und motorischer Unruhe sind Bewegungspausen eine wichtige Möglichkeit, um aktiv überschüssige Energie abzubauen. Anschließend können sich die Kinder meist wieder besser auf den Unterricht konzentrieren.

3.2.8 Gesundheitliche Unterstützung

Essen und Trinken

Kinder und Jugendliche mit FASD nehmen das Angebot einer ausgewogenen Ernährung oft nur unzureichend an und zeigen teilweise ausgeprägte Auffälligkeiten in ihrem Ess- und Trinkverhalten. Es kommt häufig vor, dass sie Hunger und Durst nicht spüren und daher regelmäßig ans Essen bzw. Trinken erinnert werden müssen. Einige haben kaum Lust zum Essen oder sind bei der Auswahl ihrer Speisen sehr wählerisch. Andere spüren es kaum, wenn sie schon satt sind. Sie essen zu viel und viel zu schnell, ohne genügend zu kauen, und müssen darauf hingewiesen werden, langsamer zu essen. Auch die Vorlieben für eine bestimmte Beschaffenheit der Lebensmittel ist von Kind zu Kind unterschiedlich. Einige bevorzugen, aufgrund von Kau- und Schluckbeschwerden oder wegen einer Überempfindlichkeit im Mundbereich, ausschließlich weiche Speisen. Andere dagegen akzeptieren nur feste Nahrung, damit sie diese in ihrem Mund besser spüren können. Manche Kinder mit FASD kauen sehr lange und müssen an das Schlucken erinnert werden. Andere merken nicht, dass ihr Essen zu heiß oder zu kalt ist.

MERKE

Viele Kinder mit FASD haben Probleme bei der Nahrungsaufnahme. Sie benötigen auch hier die individuelle Unterstützung durch ihre Begleitperson.

Um das gestörte Essverhalten zu kompensieren, sollte die Begleitperson das Kind auch während der Essenspausen betreuen. Günstig sind feste Essenszeiten, die sie in Abstimmung mit den zuständigen Lehrkräften organisieren und gestalten kann. Eine Essenspause kann die Begleitperson am besten routinemäßig an jedem Schultag etwa zur gleichen Zeit einrichten. Oft ist es auch hilfreich, wenn das Kind sein Pausenbrot bereits fünf Minuten vor der jeweiligen Unterrichtspause essen darf. Dies kann es dann zusammen mit seiner Begleitperson an einem ruhigen Ort tun, wo sich das Kind besser auf sein Hungergefühl und die Nahrungs- und Flüssigkeitsaufnahme konzentrieren kann. Wichtig ist auch, dass die Schulbegleiterin bzw. der Schulbegleiter das Kind an das Trinken erinnert und somit für eine ausreichende Flüssigkeitszufuhr sorgt. Grundsätzlich sollte Trinken auch während des Unterrichts erlaubt sein.

Für Kinder mit FASD ist es vorteilhaft, wenn sie ihr Mittagessen oder andere warme Mahlzeiten in der Schule in einer ruhigen und entspannten Atmosphäre einnehmen können. Ideal wäre in diesem Sinne ein kleiner Tisch in einer ruhigen Ecke der Mensa und ein fester Sitzplatz mit dem Rücken zum Raum. Um zu verhindern, dass sich das Kind durch dieses Arrangement ausgeschlossen fühlt, können gegebenenfalls noch zwei weitere Kinder an diesem Tisch mitessen. Entscheidend ist, wie es dem Kind mit FASD und seinen Tischnachbarinnen und -nachbarn dabei geht.

> **MERKE**
>
> Wenn Kinder mit FASD in der Schulmensa oder in den Räumlichkeiten der OGS essen, sollte darauf geachtet werden, dass sie dies möglichst störungs- und ablenkungsfrei tun können.

Mit Blick auf eine gesunde Ernährung kann die Begleitperson das Kind beispielsweise dazu ermutigen, aus dem Angebot der Schulmensa frisches Obst oder Joghurt als Beilage zu wählen. Wenn das Kind die in der Mensa angebotenen Speisen gar nicht mag, kann alternativ ein kleiner Imbiss (z. B. belegtes Brot, Obst) von zu Hause mitgegeben werden. Um bestmöglich auf die Bedürfnisse und Essgewohnheiten des betreuten Kindes während des Mensabesuchs eingehen zu können, sollte sich die Begleitperson mit den (Pflege-)Eltern detailliert über dieses Thema austauschen. In diesem Zusammenhang sollten Schulbegleiterinnen und Schulbegleiter auch über die speziellen Probleme beim Essen, über Lieblingsspeisen, Abneigungen oder evtl. Allergien des Kindes Bescheid wissen.

> **MERKE**
>
> Um einem ungünstigen Essverhalten entgegenzuwirken und eine gesunde Ernährung zu fördern, sollten sich Begleitpersonen und (Pflege-)Eltern von Kindern mit FASD über entsprechende Möglichkeiten absprechen.

Bei jüngeren Kindern oder Kindern mit Schluckbeschwerden empfiehlt es sich generell, feste Speisen in mundgerechte Stücke zu schneiden. Isst ein Kind zu schnell oder ohne genug zu kauen, sollte die Begleitperson es regelmäßig daran erinnern, langsamer zu essen und gründlich zu kauen.

Besteht in einer Schulmensa oder im Pausenraum der OGS freier Zugang zu Nahrungsmitteln (etwa als Buffet), neigen Kinder mit FASD oft dazu, sich übermäßig bzw. über ihr Sättigungsgefühl hinaus zu bedienen. Im schlimmsten Fall isst das Kind so viel, dass es schließlich alles erbricht – zum Verdruss von anwesenden Lehrkräften, Erzieherinnen oder Küchenpersonal, die das Kind womöglich auffordern, alles selbst aufzuwischen. Natürlich ist eine solche Situation auch für das betroffene Kind extrem unangenehm und beschämend. Aus diesem Grund sollte die Begleitperson aufmerksam auf ein kindgerechtes Maß an Nahrungsaufnahme achten und damit unnötigen Ärger verhindern.

Wenn sich eine ruhige Essenssituation in der Gemeinschaft nicht realisieren lässt, kann es sinnvoll sein, dass das Kind seine Mahlzeit in einem separaten, von Reizen weitgehend abgeschirmten Raum einnimmt. Allerdings darf es sich dort nicht allein und ausgeschlossen fühlen. Deswegen wird es ihm guttun, wenn die Begleitperson gemeinsam mit ihm isst. Gemeinsame Mahlzeiten dienen nicht nur der Nahrungsaufnahme, sondern sind immer auch gute Gelegenheiten zum entspannten Gespräch, Erholen und Genießen.

Schülerinnen und Schüler mit FASD, die aufgrund ihres ausgeprägten Bewegungsdrangs beim Essen nicht durchgängig ruhig sitzen bleiben können, verhalten sich oftmals ausgeglichener, wenn sie sich unmittelbar vor dem Essen sportlich betätigen und körperlich anstrengen. In vielen Fällen hat es sich als nützlich erwiesen, wenn die Begleitperson vor der Mahlzeit eine kurze Bewegungs- oder Sportübung auf dem Schulhof anleitet.

Medikamentengabe

Einige Kinder und Jugendliche mit FASD benötigen während der Schulzeiten und/oder während der Nachmittagsbetreuung in der OGS Medikamente. Häufig handelt es sich um Medikamente, die zentral auf das Gehirn einwirken und zur Behandlung von Ruhelosigkeit, Anspannung oder Konzentrationsproblemen verschrieben werden. Sie werden keinesfalls verordnet, damit das Kind bessere Noten erzielt oder um die Belastung aller Bezugspersonen zu reduzieren. Die Medikation soll vielmehr dazu beitragen, dass das Kind seinen Alltag stressfreier erlebt, dem Unterricht besser folgen kann, im Spiel mit anderen Kindern aufmerksamer ist und von ihnen als Spielpartnerin bzw. Spielpartner besser akzeptiert wird.

Im Allgemeinen sind Kinder mit FASD nicht in der Lage, ein Medikament selbständig in der vorgeschriebenen Dosierung und zum richtigen Zeitpunkt einzunehmen. Um den Einnahmerhythmus eines Medikaments sicherzustellen, kann es vorkommen, dass die Eltern bzw. die Sorgeberechtigten die Begleitperson darum bitten, die Medikamentengabe in den Schulzeiten zu übernehmen. Pflegeeltern sind in der Regel nicht befugt, Entscheidungen über die Medikation ihres Pflegekindes mit FASD zu treffen (es sei denn, sie haben die Vormundschaft für ihr Pflegekind übernommen). Aus diesem Grund muss bei der Übertragung einer entsprechenden Verantwortlichkeit an die Begleitperson die sorgeberechtigte Person konsultiert werden. Falls dies nicht die leiblichen Eltern des Kindes sind, kann das z. B. ein vom Jugendamt bestellter Amtsvormund sein.

Schulbegleiterinnen und Schulbegleiter sollten wissen, dass sie nicht verpflichtet sind, dem begleiteten Kind Medikamente zu verabreichen bzw. die korrekte Einnahme zu beaufsichtigen. Rechtlich gesehen liegt die Verantwortung für medizinische Maßnahmen allein bei den Eltern bzw. bei den Sorgeberechtigten des Kindes. Gleichwohl können sich Schulbegleiterinnen und Schulbegleiter freiwillig dazu bereit erklären. Dies setzt eine schriftliche Vereinbarung mit den Eltern bzw. Sorgeberechtigten voraus. Diese Vereinbarung sollte alle Aspekte beinhalten, die einen verantwortungsbewussten Umgang mit der Medikamentengabe sicherstellen. In jedem Fall muss eine präzise ärztliche Verordnung (Dosierung, genaue Verabreichung, Nebenwirkungen, Besonderheiten des Medikaments, Medikamentenplan) vorliegen und die Aufbewahrung des Medikaments geklärt werden. Weiterhin sollte Folgendes sichergestellt sein:

- Eltern bzw. Sorgeberechtigte gewährleisten, jederzeit telefonisch erreichbar zu sein.
- Die Begleitperson dokumentiert täglich die Medikamentengabe.
- Eine sichere Aufbewahrung des Medikaments gewährleisten (eindeutige Kennzeichnung: Name der Schülerin bzw. des Schülers, Geburtsdatum, Medikamentenplan).
- Für die Begleitperson sollte das Medikament immer problemlos zugänglich sein.
- Die Schule und Lehrkräfte (insbesondere die Klassenleitung) sowie Leistungsanbieter und Kostenträger sollten über die Medikation und die diesbezügliche Verantwortungsübernahme der Begleitperson informiert sein.
- Verweigert das Kind die Einnahme, sollte dies dokumentiert und die Eltern bzw. Sorgeberechtigten unverzüglich benachrichtigt werden.

Es bedarf ferner mindestens einer weiteren Person in der Schule, die als Vertretung der Begleitperson die Verantwortlichkeit für die Medikation übernehmen kann, z. B. im Falle einer Erkrankung. Hierzu könnten sich Lehrkräfte freiwillig bereit erklären. Auch in diesem Fall muss eine schriftliche Vereinbarung zwischen Eltern bzw. Sorgeberechtigten und Schule getroffen werden. In jedem Fall ist es sinnvoll, das Medikament in der Schule aufzubewahren, damit es für die Begleitperson und alle an der Medikamentengabe beteiligten Personen zugänglich ist. Andererseits muss eine sichere Aufbewahrung der Medikamente sichergestellt sein, z. B. in einem abschließbaren Medizinschrank. Für die Begleitperson und alle anderen beteiligten Personen gilt, dass sie sich in allen relevanten Punkten gut absprechen, um eine klare und einheitliche Handlungsgrundlage sicherzustellen.

MERKE

Die Verabreichung von Medikamenten an Kinder mit FASD durch Begleit- oder Lehrpersonen ist grundsätzlich freiwillig. Sie ist nur mit schriftlicher Einverständniserklärung der Eltern bzw. Sorgeberechtigten und Vorlage einer ärztlichen Verordnung erlaubt. Klare Vorgaben und Absprachen sind hier besonders wichtig!

Erkrankungen und Krankheitsanzeichen

Sehr wichtig ist es, dass die Begleitperson – ebenso wie Lehrkräfte und weitere Mitwirkende des Unterstützungssystems – über sämtliche Erkrankungen und gesundheitliche Einschränkungen des Kindes mit FASD hinreichend informiert sind (beispielsweise Herzfehler, Epilepsie). In diesem Zusammenhang ist zu beachten, dass es betroffenen Schülerinnen und Schülern meist schwerfällt, Gefühle des Unwohlseins wahrzunehmen und anderen Personen gegenüber klar zu benennen. Dies bezieht sich sowohl auf ihre körperlichen als auch auf ihre seelischen Empfindungen. Wenn die Begleitperson deutlich veränderte Verhaltensweisen oder eine ungewöhnliche Müdigkeit des Kindes beobachtet, kann dies auf gesundheitliche Probleme hindeuten. In diesem Fall sollte sie umgehend die zuständige Lehrkraft und die (Pflege-)Eltern informieren.

MERKE

Begleit- und Lehrpersonen sowie alle Beteiligten des Unterstützungssystems sollten über Erkrankungen und gesundheitliche Probleme des Kindes informiert sein, damit sie umsichtig und aufmerksam auf körperliche und psychische Auffälligkeiten reagieren können.

Darüber hinaus sollten Schulbegleiterinnen und Schulbegleiter wissen, dass Menschen mit FASD grundsätzlich ein deutlich erhöhtes Risiko tragen, eine Suchterkrankung zu entwickeln. Bereits im Jugendalter können deshalb schneller als bei Gleichaltrigen ernsthafte Alkohol- und Drogenprobleme auftreten. Junge Menschen mit FASD lassen sich durch ihre Peergroup besonders leicht zum Drogenkonsum verleiten und können damit verbundene Risiken nicht einschätzen. Auch hier sollte die Begleitperson achtsam für eventuelle Warnsignale sein, die auf Alkohol- oder Drogenkonsum des betreuten Jugendlichen hindeuten.

Benutzung der Schultoilette und Hygiene

Vielen Kindern mit FASD fällt es schwer, der Lehrkraft oder auch der Begleitperson zu sagen, dass sie auf die Toilette gehen möchten. In diesem Fall können Schulbegleiterinnen und Schulbegleiter ein nonverbales Zeichen mit dem Kind vereinbaren und einüben, mit dem es sich leichter mitteilen kann (z. B. das gleichzeitige Melden mit beiden Armen). Bei anderen Kindern mit FASD besteht das Problem hingegen darin, dass sie keinen Toilettendrang verspüren. Die meisten Schülerinnen und Schüler können die Toilette zwar selbständig benutzen, müssen jedoch von ihrer Begleitperson regelmäßig daran erinnert werden. Gerade bei jüngeren Kindern kann es gelegentlich noch zu »Unfällen« kommen. Um dem vorzubeugen, sollte das begleitete Kind zu festen Zeiten dazu animiert werden, die Toilette aufzusuchen. Ist es schon zu einem »Unfall« gekommen, so gibt die Begleitperson der Lehrkraft diskret Bescheid. Zu empfehlen ist, dass bereits im Vorfeld vereinbart wurde, wie in dieser Situation gehandelt wird. Selbstverständlich sollte Wechselkleidung des Kindes in der Schule bereit liegen, aber v. a. muss seine Privatsphäre geschützt werden und seine intimen, wie auch persönlichen Grenzen, dürfen keinesfalls verletzt werden. Lehrkraft und Schulbegleitung sollten sich bezüglich Toilettenzeiten absprechen. Darüber hinaus sollten die Kinder auch an das regelmäßige Händewaschen (insbesondere nach dem Toilettengang, vor dem Essen usw.) erinnert werden.

Fehlende Wahrnehmung körperlicher Empfindungen und Bedürfnisse

Viele Kinder mit FASD merken nicht, wenn sie Ruhe und Entspannung benötigen – oder aber körperliche Aktivierung und Bewegung, z. B. zum Abbau überschüssiger Energie. Auch hier sind sie auf Hinweise bzw. Anweisungen durch ihre Schulbegleitung angewiesen (vgl. ausführlich Kapitel 3.2.7: Erholung, Ruhe und Pausen ermöglichen). Wenn sie spielen oder Sport treiben, verausgaben sie sich oftmals bis zur völligen Erschöpfung. Beim Sportunterricht sollte die Begleitperson deshalb das Kind aufmerksam beobachten und etwaige Auffälligkeiten der Lehrkraft mitteilen. So kann die Lehrkraft das Kind zu seinem Schutz angemessen bremsen.

Zu den FASD-typischen Besonderheiten bei der Körperwahrnehmung zählt auch das beeinträchtige Schmerzempfinden. Aus diesem Grund kann es z. B. vorkommen, dass betroffene Kinder sogar Knochenbrüche oder andere ernsthafte Verletzungen, die sie sich in der Pause zugezogen haben, zunächst überhaupt nicht bemerken. Im ungünstigsten Fall wird die Verletzung auch während des restlichen Schultags von niemandem erkannt, und womöglich fällt erst zuhause auf, dass sich das Kind seltsam bewegt oder stark blutet. Es sollte daher selbstverständlich sein, dass die Begleitperson sorgfältig auf Anzeichen möglicher körperlicher Verletzungen achtet, selbst wenn das Kind nicht über Schmerzen oder Einschränkungen klagt. Umgekehrt besteht die Gefahr, dass Vertrauen verloren geht, wenn die Begleitperson derlei nicht bemerkt.

Eine weitere Besonderheit bei der Wahrnehmung körperlicher Empfindungen ist ein kaum ausgeprägtes Wärme- bzw. Kältegefühl. Viele Kinder mit FASD merken z. B. nicht, dass sie frieren oder schwitzen und können ihre Kleidung nicht selbständig nach den jeweiligen Temperatur- und Witterungsverhältnissen auswählen. Oft spüren sie auch die Symptome einer Unterkühlung nicht und sind deshalb auf die vorsorgliche Aufforderung ihres Schulbegleiters oder ihrer Schulbegleiterin angewiesen, bei winterlichen Temperaturen draußen ihre Jacke anzuziehen. Wenn das Kind dies verweigert, ist es meist zwecklos, an seine Einsicht zu appellieren – in der Regel helfen hier keine sachlichen Argumente, sondern nur die unmissverständliche Aufforderung der Begleitperson und ggf. die Erinnerung an eine entsprechende Vereinbarung.

MERKE

Kinder mit FASD können Körperempfindungen wie Wärme/Kälte, Schmerzen oder Anspannung oft nur schlecht wahrnehmen. Sie benötigen daher die Unterstützung der Begleitperson.

Erfahrungsgemäß haben manche Schulbegleiterinnen und Schulbegleiter Bedenken, wenn es darum geht, klare Anweisungen aussprechen und konsequent für deren Umsetzung zu sorgen. Sie empfinden dies möglicherweise als unangemessen streng und autoritär. Es sollte jedoch bedacht werden, dass die Gesundheit und das Wohlbefinden des begleiteten Kindes mit FASD oft nur durch eine sehr klare und direktive Ansprache sichergestellt werden können – dies sollte immer Priorität haben.

Das Wichtigste in Kürze

- Viele Kinder mit FASD haben Probleme beim Essen und Trinken. Sie benötigen individuell unterstützende Assistenz bei der Nahrungsaufnahme und ein bedarfsgerechtes Nahrungsangebot.
- Begleitpersonen sollten die individuellen Bedürfnisse und Essgewohnheiten (Lieblingsspeisen, Abneigungen, Allergien) des Kindes kennen und für eine möglichst störungs- und ablenkungsfreie Essenssituation sorgen.
- Kinder mit FASD, die während des Schulbesuchs Medikamente benötigen, brauchen Unterstützung. Begleit- oder Lehrpersonen können nur mit schriftlicher Einverständniserklärung der Eltern bzw. Sorgeberechtigen und unter Vorlage einer ärztlichen Verordnung Medikamente verabreichen.
- Begleitpersonen und Lehrkräfte sowie alle am Unterstützungssystem beteiligte Personen müssen über gesundheitliche Probleme und Krankheiten des Kindes mit FASD vollständig informiert sein, damit sie eventuelle Auffälligkeiten erkennen und effektiv helfen können.
- Bei älteren Kindern und Jugendlichen mit FASD sollten Begleitpersonen und Lehrkräfte aufmerksam auf eventuelle Warnsignale in Bezug auf Alkohol- oder Drogenkonsum achten.
- Manche Kinder mit FASD spüren nicht, wenn sie die Toilette aufsuchen sollten. Deshalb sollten sie von der Begleitperson oder Lehrkraft an den Toilettengang und anschließende Hygienemaßnahmen erinnert werden.
- Ebenso benötigen sie die Unterstützung der Begleitperson, um angemessen auf Wärme/Kälte, Schmerzen oder körperlich-seelische Anspannung reagieren zu können.

3.2.9 Gefahren vermeiden

Oftmals besitzen Kinder und Jugendliche mit FASD ein nur schwach ausgeprägtes Bewusstsein für Gefahren. Sie sind meist nicht in der Lage, Risiken und Gefahren vorausschauend einzuschätzen. Unabsichtlich bringen sie sich in Gefahr und können auch andere gefährden. Die Risikobereitschaft ist bei den von FASD betroffenen Kindern sehr unterschiedlich.

Für unbedachtes, riskantes Verhalten spielen mehrere Faktoren eine Rolle. Zum einem basiert es auf einer eingeschränkten Selbstwahrnehmung sowie auf ein begrenztes vorausschauendes Denken; zum anderen gründet es auf einer eingeschränkten Selbststeuerung und Hyperaktivität. Auch die zur Symptomatik von

FASD gehörende angeborene Schmerzunempfindlichkeit, die viele Kinder in unterschiedlicher Ausprägung aufweisen, führt dazu, dass sie sich übermütig verhalten. Manche Kinder spielen unmittelbar nach schweren Stürzen weiter, als wäre nichts gewesen. Der Schmerz steht dem Kind als natürliches Alarmsignal für den Körper nicht ausreichend zur Verfügung.

PRAXISBEISPIEL

»Für mich ist es einfach schon wichtig, mich darauf verlassen zu können, dass Paul Schulassistenz bekommt, dass da jemand an seiner Seite ist. Als kleines Beispiel: 1. Klasse, keine Schulassistenz. In der Pause rennt er gegen den Eisenpfeiler. Er ist schmerzunempfindlich wegen seinem FASD und setzt sich anschließend zum Mittagessen und hat eine Riesenbeule. Er hätte genauso gut eine Gehirnerschütterung haben können. Irgendwann fällt es jemanden zufällig auf.«

(Pflegemutter eines 9-jährigen Schülers mit FASD)

MERKE

Viele Kinder mit FASD merken nicht, wenn sie sich in eine Gefahrensituation begeben. Sie brauchen achtsame Begleitpersonen, die sie umsichtig schützen und Gefahrensituationen vorbeugen.

In der Schule brauchen Schülerinnen und Schüler mit FASD deshalb eine aufmerksame und vorausschauende Unterstützung, um Schaden und Unglücksfälle abzuwenden (es geht hierbei nicht um kleinere Stürze oder Verletzungen, sondern um teilweise lebensgefährdende Verhaltensweisen). Hier muss unbedingt bedacht werden, dass ein Kind mit FASD auch schlimme Situationen schnell vergisst, in denen es sich in Gefahr brachte. Wenn sich ein Kind beispielsweise bei einer gefährlichen Aktivität verletzte, vergisst es diese Situation schnell wieder und begibt sich trotzdem völlig gedankenlos immer wieder in die gleiche unberechenbare Situation.

Riskante Verhaltensweisen, die Kinder und Jugendliche mit FASD im Schulalltag zeigen, sind z. B.:

- waghalsiges Klettern am Treppengeländer
- freihändiges Balancieren auf einem hohen Klettergerüst
- mit harten Gegenständen werfen
- ins Schwimmbecken springen, obwohl sie nicht schwimmen können

MERKE

Niemals sollte davon ausgegangen werden, dass Kinder und Jugendliche mit FASD mit zunehmendem Alter ein besseres Bewusstsein für Gefahren und Risiken entwickeln und ihre eigenen Grenzen kennen. Nicht das Lebensalter, sondern das Entwicklungsalter ist relevant.

Ein einfaches Unterweisen, was gefährlich sein kann und welche Folgen riskantes Verhalten hat, reicht nicht. Hilfreicher ist es, gemeinsam mit dem Kind klare und verständliche Regeln aufzustellen und diese immer wieder zu wiederholen. Die Begleitperson sollte dem Kind auch kurz den Grund für ein Verbot nennen. Regeln sollten kurz gestaltet und verständlich sowie positiv formuliert werden. Auf Bildern dargestellte Gefahrensituationen können dazu beitragen, sein Sicherheitsbewusstsein zu wecken. Das Kind nimmt Erklärungen mittels Bilder besser auf als verbal ausgesprochene Verbote oder Anweisungen zu sicherheitsbewusstem Verhalten. Bilder werden zudem besser erinnert und sicheres Verhalten kann immer wieder gemeinsam mit der Begleitperson eingeübt und reflektiert werden. Die Begleitperson und alle Akteure der Schule dürfen jedoch niemals erwarten, dass sich das Kind verlässlich an Sicherheitsregeln hält. Hier sollte vor allem daran gedacht werden, dass Kinder mit FASD bereits Erlerntes schnell wieder vergessen. Auch abgespeichertes Wissen in Bezug auf die Einhaltung von Regeln kann vom Kind nicht immer vollständig und zuverlässig abgerufen werden. Kinder mit FASD haben ebenso Schwierigkeiten, erlernte Regeln bzw. ihr Wissen von einer Situation auf eine andere gleichartige Situation zu übertragen. Ein Kind, das beispielsweise auf dem Schulhof nicht freihändig auf einem hohen Klettergerüst balancieren darf, versteht nicht, dass das auf einem Spielplatz außerhalb der Schule auch gefährlich ist.

MERKE

Kinder mit FASD brauchen kurze und klare Regeln, die ihr Sicherheitsbewusstsein anregen. Auch wenn die Begleitperson die Sicherheitsregeln gemeinsam mit dem Kind immer wieder einübt und reflektiert, darf sie nicht davon ausgehen, dass das Kind diese verlässlich einhalten kann.

Es gibt auch Kinder mit FASD, die dazu neigen, unvermittelt wegzulaufen. Plötzliche Stimmungsschwankungen oder reizvolle Ablenkungen können dazu führen, dass das Kind in der Pause den Schulhof spontan verlässt. Das Kind vergisst alles um sich herum und verlässt das Schulgelände, weil es etwas Interessantes entdeckt und dem folgt. Das kann beispielsweise eine Katze oder auch eine Person sein. Das Kind läuft los und vergisst, auf den Straßenverkehr zu achten. Es würde auch mit einer ihm völlig fremden Person mitgehen.

Wenn die Begleitperson zusammen mit dem Kind in die Pause geht, sollte sie zwar immer präsent sein, aber nur eingreifen, wenn sich riskantes Verhalten abzeichnet. Somit erhält das Kind einen gewissen Freiraum. Die Schulbegleiterin bzw. der Schulbegleiter und die (Pflege-)Eltern sollten sich konkret absprechen, wie viel Freiraum man dem Kind gewähren kann und was besonders zu beachten ist. Die Begleitperson muss darüber informiert sein, inwieweit sich das Kind unsicher oder riskant verhält. Auch die Lehrkräfte müssen informiert sein, denn sie haben eine Aufsichtspflicht zu erfüllen.

Risiko- und Gefahrensituationen lassen sich vonseiten der Schulbegleitung sowie aller Akteure der Schule trotz größter Vorsorge nie ganz vermeiden. Die Beaufsichtigung eines Kindes mit FASD sollte umsichtig und nach vernünftigem Ermessen erfolgen. Das Kind sollte seine Begleitperson nicht als ständigen »Aufpasser« an seiner Seite wahrnehmen. Dies könnte die vertrauensvolle Beziehung gefährden.

MERKE

Schulbegleiterinnen und Schulbegleiter und auch Lehrkräfte sollten gemeinsam mit den (Pflege-)Eltern abwägen, wie viel Freiraum sie dem Kind gewähren können bzw. wo sie Grenzen setzen sollten.

Manche Kinder mit FASD können ihren Schulweg nicht selbstständig bewältigen. Sie sind im Straßenverkehr meist nur kurzfristig aufmerksam, reagieren langsam und können Gefahren nicht richtig einschätzen. Oft sind sie auch nicht in der Lage, auf Autos, Fußgänger und Radfahrer gleichzeitig zu achten und können sich die Bedeutung von Verkehrsschildern nicht ausreichend merken. Die Benutzung öffentlicher Verkehrsmittel überfordert sie meist, und auf das übliche Gedränge und die Lautstärke im Schulbus reagieren sie mit Angst oder Aggressionen. Ebenso haben sie Schwierigkeiten, sich zu orientieren. Aus all diesen Gründen ist es meist unerlässlich, diese Kinder auf ihrem Schulweg zu begleiten.

MERKE

Mit der Komplexität des Straßenverkehrs sind Kinder mit FASD oft überfordert. Deshalb ist in den meisten Fällen eine Begleitung auf dem Schulweg unerlässlich.

Falls die (Pflege-)Eltern die Begleitung des Kindes aus diversen Gründen nicht gewährleisten können, ist es sinnvoll, dass sie dies im Hilfeplan-/Teilhabeplangespräch thematisieren. Eine entsprechende Bewilligung vom Kostenträger zur Bewältigung des Schulweges durch Schulbegleitung erfolgt, wenn es für die Eltern nicht zumutbar ist und beim Kind dieser Unterstützungsbedarf besteht. Für die Begleitung des Kindes auf dem Schulweg übernimmt die Schulbegleiterin bzw. der Schulbegleiter die Aufsichtspflicht. Sie bzw. er sollte beachten, dass insbesondere jüngere Kinder mit FASD dazu neigen, plötzlich wegzulaufen. Mit diesem Verhalten, verbunden mit dem geringen Gefahrenbewusstsein, gefährden sie sich und andere. Deshalb ist es sinnvoll, das Kind an die Hand zu nehmen und es auf dem Gehweg möglichst auf der fahrbahnabgewandten Seite gehen zu lassen. Die Begleitperson vermittelt dem Kind immer wieder die Nutzung von Ampeln und

Fußgängerüberwegen. Außerdem übt sie Verkehrszeichen, Vorfahrtsregeln, das Verhalten in gefährlichen Situationen sowie das Ein- und Aussteigen bei Bussen. Das Kind sollte möglichst ruhig und immer wieder auf Gefahrenpunkte hingewiesen werden. Nur so bietet der Schulweg dem Kind ein tägliches Übungsfeld. Auch hier muss bedacht werden, dass es jede Situation anders wahrnimmt und entsprechendes Verhalten nicht auf andere Situationen übertragen kann. Da sich Kinder mit FASD ausführliche Erklärungen nicht gut merken können, helfen kurze Signalworte, wie beispielsweise »Rot – Stopp«, »Halt – Kreuzung«.

(Pflege-)Eltern, die ihr Kind selbst zur Schule bringen oder andere Personen damit beauftragen, sollten sicherstellen, dass das Kind von der Begleitperson persönlich in Empfang genommen wird. Nach Unterrichtsschluss sollte das Kind persönlich von der Begleitperson in die Obhut der (Pflege-)Eltern bzw. Abholberechtigten übergeben werden. So können Gefahrensituationen unmittelbar außerhalb der Schulzeit vermieden werden. Dieses Vorgehen bedarf klarer Absprachen und Vereinbarungen zwischen (Pflege-)Eltern und Schulbegleitung.

Das Wichtigste in Kürze

- Viele Kinder und Jugendliche mit FASD besitzen ein nur schwach ausgeprägtes Bewusstsein für Gefahren. Sie sind meist nicht in der Lage, Risiken richtig einzuschätzen.
- Mit unbedachtem, riskantem Verhalten können Kinder mit FASD sich und andere schnell in Gefahr bringen.
- Kinder mit FASD benötigen kurze und klare Sicherheitsregeln – aber auch aufmerksame und vorausdenkende Begleitpersonen, die diese mit ihnen einüben und stetig wiederholen.
- Begleitpersonen dürfen nicht davon ausgehen, dass Kinder mit FASD bereits besprochene Sicherheitsregeln tatsächlich verinnerlicht haben und zuverlässig umsetzen können.
- Kinder mit FASD brauchen Menschen, die sie umsichtig und verantwortlich unterstützen und ihnen gleichzeitig angemessene Freiräume gewähren. Um dies gut auszubalancieren, können Begleitpersonen auf Erfahrungswerte der (Pflege-)Eltern zurückgreifen.
- Die Begleitperson sollte darauf vorbereitet sein, dass viele Kinder mit FASD dazu tendieren, unvermittelt wegzulaufen.
- Die meist erforderliche Begleitung auf dem Schulweg und zurück nach Hause sowie eventuelle Übergabemodalitäten erfordern klare Vereinbarungen zwischen (Pflege-) Eltern und Begleitpersonen.

3.2.10 Umgang mit Regeln

Im Schulalltag gibt es zahlreiche Verhaltensregeln, an die sich alle Schülerinnen und Schüler halten müssen. Diese betreffen z. B. das Verhalten im Unterricht, auf dem Schulhof oder im Umgang mit anderen Kindern. Solche Regeln zu lernen, fällt Kindern mit FASD häufig schwer. Aufgrund ihrer Beeinträchtigungen in den

Bereichen Wahrnehmung, Denken, Gedächtnis, Emotionen und soziales Verstehen können sie Regeln oftmals nicht vollständig begreifen und situationsgerecht anwenden. Außerdem kann es vorkommen, dass sie die Regeln wieder vergessen, die sie bereits gut beherrschten. Dies führt im Schulalltag oftmals zu Problemen mit anderen Kindern und Lehrpersonen. Gerade Erwachsene, die wenig über das Störungsbild FASD wissen, bewerten nicht regelkonforme Verhaltensweisen des Kindes oft als »provozierendes«, »verweigerndes« oder »oppositionelles« Verhalten. In Wirklichkeit möchte das Kind niemanden absichtlich ärgern, sondern es kann erlernte Verhaltensregeln einfach nicht effektiv aus seinem Gedächtnis abrufen. In Tabelle 3 sind einige Beispiele zusammengestellt, wie Situationen als vom Kind intendierte Regelverstöße fehlinterpretiert werden können und wie mögliche Hilfestellungen aussehen können.

Klassen-/ Schulregel	Verhalten des Kindes	Wie hat das Kind die Situation erlebt?	Mögliche Fehldeutung	Richtige Deutung	Empfohlene Reaktion
Ich gehe leise durch die Schule.	Nach der Schulpause rennt das Kind lautstark über den Flur.	»Ich habe doch noch Pause.«	Das Kind provoziert.	Dem Kind fällt der Situationswechsel (Pause – Unterricht) schwer.	Das Kind mit Namen ansprechen und ruhig mitteilen, dass der Gong die Pause beendet hat. An die Regel erinnern.
Ich komme von der Pause pünktlich zum Unterricht.	Das Kind kommt nach der Pause zehn Minuten verspätet in den Unterricht.	»Ich weiß nicht mehr, wo ich hin muss.«	Das Kind drückt sich vor der weiteren Teilnahme am Unterricht.	Dem Kind fällt es schwer, sich räumlich zu orientieren.	Die Schulbegleitung unterstützt das Kind bei seiner Orientierung im Schulgebäude. Markierungen helfen, Wege zu finden.
Ich zeige auf, wenn ich etwas sagen möchte.	Das Kind ruft ständig in die Klasse.	»Ich will jetzt auch was sagen.«	Das Kind stört absichtlich den Unterricht und sucht nach Aufmerksamkeit.	Dem Kind fällt es schwer, seine Impulse zu unterdrücken. Es verfügt über eine geringere Selbstregulation. Die Handlungsabfolge, aufzeigen, abwarten und dann reden ist nicht verinnerlicht.	Anerkennen, dass sich das Kind am Unterricht beteiligt. Die Regel durch einen Reim oder Spruch verdeutlichen. Z. B. »Erst den Arm heben, abwarten, dann reden.« Die Handlungsabfolge erklären.
Ich arbeite leise, damit sich alle konzentrieren können.	Das Kind arbeitet nicht. Es steht immer wieder auf, schaukelt mit dem Stuhl und schaut in der Klasse umher.	»Ich kann nicht mehr.«	Das Kind provoziert und will nicht arbeiten.	Das Kind kann sich nicht mehr konzentrieren, lässt sich schnell ablenken. Außerdem muss es sich mehr anstrengen als seine Klassenkameraden und ist daher schneller erschöpft.	Das Kind braucht eine Ruhe- oder Bewegungspause.

Klassen-/ Schulregel	Verhalten des Kindes	Wie hat das Kind die Situation erlebt?	Mögliche Fehldeutung	Richtige Deutung	Empfohlene Reaktion
Ich halte meinen Arbeitsplatz und die Klasse sauber.	Das Kind lässt seine Schulmaterialien immer wieder auf dem Tisch liegen.	»Ich weiß nicht, was ich tun soll! Wo räume ich alles hin?«	Das Kind ist unordentlich, langsam und schlecht erzogen.	Aufgrund der beeinträchtigten exekutiven Funktionen fällt es dem Kind u. a. schwer, Handlungsschritte zu planen, nacheinander durchzuführen sowie Prioritäten zu setzen. Auch das Zuordnen, wo welche Materialien abgelegt werden können, fällt schwer. Das Kind ist überfordert.	Das Kind benötigt immer wieder Anleitung bei der Durchführung von Handlungsschritten. Pläne und Visualisierungen können dem Kind helfen.
Ich achte das Eigentum anderer.	Das Kind entwendet immer wieder das Eigentum von Klassenkameraden und Lehrern.	»Das ist schön und liegt auf dem Tisch«	Das Kind will sich bereichern.	Das Kind kann aufgrund seines beeinträchtigen Abstraktionsvermögens nicht zwischen »mein« und »dein« unterscheiden.	Eine kurze Erklärung, dass dieser Gegenstand jemand anderem gehört. Begleitperson und Kind bringen den Gegenstand gemeinsam zurück. Das Kind immer wieder anleiten, vorab zu fragen.
Ich lache niemanden aus.	Das Kind lacht immer wieder weinende Kinder aus.	»Das rote Gesicht mit den kleinen Augen, sieht lustig aus.«	Das Kind möchte andere Kinder bewusst demütigen.	Dem Kind fällt es schwer, sich in die Gefühle und Gedanken seiner Mitmenschen hineinzuversetzen.	Die Schulbegleitung erklärt dem Kind die Gefühlslage anderer Kinder.

Tab. 3: Beispiele für das Deuten von »Regelverstößen« bei Kindern mit FASD (in Anlehnung an Lüders, Feldmann & Jungbauer, 2020, S. 40–42)

Grundsätzlich ist es für alle Beteiligten wichtig, sich immer wieder die Barrieren bewusst zu machen, die ein Kind mit FASD beim Lernen von Regeln überwinden muss. Denn trotz all ihrer Schwierigkeiten bemühen sich die meisten Kinder, Regeln einzuhalten. Auch dieses Bemühen sollte von allen Akteuren in der Schule immer wieder wahrgenommen und gewürdigt werden, denn es zeugt von Kooperationsbereitschaft, positiver Motivation und einer beachtenswerten inneren Stärke dieser Kinder.

MERKE

Kinder mit FASD haben Probleme, Regeln anzuwenden, da es ihnen schwerfällt, sie zu verstehen, zu lernen und zu behalten.

Selbst kurze und klar formulierte Klassenregeln können sich viele Kinder mit FASD nur schwer merken. Da sie auch die darauf bezogenen Erklärungen meist nur schwer verstehen, benötigen sie wesentlich mehr Zeit als ihre Mitschülerinnen und Mitschüler, um Regeln zu erfassen und zu verinnerlichen. Deshalb sollten Schulbegleiterinnen und Schulbegleiter die Kinder beim Erlernen von Regeln unterstützen. Zunächst sollte das Kind verstehen, warum es auch in der Schule bestimmte Verhaltensregeln gibt. Im nächsten Schritt kann die Begleitperson dem Kind die einzelnen Regeln erklären und sie gemeinsam mit ihm einüben. Dabei ist es hilfreich, den Kindern zusammen mit der Lehrkraft unterschiedliche Lernmöglichkeiten anzubieten, wie z. B. Bilder, Geschichten und Rollenspiele. Insbesondere bildliche Darstellungen können effektiv dazu beitragen, dass sich die Kinder Regeln besser merken können und sich an sie halten. Piktogramme oder von den Kindern selbstgezeichnete bildliche Darstellungen von Regeln, die im Klassenraum für alle gut sichtbar sind, können von Schülerinnen und Schülern mit FASD meist schnell und eindeutig entschlüsselt werden. Daher können bildlich verdeutlichte Regeln dazu beitragen, Konfliktsituationen zu vermeiden oder zumindest lange Erklärungen zu umgehen, wenn die Begleitperson das Kind (z. B. wenn sich ein Regelverstoß abzeichnet) rechtzeitig auf das entsprechende Bild hinweist oder seine Aufmerksamkeit darauf lenkt.

Einigen Kindern mit FASD kann es helfen, wenn sie sich aktiv-spielerisch mit den geltenden Klassenregeln auseinandersetzen. Die Begleitperson kann beispielsweise das Kind zunächst bitten, eine dieser Regeln mit ihren eigenen Worten zu beschreiben, um sie anschließend mit der Unterstützung der Begleitperson in einem Rollenspiel einzuüben. Andere, insbesondere jüngere Kinder, verstehen Regeln oft besser, wenn sie in Reimen verpackt sind. So kann die Klassenregel »Ich zeige auf, wenn ich etwas sagen möchte« durch den folgenden Merkspruch besser behalten werden: »Erst den Arm heben, abwarten, dann reden«. Oder »Im Unterricht bleibe ich sitzen, in der Pause kann ich flitzen« statt »Ich bleibe während des Unterrichts auf meinen Platz sitzen«. Merksprüche und Reime lassen sich meist gut in den Schulalltag integrieren. Den meisten Kindern bereitet es Freude und Spaß, wenn Regeln auf diese Weise vermittelt werden.

Da ein Kind mit FASD oft lange braucht, um Inhalte zu erfassen, sollte seine Begleitperson zunächst die wichtigsten Klassenregeln auswählen und vorerst nur eine davon gemeinsam mit ihm einüben. Erst wenn das Kind diese mehrfach erfolgreich einhalten konnte, sollte es eine weitere lernen. Um das Kind nicht zu verunsichern, ist es ratsam, beim Einüben einer Regel nur das zu benennen, was vom Kind erwartet wird und nicht das, was es unterlassen sollte. Weiterhin sollten die Regeln möglichst konkret formuliert sein und keinen Interpretationsspielraum zulassen (vgl. Kapitel 3.2.2: Persönliche Ansprache und klare Kommunikation).

MERKE

Kinder mit FASD können Regeln besser lernen, wenn sie ihnen über verschiedene Lernwege vermittelt werden. Und: Weniger ist mehr! Zu viele Regeln überfordern Kinder mit FASD. Sind die wichtigsten Regeln kurz, eindeutig und positiv formuliert, können die Kinder sie besser verstehen, lernen und behalten.

Es kann vorkommen, dass Kinder mit FASD eine bestimmte Verhaltensregel zwar kennen, aber nicht vollständig begriffen haben, wie sie umzusetzen ist. Es fällt ihnen schwer zu verstehen, dass sich Regeln auf unterschiedliche Situationen und Bereiche im Schulalltag beziehen. So kann es vorkommen, dass das Kind die Regel »Wir zeigen auf!« in seinem Klassenraum einhält, jedoch in den Fachräumen nicht. Daher sollte die Begleitperson dem Kind erklären, dass bestimmte Regeln z. B. auch bei Gruppenarbeiten, im Unterricht, in den Pausen usw. gelten. Vielleicht kann die Begleitperson die allgemein gültigen Regeln auch an verschiedenen Orten der Schule (Fachräume, Flure, Aula, Schulhof etc.) gemeinsam mit dem Kind einüben.

An dieser Stelle sei nochmals daran erinnert, dass ein Kind mit FASD unvermittelt wieder das vergessen kann, was es in der Vergangenheit bereits gut umsetzen konnte. So wird es Tage geben, an denen das Kind Regeln selbstständig umsetzen kann, während es an anderen Tagen dafür mehrfach die Unterstützung seiner Begleitperson benötigt. Auch können neu erlernte Regeln bereits beherrschte Regeln gleichsam aus dem Gedächtnis verdrängen. Vor diesem Hintergrund sollte die Begleitperson die wichtigsten Regeln kontinuierlich gemeinsam mit dem Kind wiederholen.

PRAXISBEISPIEL

»Die Lehrerin fragt immer wieder nach den Regeln. Sind die Kinder zum Beispiel im Flur sehr unruhig, fragt sie: Wie ist die Regel im Flur? Wie ist die Regel beim Aufstellen? und so weiter. Dann weiß Thomas auch Bescheid. Wenn er etwas falsch macht, dann weise ich ihn einfach darauf hin, dass er diese Regeln einhält. Bei ihm ist es so. Wiederholung führt einfach zu mehr.«

(Schulbegleiterin eines 10-jährigen Jungen mit FASD)

Wichtig: Es geht nicht in erster Linie darum, dass ein Kind mit FASD quasi »aus Prinzip« lernen sollte, alle Regeln tadellos umzusetzen. Entscheidend ist vielmehr, dass es ihm selbst wie auch den Mitschülerinnen und Mitschülern den Schulalltag sehr erleichtern wird, wenn es ihm gelingt, die wichtigsten Regeln zu verinnerlichen und sich daran zu halten. Die Begleitperson und die Lehrkräfte fungieren hierbei als Impulsgeber und übernehmen eine wichtige Vorbildfunktion.

PRAXISBEISPIEL

»Ich gelte immer erstmal als Vorbild. Alles, was ich Sebastian an Regeln einzuhalten abverlange, habe ich genauso vorzuleben. Ansonsten kann ich das überhaupt nicht von ihm erwarten.«

(Schulbegleiterin eines 10-jährigen Jungen mit FASD)

Schulbegleiterinnen und Schulbegleiter sollten dem Kind immer wieder kleine Denkanstöße geben, die ihm wünschenswertes und regelgerechtes Verhalten verdeutlichen. Außerdem brauchen Kinder häufige und zeitnahe Rückmeldungen, um sich sicherer zu fühlen. Nochmals sei darauf hingewiesen, dass auch kleine Erfolge und das Bemühen bezüglich der Einhaltung von Regeln wahrgenommen und gelobt werden sollten. Dem Kind sollte daher unmittelbare Anerkennung entgegengebracht werden, wenn es ihm gelingt oder es versucht, eine Regel einzuhalten. Dieses Prinzip der unmittelbaren Verstärkung ist nicht zuletzt aufgrund der eingeschränkten Gedächtnisfunktionen von Kindern mit FASD bedeutsam. Verhaltensänderungen durch in Aussicht gestellte Belohnungen können von diesen Kindern nicht erwartet werden, da sie die hierfür erforderlichen Gedächtnisleistungen nicht abrufen können. Aus diesem Grund eignen sich die in der Pädagogik häufig eingesetzten Verstärkerpläne, auch Token-Systeme genannt, für Kinder mit FASD nicht. Denn mit dieser Methode aus der Verhaltenstherapie wird dem Kind eine Belohnung in Aussicht gestellt, auf die es längerfristig hinarbeiten muss. Bei erwünschten Verhaltensweisen (z. B. Einhalten einer Regel) erhält das Kind Belohnungsmarken (Smileys, Stempel etc.), die es sammeln und bei Erreichen einer bestimmten Anzahl in eine Belohnung eintauschen kann. Bei Kindern mit FASD werden solche Token-Systeme nicht gut funktionieren, weil es ihnen meist nicht gelingt, ihre aktuelle Handlung (z. B. Einhalten einer Regel) mit einer in der Zukunft erreichbaren Belohnung zu verknüpfen. Ebenso fällt ihnen schwer, einen Kausalzusammenhang zwischen dem eigenen Handeln und einer Belohnung herzustellen, wenn sie diese für etwas erhalten, an das sie sich gar nicht erinnern können.

Aus den gleichen Gründen ist es nicht hilfreich, bei Regelübertretungen mit dem Kind zu diskutieren, an seine Einsicht zu appellieren, zu schimpfen oder eine Verwarnung auszusprechen. Derartige Vorgehensweisen werden sein zukünftiges Verhalten nicht beeinflussen. Dennoch können Regelverstöße im Schulalltag selbstverständlich nicht einfach so hingenommen werden – auch nicht von Kindern mit Einschränkungen. Hier gilt das gleiche Prinzip wie bei Belohnungen: Bei einer Regelübertretung durch ein Kind mit FASD sollte die Konsequenz (z. B. Tadel, Aufforderung zu einer Wiedergutmachung) unmittelbar in der Situation bzw. kurz danach erfolgen und in direkter Verbindung zum Fehlverhalten stehen. Wird zu lange gewartet, versteht das Kind den Zusammenhang meist nicht. Zugleich sollte bedacht werden, dass es Kindern mit FASD oft nicht gelingt, aus negativen Konsequenzen nachhaltig zu lernen. Auch eine unmittelbare Strafe, eigene Reue und der Vorsatz »Ich tu das auch nie wieder!« sind unter Umständen schnell vergessen.

PRAXISBEISPIEL

»Einmal hatte Lukas absichtlich die Toilette verstopft, da gab es einen Konflikt mit dem Hausmeister. Da sollte ich dann auch mitkommen. Lukas hat dann auch ein wirklich schönes Bild für den Hausmeister gemalt und sich damit entschuldigt. Es tat ihm auch wirklich sehr leid. Vielleicht kommt das irgendwann trotzdem nochmal vor. Es ist nämlich so, dass Lukas die gleichen Sachen oft nochmal macht, auch wenn er dafür Kritik bekommen hat. Aber in dem Moment hat ihn das wirklich mitgenommen, und er hat auch eingesehen, dass das keine gute Idee war.«

(Schulbegleiterin eines 8-jährigen Jungen mit FASD)

Im Übrigen sind nicht in erster Linie die Schulbegleiterinnen und Schulbegleiter dafür zuständig, bei Regelübertretungen negative Konsequenzen zu verhängen, sondern die Lehrkräfte. Wichtig ist indes, dass das Kind keinesfalls vor seinen Mitschülerinnen und Mitschülern bloßgestellt wird. Im Bedarfsfall sollte die Begleitperson das Gespräch mit der jeweiligen Lehrkraft suchen. Alle Beteiligten sollten sich immer wieder bewusst machen, dass Kinder mit FASD in den seltensten Fällen absichtlich gegen Regeln verstoßen. FASD ist ein sehr komplexes Störungsbild mit vielfältigen Beeinträchtigungen, die sich eben auch im Hinblick auf die Einhaltung von Regeln bemerkbar machen. Gerade deshalb benötigt das Kind ein besonders verständnisvolles Umfeld und eine Begleitperson, die ihm in schwierigen Situationen unterstützend zur Seite steht.

Das Wichtigste in Kürze

- Kindern mit FASD fällt es schwer, Regeln zu verstehen, zu lernen und zu behalten.
- Es fehlt ihnen meist die Fähigkeit, eine Regel auf andere, vergleichbare Situationen zu übertragen.
- Sie verstoßen meist nicht absichtlich gegen Regeln.
- Regeln sollten kurz, eindeutig und positiv formuliert sein. Es ist hilfreich, sie kontinuierlich mit dem Kind zu wiederholen.
- Werden dem Kind Regeln über verschiedene Lernwege vermittelt (z. B. durch Visualisierung, Reime, Kurzgeschichten, Rollenspiele), kann es diese besser verinnerlichen.
- Bereits der Versuch, Regeln einzuhalten, verdient Lob.
- Lernpsychologische Belohnungsstrategien wie Verstärkerpläne (Token-Systeme) eignen sich bei Kindern mit FASD nicht.
- Bei Regelverletzungen sollte das Kind nicht beschimpft, kritisiert, bestraft oder gar vor seinen Klassenkameraden bloßgestellt werden.
- Auf Regelverstöße sollte eine kurze und unmittelbare Konsequenz folgen. Diese wirkt jedoch nur für den Moment und wird das Kind nicht vor zukünftigen Regelverstößen schützen.

3.2.11 Umgang mit schwierigem Sozialverhalten und Konflikten

Wie in diesem Buch bereits erwähnt wurde, geraten Kinder mit FASD sehr schnell in Konflikte mit Gleichaltrigen, Lehrkräften und Bezugspersonen. In diesem Kapitel soll genauer erläutert werden, warum dies so ist. Davon ausgehend werden einige Handlungsempfehlungen skizziert.

Manchmal verhalten sich Kinder mit FASD ohne erkennbaren Anlass oder aus scheinbar geringfügigen Gründen sehr impulsiv, aufbrausend und gereizt. Bereits kleinere Streitereien mit Mitschülerinnen und Mitschülern, aber auch Aufforderungen und Ermahnungen erwachsener Personen (z. B. im Hinblick auf die Einhaltung von Regeln) können dazu führen, dass die Kinder aggressiv reagieren, andere beschimpfen, um sich schlagen oder Dinge beschädigen. Treten derartige Gefühlsausbrüche regelmäßig auf, kann dies den Unterricht empfindlich stören und die Beziehungen zu den Mitschülerinnen und Mitschülern nachhaltig beeinträchtigen. Auch für Schulbegleiterinnen und Schulbegleiter kann es sehr belastend sein, wenn sich die Kinder ihnen gegenüber unangemessen aggressiv verhalten.

Umso wichtiger ist es, sich die Ursache für die Gefühlsausbrüche des Kindes bewusst zu machen. Die bei Kindern mit FASD beeinträchtigten exekutiven Funktionen erschweren unter anderem die Impulskontrolle, die Fähigkeit zur Selbstregulation und die Reflexion eigener Gefühlszustände. Obwohl diese Beeinträchtigungen individuell unterschiedlich ausgeprägt sein können, ist die Frustrationstoleranz der betroffenen Kinder im Allgemeinen sehr niedrig. Die Kinder wissen buchstäblich nicht, wohin mit ihrer Wut. Es fällt ihnen schwer, mit diesem Gefühl umzugehen und sie können ihre aggressiven Impulse einfach nicht unterdrücken. Auch im Nachhinein sind die Kinder meist nur begrenzt in der Lage, über ihr Verhalten nachzudenken und daraus für künftige Konfliktsituationen zu lernen.

MERKE

Kindern mit FASD fällt es aufgrund der beeinträchtigten Exekutivfunktionen schwer, ihre Impulse zu kontrollieren und ihr Verhalten zu steuern.

Ganz generell finden Kinder mit FASD nur schwer Zugang zu ihren eigenen Gefühlen, aber auch zu den Gefühlen anderer Personen. Deswegen sollten sie immer wieder angeleitet werden, ihre Gefühle besser wahrzunehmen, angemessener damit umzugehen und die sozialen Signale anderer besser zu verstehen. Auch Schulbegleiterinnen und Schulbegleiter können »ihr« Kind dabei unterstützen, indem sie es anregen, eigene Gefühle zu spüren und sie zu benennen. Außerdem ist es hilfreich, dem Kind die Anzeichen von Emotionen anderer Menschen zu erklären, wie z. B. Körpersprache, Mimik, Gestik, Stimmlage und Lautstärke.

Da es vielen Kindern mit FASD bereits schwerfällt, grundlegende Gefühle wie Wut, Angst, Trauer, Freude zu unterscheiden, kann es zunächst sinnvoll sein, dass sie die typischen Ausdrucksweisen dieser Gefühle spielerisch kennenlernen. Dabei können z. B. Fotos oder zeichnerische Darstellungen von Personen mit verschiedenen mimischen und gestischen Emotionsausdrücken nützlich sein. Visuelle Darstellungen helfen dem Kind, Gefühle besser zu entschlüsseln und sie voneinander zu unterscheiden. Die Begleitperson kann beispielsweise das Gefühl »Freude« benennen und erklären, das Kind sucht dazu das passende Bild, und beide drücken anschließend dieses Gefühl mimisch und körpersprachlich aus. Das Kind kann auch gebeten werden, ein Bild zu malen, das die Freude eines Menschen ausdrückt. Anhand von Bildkarten können auch Gefühle, die den aktuellen emotionalen Zustand bzw. die Belastungen des Kindes widerspiegeln, vom Kind benannt werden. Dies kann beispielweise hilfreich sein, wenn es dem Kind schwerfällt, über belastende Gefühle oder den Anlass dafür zu sprechen.

PRAXISBEISPIEL

»Wenn Thomas sich ungerecht behandelt fühlt oder sich gestritten hat, kommt er meist weinend an. Manchmal platzt aus ihm heraus, was passiert ist. Also die Ungerechtigkeit, die er erlebt hat. Manchmal setzt er sich aber auch nur wütend an den Tisch und will auch nicht darüber reden. Dann nehme ich Gefühlskarten und sage: Komm, zeig mir doch mal, wie es dir gerade geht! So kriege ich ihn zum Erzählen. Oder er soll mir aufmalen, was passiert ist. Dann malt er das auf, und ich weiß, was passiert ist.«

(Schulbegleiterin eines 10-jährigen Jungen mit FASD)

Wenn die Begleitperson bemerkt, dass das Kind emotional aufgewühlt ist, kann sie zunächst auch behutsam nachfragen, wie sich der Körper des Kindes anfühlt. So sind beispielsweise schnelles Atmen, Zittern oder Schwitzen körperliche Anzeichen für Angst oder Wut. Gelingt es dem Kind, seine körperlichen Reaktionen mit seinem momentanen Gefühl und dem Anlass dafür zu verbinden, kann es meist besser mit der Situation umgehen. Außerdem sollte die Begleitperson dem Kind vermitteln, dass grundsätzlich jedes Gefühl seine Berechtigung hat und in Ordnung ist – auch belastende Gefühle wie Wut, Angst oder Traurigkeit. In diesem Sinne sollten Gefühlsregungen des Kindes (beispielsweise, wenn es ohne erkennbaren Grund weint oder schimpft) nicht ignoriert, verharmlost oder gar abwertend kommentiert werden. Darüber hinaus kann es sinnvoll sein, dass die Begleitperson gemeinsam mit dem Kind Bewältigungsstrategien für den Umgang mit negativen Gefühlen vereinbart und diese bildlich und schriftlich festhält.

Das Kind kann die Gefühle auch selbst aufmalen. Für einen schnellen Zugriff eignet sich ein Karteikästchen, das an einem festen Platz in der Klasse aufbewahrt wird. Die vereinbarten Bewältigungsstrategien sollten zur Persönlichkeit des Kindes mit FASD passen. So können manche Kinder ihre Wutgefühle am besten im

Rahmen einer Auszeit mit Entspannungsmusik regulieren. Für andere Kinder ist es effektiver, in ein Wutkissen zu boxen oder sich auf dem Schulhof körperlich auszutoben. Im Anschluss sollte die Begleitperson nochmals kurz mit dem Kind über sein Gefühl sprechen: »Warum warst du wütend?«; »Geht es dir nun wieder besser?«; »Hat dich die Entspannungsmusik beruhigt?«

MERKE

Ein Kind mit FASD braucht Unterstützung, um sowohl seine eigenen Gefühle als auch die Reaktionen anderer Menschen besser zu verstehen.

Es kann vorkommen, dass Kinder mit FASD in eine emotionale Ausnahmesituation geraten, in der sofortiges Handeln erforderlich ist. Dies ist beispielsweise dann der Fall, wenn die Kinder Mitschülerinnen oder Mitschüler körperlich angreifen oder sich durch ihr Verhalten selbst gefährden. Ob in derartigen Situationen die Begleitperson oder die Lehrkräfte einschreiten, sollte vorab geklärt sein. Absprachen zwischen Lehrkräften, Begleitperson und (Pflege-)Eltern, wie im Bedarfsfall vorgegangen wird und welche Konsequenzen sinnvoll sind, ermöglichen bedachtes und koordiniertes Handeln. Die eingreifende Person selbst sollte bei massiv verweigerndem oder aggressivem Verhalten des Kindes möglichst ruhig und gelassen bleiben. Denn wenn Erwachsene in solchen Situationen erregt reagieren, selbst laut werden oder das Kind grob anfassen, kann die Situation schnell noch weiter eskalieren. Falsch wäre es, wenn die eingreifende Person auf das Kind zugeht und versucht, es festzuhalten oder in die gewünschte Richtung zu schieben. Denn wenn sich ein Kind mit FASD bedrängt oder unter Druck gesetzt fühlt, setzt es sich aus Angst oder Hilflosigkeit meist noch aggressiver zur Wehr, wobei es überraschende Körperkräfte entwickeln kann.

Daher ist es in solchen emotionalen Ausnahmesituationen besser, wenn sich die eingreifende Person deeskalierend verhält, indem sie zunächst körperliche Distanz wahrt bzw. schafft und den Druck auf das Kind nicht noch weiter erhöht. Personen, die in den Konflikt involviert waren, sollten sich zunächst räumlich etwas entfernen und dem Kind damit das Gefühl geben, dass es akut nicht mehr angegriffen wird. Ratsam ist es auch, das Kind möglichst rasch aus der Konfliktsituation herauszunehmen (z. B. durch Aufsuchen eines anderen Raums). Das Kind sollte möglichst nicht vor seinen Mitschülerinnen und Mitschülern bloßgestellt oder durch Strafandrohungen gedemütigt werden. Dies bedeutet andererseits nicht, dass gravierendes Fehlverhalten von Kindern mit FASD grundsätzlich toleriert wird. Nicht zuletzt würden dies die Mitschülerinnen und Mitschüler als ungerecht empfinden, was wiederum den Klassenfrieden gefährden und eine Außenseiterrolle des Kindes mit FASD befördern würde. Indessen sollten Konsequenzen für Fehlverhalten unter Berücksichtigung der emotionalen Ausnahmesituation sorgfältig abgewogen werden. Doch meist entspannt sich eine Situation mit Eskalationspotenzial bereits, wenn die Begleitperson gemeinsam mit dem Kind den Klassenraum verlässt, während die Lehrperson mit dem Unterricht fortfährt.

PRAXISBEISPIEL

»Früher war Sebastians Verhalten in der Schule deutlich heftiger, da hatte er gar keine Chance, sich selbst zu regulieren. Damals ist er ganz oft ausgerastet und ging andere Kinder körperlich an. Da war es natürlich wichtig, sofort einzugreifen und Sebastian aus der Situation rauszunehmen. Also, wenn das im Klassenzimmer passiert, sollte man nicht versuchen, das dort zu regeln, sondern erstmal raus in eine reizarme Umgebung. Wenn es schon zum Ausbruch gekommen ist, in welcher Form auch immer, macht es selten Sinn, das in dieser Situation zu klären. Denn Kinder wie Sebastian sind dann nicht zugänglich, die erreicht man dann nicht.«

(Schulbegleiterin eines 10-jährigen Jungen mit FASD)

Den Ort des Geschehens zu verlassen, hilft in den meisten Fällen. Welche Unterstützung unmittelbar danach sinnvoll ist, hängt von der Persönlichkeit und vom Alter des Kindes ab und lässt sich deshalb nicht verallgemeinern. Einige Kinder beruhigen und entspannen sich am schnellsten im »Ruheraum«, andere brauchen körperliche Aktivität und Bewegung, um ihre Aggressionen abzubauen. Mit jüngeren Kindern kann die Wut »weggezaubert« werden, indem sie ihre Wut aufmalen und das Bild anschließend in kleine Stücke reißen.

Schulbegleiterinnen und Schulbegleiter können eskalierende Verhaltensweisen von Kindern mit FASD besser verstehen und angemessener darauf reagieren, wenn sie die Gründe dafür kennen. Oft ist aggressives Verhalten eine Reaktion auf folgende Probleme:

- plötzliche Veränderungen
- Überforderungsgefühle aufgrund nicht bewältigbarer Anforderungen
- mangelndes Selbstvertrauen
- Reizüberflutung (z. B. Lärm, grelles Licht, zu viele visuelle Ablenkungen usw.)
- Kritik und das Gefühl, unfair behandelt zu werden
- Streitereien und Meinungsverschiedenheiten, mangelnde Problemlösekompetenz
- Fremdbestimmtheit (auch ein Übermaß an Hilfe engt ein)
- falsche Einschätzung sozialer Situationen
- das Gefühl, ausgegrenzt und abgelehnt zu werden

Im günstigsten Fall können Impulsausbrüche und Eskalationen bereits im Vorfeld vermieden werden, wenn Ursachen früh erkannt werden. Begleitpersonen brauchen dafür eine gute Beobachtungsgabe, Einfühlungsvermögen und viel Fingerspitzengefühl.

PRAXISBEISPIEL

»Für mich war es immer wichtig, Sebastian wirklich gut im Blick zu haben, damit ich das Risiko, dass etwas eskaliert, vielleicht sogar vorweg vermeiden kann. Das heißt, sich eigentlich zunächst nicht einzumischen, aber so gut zu beobachten, dass man erkennt, wenn sich etwas anbahnt, und interveniert, bevor es überhaupt zu einer Eskalation kommt. Dazu brauchen wir Schulbegleiter eine gute Beobachtungsgabe. Auch Erfahrungswerte und so ein Fingerspitzengefühl, wo macht es Sinn, dazwischen zu gehen, und wo warte ich erstmal ab.«

(Schulbegleiterin eines 10-jährigen Jungen mit FASD)

Konflikte im Schultag entstehen häufig auch dadurch, dass Kinder und Jugendliche mit FASD gegen soziale Normen verstoßen: Die betroffenen Kinder lügen, stehlen oder zeigen grenzüberschreitendes sexualisiertes Verhalten, was bei Mitschülerinnen und Mitschülern, aber auch bei Erwachsenen Unverständnis und Ablehnung hervorruft. Dabei ist Kindern mit FASD meist nicht klar, dass sie anderen Personen durch ihr Verhalten schaden oder sie damit kränken und verletzen. Wenn sie beispielsweise die Unwahrheit sagen, tun sie dies in der Regel nicht bewusst und ohne böse Hintergedanken. Vielen Kindern mit FASD fällt es schwer, Fantasie von Wirklichkeit zu unterscheiden. In ihren Äußerungen verknüpfen sie oft tatsächlich Erlebtes mit spontan Erfundenem. Die Geschichten, die Kinder mit FASD sehr überzeugend erzählen, glauben sie meist auch selbst. Meist spielt hierbei auch ihr beeinträchtigtes Kurzzeitgedächtnis eine wesentliche Rolle, denn ihre Gedächtnislücken füllen sie mit Fantasie. Hinzu kommt, dass sie die Aufmerksamkeit, die sie während des Erzählens von ihren Zuhörerinnen und Zuhörern erhalten, meist als positiv empfinden. Doch insbesondere dann, wenn ein Kind mit FASD unwahre Dinge über Mitschülerinnen und Mitschüler behauptet, kann es zu Konflikten kommen. Das Kind kann die Empörung über seine »Lügen« und »Verleumdungen« meist nicht verstehen, da ihm das soziale Gespür dafür fehlt, welche Reaktionen seine Äußerungen auslösen können und welche Folgen sie für andere haben. Weder durch Bestrafungen noch durch lange Erklärungen und Diskussionen kann das »Fabulieren« des Kindes nachhaltig verändert werden. Gleichwohl ist es wichtig und sinnvoll, dass die Begleitperson das Kind immer wieder zum Nachdenken über seine Äußerungen anregt. Wenn das Kind offensichtlich die Unwahrheit sagt, sollte die Begleitperson gelassen reagieren und einfach nur kurz nachfragen: »Wahr oder gelogen?« Im Anschluss kann der tatsächliche Sachverhalt klargestellt werden. Die Begleitperson sollte das Kind ggf. auch dazu anregen und dabei unterstützen, sich für unwahre Behauptungen zu entschuldigen, ohne es jedoch vor den Mitschülerinnen und Mitschülern bloßzustellen.

MERKE

Kinder mit FASD kompensieren Gedächtnislücken oft durch ausgedachte Geschichten. Durch ein kurzes Nachfragen der Begleitperson »Wahr oder gelogen?« wird das Kind darin unterstützt, seine Darstellung zu korrigieren.

Eine weitere Konfliktquelle sind erfahrungsgemäß »Eigentumsdelikte«, denn viele Kinder mit FASD verstehen den Unterschied zwischen Mein und Dein nicht. Aufgrund ihrer neurologischen Beeinträchtigung können sie den Impuls, interessante Dinge einfach an sich zu nehmen, oftmals nicht kontrollieren. Kinder mit FASD stehlen nicht bewusst und geplant, etwa um sich zu bereichern oder anderen Personen zu schaden, sondern aus einem spontanen Impuls heraus. Sie denken nicht daran, dass die Gegenstände jemandem gehören oder dass sie später vermisst werden. Das Kind erkennt Eigentum nicht, wenn die Besitzerin oder der Besitzer den Gegenstand ablegt und nicht bei sich trägt.

MERKE

Kinder und Jugendliche mit FASD verstehen das abstrakte Konzept von Besitz nicht und nehmen daher unbedacht Gegenstände an sich.

Wenn ein Kind mit FASD Gegenstände aus dem Klassenraum entwendet oder ausgeliehene Dinge seinen Mitschülerinnen und Mitschülern nicht zurückgibt, können heftige Konflikte entstehen. Deswegen sollte die Begleitperson des Kindes möglichst frühzeitig reagieren. Allerdings werden Vorwürfe und auch Nachfragen, warum es die Dinge einfach an sich genommen bzw. nicht zurückgegeben hat, sein zukünftiges Verhalten nicht ändern. Die Begleitperson sollte dem Kind stattdessen sachlich erklären, dass der jeweilige Gegenstand nicht ihm gehört. Diese Erklärung sollte, ohne das Kind zu beschämen oder zu beschuldigen, möglichst direkt nach einem Vorfall erfolgen. Dann erst kann die Begleitperson das Kind dazu auffordern, den entwendeten Gegenstand gemeinsam mit ihr zurückzugeben. Darüber hinaus brauchen Kinder mit FASD auch kontinuierliche Unterstützung beim Umgang mit eigenem Besitz. Denn nicht selten verschenken die Kinder auch »großzügig« und ohne darüber nachzudenken eigene Dinge wie Bücher, Federmäppchen etc., die sie eigentlich selbst brauchen. Deshalb sollte die Begleitperson mit dem Kind regelmäßig Verhaltensregeln im Umgang mit Eigentum besprechen, einüben und wiederholen. Das Kind soll lernen, dass es fragen muss, bevor es sich etwas nimmt, oder dass es geliehene Gegenstände wieder zurückgibt. Es soll andererseits verstehen, dass es Dinge, die es selbst braucht, nicht einfach verschenken kann. Die Begleitperson sollte das Kind immer wieder auf die eingeübten Verhaltensregeln hinweisen und konsequent darauf achten, dass das Kind sie auch einhält. Hilfreich kann es außerdem sein, alle Besitztümer des Kindes zu markieren (z. B. mit einem Sticker) und ihm zu erklären, dass nur die markierten Dinge ihm gehören.

Eine weitere Ursache für Konflikte im Schulalltag ist das bei Kindern mit FASD eingeschränkte Gespür für soziale Situationen, insbesondere im Hinblick auf Nähe und Distanz. Auf eine unbefangene und naive Art verhalten sich die betroffenen Kinder anhänglich und teilweise auch grenzverletzend. Vielfach können sie nicht einschätzen, wie viel Nähe ihre Mitschülerinnen und Mitschüler tolerieren und bemerken deren Warnsignale nicht. Beispielsweise legen sie einfach den Arm um ein anderes Kind und versuchen es zu küssen, ohne zu verstehen, dass sie damit dessen Intimsphäre verletzen. Insbesondere ältere Kinder und Jugendliche mit FASD zeigen auch sexualisierte Verhaltensweisen, die anderen Personen unangenehm oder peinlich sein können. So benutzen manche der Kinder aufgeschnappte sexualisierte Ausdrücke oder Schimpfworte in der Klasse, ohne deren Bedeutung zu kennen. Andere machen sexuelle Anspielungen oder Bemerkungen über Mitschülerinnen und Mitschüler, ohne, dass ihnen bewusst ist, was sie sagen und damit bewirken. Aufgrund ihrer Vorliebe für intensive Reize kann es auch vorkommen, dass sich Kinder mit FASD im Klassenraum an ihre Genitalien fassen, diese entblößen oder sie sogar stimulieren – ohne zu merken, dass dies Mitschülerinnen und Mitschüler beschämt oder erschreckt. Die Kinder verstehen auch nicht, wenn sie aufgrund ihres Verhaltens zurechtgewiesen, beschimpft oder verspottet werden.

PRAXISBEISPIEL

»Laura hatte so eine Phase, in der sie sehr sexualisiert war. Das äußerte sich in irgendwelchen Sprüchen, die in Richtung Sexualität gingen. Sie bemalte auch einige ihrer Körperteile, die Beine, die Hände und sogar die Stirn mit männlichen Genitalien. Oder sie spreizte ihre Beine, stöhnte und gab irgendwelche Sprüche von sich. Damit belästigte sie die anderen in der Klasse.«

(Schulbegleiterin eines 12-jährigen Mädchens mit FASD)

Der Umgang mit grenzverletzenden oder sexualisierten Verhaltensweisen ist zweifellos eine pädagogische Herausforderung, die viel Fingerspitzengefühl erfordert. Dabei ist es notwendig, Kindern und Jugendlichen mit FASD immer wieder soziale Regeln im Umgang mit Nähe und Distanz zu erklären, insbesondere im Hinblick auf körperliche Nähe und Sexualität. Denn dies dient sowohl ihrem eigenen Schutz als auch dem Schutz anderer Personen. Eine Stigmatisierung des Kindes aufgrund sozial übergriffiger Verhaltensweisen sollte nach Möglichkeit verhindert werden.

Zeigt ein Kind mit FASD grenzverletzendes sexualisiertes Verhalten gegenüber der Begleitperson, sollte diese nicht empört oder gekränkt, sondern mit Ruhe und Bestimmtheit reagieren. Das Kind sollte deutlich auf die Unangemessenheit seines Verhaltens hingewiesen werden, verbunden mit der Aufforderung, es sofort zu stoppen. Unter Umständen kann es notwendig und sinnvoll sein, gemeinsam mit dem Kind den Ort des Geschehens zu verlassen.

PRAXISBEISPIEL

»Sebastian haut mir auch mal gezielt auf die Brust oder in den Genitalbereich. Dann setze ich eine totale Grenze. Ich sage sofort: Stopp! Mache das nicht! Das ist hier No-Go! Ich fange nicht an mit: Jetzt bin ich aber enttäuscht von dir, weil du das immer noch nicht kannst. Da bleibe ich ruhig, bin aber einfach auch sehr klar in meiner Ansage.«

(Schulbegleiterin eines 10-jährigen Jungen mit FASD)

Auch für den Umgang mit sozial unangemessenen Verhaltensweisen gilt, dass Kinder und Jugendliche mit FASD möglichst klare und eindeutige Handlungsanweisungen benötigen. Nötigenfalls sollten Schulbegleiterinnen und Schulbegleiter dem betreuten Kind unmissverständlich Grenzen setzen. Wenn Kinder und Jugendliche mit FASD häufig grenzverletzende und/oder sexualisierte Verhaltensweisen zeigen, sollten die Schulbegleitung, Lehrkräfte und (Pflege-)Eltern gemeinsam besprechen und vereinbaren, wie damit umzugehen ist.

Das Wichtigste in Kürze

- Kindern mit FASD fällt es schwer, ihre Gefühle einzuordnen und ihre Impulse zu kontrollieren. Dies kann schnell zu Konflikten führen.
- Sie benötigen Hilfestellung, um ihre eigenen Gefühle sowie die Rektionen anderer Menschen besser verstehen zu können.
- Emotionale Ausnahmesituationen erfordern sofortiges, ruhiges und konsequentes Handeln.
- Kinder mit FASD können soziale Normen nur schwer einhalten. Lügen, Stehlen und sexualisierte Verhaltensweisen sind durch das Krankheitsbild »FASD« bedingt und erfordern viel Verständnis und Fingerspitzengefühl.

3.2.12 Integration in die Klassengemeinschaft unterstützen

Alle Kinder und Jugendlichen, die zusammen in einer Klassengemeinschaft lernen, möchten sich dort wohlfühlen – ob sie nun Beeinträchtigungen haben oder nicht. Auch Schülerinnen und Schüler mit FASD möchten in der Klasse anerkannt werden, dazugehören und Freundschaft erfahren. Es fällt ihnen jedoch oft schwer, Kontakte und Freundschaften zu schließen, weil sie sich nicht gut in die Perspektive ihrer Mitschülerinnen und Mitschüler hineinversetzen können. Oftmals nehmen sie deren Gedanken und Gefühle nicht wahr oder können ihre Verhaltensweisen nicht deuten. Gleichzeitig fällt es ihnen schwer, ihre eigenen Gefühle und Bedürfnisse zu erkennen und angemessen darauf zu reagieren. Dies alles führt dazu, dass sie in sozialen Situationen sehr schnell überfordert und verunsichert sind. Der erlebte Stress zeigt sich oftmals in Wutausbrüchen bzw. in unangemessenem Verhalten (Beleidigungen, Beschimpfungen usw.) gegenüber den Mitschülerinnen und Mitschülern. Auch Begleitpersonen und Lehrkräfte bleiben davon nicht verschont. Dieses Verhalten wirkt im Klassenverband irritierend oder störend und kann manchmal dazu führen, dass das betroffene Kind durch die Klasse ausgegrenzt wird. Unter Umständen können die Verhaltensauffälligkeiten auch zum Entstehen eines negativen Klassenklimas beitragen.

MERKE

Soziale Situationen überfordern Kinder mit FASD. Es fällt ihnen schwer, sich in eine Klassengemeinschaft zu integrieren. Dennoch möchten sie dazugehören.

Meist fehlt Kindern und Jugendlichen mit FASD auch das natürliche Nähe-Distanz-Verständnis im Umgang mit anderen. Sie gehen zwar freundlich und unbefangen auf andere Kinder zu, verunsichern diese jedoch, indem sie sich ungewöhnlich anhänglich verhalten. Deshalb wird ihre Kontaktaufnahme von den Mitschülerinnen und Mitschülern oft als sonderbar und aufdringlich empfunden. Hinzu kommt, dass sie soziale Beziehungen häufig falsch einschätzen. So kommt es vor, dass Kinder mit FASD Mitschülerinnen und Mitschüler oder auch erwachsene Personen als »beste Freunde« bezeichnen, obwohl sie diese erst kurz oder nur flüchtig kennen.

Auch beim Spielen sind die meisten Kinder mit FASD sehr aufgeschlossen und nehmen von sich aus Kontakt zu anderen Kindern auf. Allerdings gelingt es ihnen aufgrund ihres begrenzten Einfühlungsvermögens oft nicht, diese Kontakte zu vertiefen und auszubauen. Zudem fällt es ihnen schwer, Spielregeln zu verstehen, Spiele selbst zu erfinden und während des Spielens ihre Bedürfnisse auszudrücken. Außerdem lassen sie sich leicht ablenken, verhalten sich sprunghaft und wechseln schnell das Spiel. Diese Schwierigkeiten haben viele Kinder mit FASD gemeinsam, doch ihr Spielverhalten ist individuell unterschiedlich. Einige Kinder stehen gerne im Mittelpunkt, können nicht abwarten oder möchten das Spiel immer aktiv steuern, ohne auf andere Kinder Rücksicht zu nehmen. Andere dagegen verhalten sich schüchtern und zeigen nur wenig Selbstvertrauen. Derartige Auffälligkeiten des Spielverhaltens können schnell zu Konflikten mit den Mitschülerinnen und Mitschülern führen und die Integration des Kindes gefährden.

MERKE

Die Verhaltensprobleme von Kindern mit FASD irritieren Mitschülerinnen und Mitschüler und gefährden die Integration in die Klassengemeinschaft.

Um sich in die Klassengemeinschaft integrieren zu können, benötigen Kinder mit FASD auch in Spielsituationen die Unterstützung ihrer Begleitperson. Schulbegleiterinnen und Schulbegleiter sollten sich deswegen auch in Pausen und Freistunden nicht »zurücklehnen«, sondern flexibel Anregungen und Hilfestellungen geben. Häufig wird es zunächst »nur« darum gehen, eine vom Kind initiierte Spielsituation aufmerksam zu beobachten, um eventuelle Belastungen wahrzunehmen und nötigenfalls zu reagieren. Ist die Spielgruppe klein und für das Kind überschaubar, gestaltet sich die Integration in der Regel recht gut. Meistens ist es aber auch bei größeren Spielgruppen und komplexen Spielsituationen das Beste, wenn sich die Begleitperson angemessen zurückhält und das Geschehen aus der »Ferne« beobachtet – etwa wie das betreute Kind mit anderen Kindern in Interaktion tritt, ob es als Spielgefährte akzeptiert wird, ob bzw. warum es zu Streitigkeiten kommt, ob es diese Situation allein bewältigen kann etc. Die Begleitperson sollte nur dann eingreifen, wenn es wirklich notwendig ist (z. B. bei ernsthaften Konflikten) oder wenn es das Kind ausdrücklich wünscht. Sie sollte beispielsweise nicht »mitspielen« oder dem Kind etwas zeigen wollen, weil damit das Spielgeschehen unterbrochen und das Kind womöglich vor seinen Spielpartnerinnen und -partnern bloßgestellt wird.

PRAXISBEISPIEL

»Vor ein paar Tagen habe ich Thomas in der Pause beobachtet. Er ist zu einer Gruppe gegangen. Lachte, grinste, sagte irgendetwas, ich konnte nicht hören was, denn ich stand halt weit weg. Er schien zu fragen, ob er mitspielen kann, und dann konnte er mitspielen – mit einer sehr gemischten Gruppe aus der Klasse. Thomas hat fast jede Pause jemanden zum Spielen. Teilweise wird er auch gefragt, ob er mitspielt, und teilweise bringt er sich eben auch selber ein.«

(Schulbegleiterin eines 10-jährigen Jungen mit FASD)

Viele Kinder mit FASD spielen lieber mit jüngeren Mitschülerinnen und Mitschülern, weil es ihnen leichter fällt und sie von ihnen eher akzeptiert werden als von Gleichaltrigen. Außerdem wirkt es sich positiv auf ihr Selbstwertgefühl aus, wenn jüngere Kinder ähnliche Interessen haben und sie so annehmen, wie sie sind. Daher sollten Spielkontakte mit jüngeren Kindern nicht negativ bewertet oder kommentiert, sondern in gleicher Weise unterstützt werden wie Spielkontakte mit Gleichaltrigen. Schulbegleiterinnen und Schulbegleiter sollten sich bewusst machen, dass es primär um die Freude und das Wohlbefinden des Kindes beim gemeinsamen Spiel geht.

PRAXISBEISPIEL

»Mit den Nachbarskindern eckt Niklas sehr schnell an. Sie kommen mit seiner Behinderung nicht gut klar. Das ist auch schon fast klassisch. Niklas hängt sich an sie dran, und das kommt nicht gut an. Sie sind jetzt auch alle 13, 14 und natürlich entwicklungsmäßig weiter. Sie fahren alleine Bus und Bahn, das kann Niklas gar nicht. Sie finden sich in neuen Situationen schnell zurecht, das geht bei ihm überhaupt nicht. Und sie haben natürlich auch schon andere Interessen als Niklas.«

(Pflegemutter eines 13-jährigen Schülers mit FASD)

Aufgrund ihrer nicht altersgerecht entwickelten sozialen Kompetenz fällt es Kindern mit FASD schwer, die Absichten und Motive anderer Personen zu verstehen. Deswegen sind sie oft nicht in der Lage, echte von vorgetäuschter Sympathie zu unterscheiden. Nicht selten kommt es vor, dass sie von ihren Mitschülerinnen und Mitschülern dazu angestiftet werden, etwas sozial Unangemessenes zu tun. Die Kinder bemerken das »falsche Spiel« nicht und müssen sich dann am Ende allein für ihr Fehlverhalten verantworten. Da sie sich selbst nicht schützen können und die unangenehmen Konsequenzen ihrer Arglosigkeit auch schnell wieder vergessen, werden sie relativ häufig Opfer von derartigen Boshaftigkeiten. Auch deshalb brauchen Kinder mit FASD eine aufmerksame Begleitperson, die frühzeitig erkennt, ob sie von Mitschülerinnen und Mitschülern ausgenutzt bzw. schikaniert werden. Die Begleitperson sollte in solchen Fällen sofort eingreifen. Außerdem sollte sie dem Kind immer wieder erklären, woran man Freunde erkennt, was Freundschaft bedeutet bzw. wann es sich um Freundschaft handelt und wann nicht.

MERKE

Kindern mit FASD fällt es schwer, gespielte Freundlichkeit und unechte Sympathie als solche zu erkennen. Ihre Arglosigkeit kann schnell ausgenutzt werden. Hiervor sollten sie im Rahmen der Schulbegleitung geschützt werden.

Aufgrund von schlechten Erfahrungen und Enttäuschungen kann sich bei Kindern mit FASD schnell eine negative Erwartungshaltung im Hinblick auf soziale Situationen verfestigen. Die betroffenen Kinder fühlen sich schnell angegriffen und beziehen vieles, was sie nicht einordnen können, in negativer Weise auf sich. Lachen Mitschülerinnen und Mitschüler beispielsweise über einen Witz, denken Kinder mit FASD schnell, sie würden ausgelacht. Die Begleitperson sollte solche Situationen erkennen und dem Kind vor allem Sicherheit bieten und ihm die Situation erklären.

PRAXISBEISPIEL

»Wenn andere Kinder zusammenstehen, sich unterhalten, lachen und plötzlich in Benedikts Richtung gucken – was man ja oftmals spontan macht – dann ist das für Benedikt immer so ein Zeichen für: Die reden über mich, die reden schlecht über mich. Dann sage ich: Nein, Benedikt, auf gar keinen Fall! Ich kann auch gerne nachfragen, wenn dich das wieder sicherer macht. Wenn er merkt, dass er mit der Situation nicht alleine ist, ist das sehr entlastend für ihn.«

(Schulbegleiterin eines 12-jährigen Jungen mit FASD)

Auch wegen ihrer Impulsivität werden Kinder mit FASD sehr oft von ihren Mitschülerinnen und Mitschülern zurückgewiesen und abgelehnt. Schnell werden Kinder mit FASD dann in der Klasse isoliert und finden sich in einer Außenseiterrolle wieder. Die enttäuschenden und demütigenden Erfahrungen einer Ausgrenzung sollten dem Kind erspart bleiben! Damit sich eine Außenseiterrolle nicht verfestigt, ist frühzeitiges Handeln erforderlich. Hierbei sollte allen Beteiligten bewusst sein, dass die Integration von Kindern mit FASD in die Klassengemeinschaft nicht allein in die Zuständigkeit der Schulbegleiterinnen bzw. Schulbegleiter fällt. Vielmehr kann dies nur im aktiven Zusammenwirken aller Beteiligten gelingen – Lehrkräfte, Schulsozialarbeiterinnen und Schulsozialarbeiter, (Pflege-)Eltern und weitere Akteurinnen und Akteure in der Schule sollten dabei »an einem Strang ziehen«.

MERKE

Die Integration eines Kindes mit FASD in die Klassengemeinschaft kann nur gelingen, wenn alle professionellen Fachkräfte und die (Pflege-)Eltern dieses Ziel gemeinsam verfolgen.

Generell hängen die Chancen und Entwicklungsrisiken behinderter Kinder eng mit der sozialen Kultur zusammen, die das Miteinander in einer Schulklasse und an einer Schule prägt. Idealerweise sollte in der gesamten Schule eine Kultur der Toleranz und des Respekts gelebt werden, die Ausgrenzung vorbeugt und verhindert. Um eine solche Kultur zu entwickeln und nachhaltig zu gestalten, gibt es vielfältige Möglichkeiten, die – auch wenn sie nicht in den Verantwortungsbereich von Schulbegleitung fallen – an dieser Stelle zumindest kurz erwähnt werden sollen:

- Beispielsweise kann ein soziales Trainingsprogramm einen fairen und respektvollen Umgang fördern, von dem alle Beteiligten profitieren. Hier können alle Schülerinnen und Schüler soziale Schlüsselkompetenzen (z. B. Empathie, Erkennen von Grenzen, Verstehen von Regeln, Konfliktfähigkeit) erlernen und einüben. Ein Sozialtraining kann im Rahmen der Schulsozialarbeit stattfinden und sollte nach Möglichkeit fest im Stundenplan verankert werden. Auch regelmäßige Schulprojektwochen oder Unterrichtsprojekte, die das Miteinander und die Solidarität der Schülerinnen und Schüler fördern und ihr Gespür für Ausgrenzung und Mobbing sensibilisieren, tragen zu einem verständnisvolleren Klima im Lebensbereich Schule bei. Schulbegleiterinnen bzw. Schulbegleiter können Kindern mit FASD auch bei solchen Projekten und beim Sozialtraining unterstützend zu Seite stehen. Die Etablierung einer toleranten und inklusiven Schulkultur ist jedoch in erster Linie eine Leitungsaufgabe.
- Auch bestimmte Lernarrangements und Unterrichtsmethoden können die soziale Integration eines Kindes mit FASD begünstigen. In Klassen, in denen regelmäßig Möglichkeiten zur Zusammenarbeit und zum gegenseitigen Helfen ange-

boten werden, entwickelt sich oftmals ein besonders starkes Gefühl von Zusammengehörigkeit. Insbesondere Gruppenarbeiten eignen sich gut, um das Gemeinschaftsgefühl von Schülerinnen und Schülern zu stärken und Kinder mit FASD in die Klassengemeinschaft zu integrieren. Die Gruppen sollten idealerweise klein und überschaubar sein (z. B. Kleingruppen mit nur drei Kindern). Lehrpersonen können dem Kind mit individuell angepassten Anforderungen sowie klar formulierten und strukturierten Aufgaben helfen, sich in die Gruppe einzubringen. Die Begleitperson kann dem Kind während der Gruppenarbeit ebenfalls unterstützend zur Seite stehen. Darüber hinaus können regelmäßig angeleitete Rollenspiele in der Klasse die Beziehungsgestaltung zu Mitschülerinnen und Mitschülern positiv beeinflussen und die Integration in die Klassengemeinschaft fördern. Hiermit wird für alle Kinder ein Übungsfeld für soziale Kontaktfähigkeit und einen respektvollen Umgang geschaffen. In Rollenspielen kann die Begleitperson dem Kind Wege zur Kontaktaufnahme vermitteln und die Mitschülerinnen und Mitschüler dazu ermutigen, ihrerseits auch außerhalb des Rollenspiels auf das Kind zuzugehen.

- Eine Barriere für die Kontaktaufnahme ist das in vieler Hinsicht auffällige Verhalten von Kindern mit FASD, das von anderen Kindern oft als befremdlich oder unangenehm wahrgenommen wird. Auch die Anwesenheit der Begleitperson erscheint vielen Mitschülerinnen und Mitschülern zunächst seltsam. Deshalb ist es wichtig, dass ihnen die Besonderheiten des Kindes und die Gründe für die Anwesenheit der Begleitperson frühzeitig, verständlich und anschlussfähig erklärt werden. In Absprache mit der Klassenleitung kann dies die Schulbegleiterin bzw. der Schulbegleiter übernehmen. Es kann aber auch eine andere Person sein, die über eingehende Kenntnisse und Erfahrungen zu FASD verfügt und bestenfalls das Kind persönlich kennt. Im Gespräch mit der Klasse werden die Kinder in verständlicher Sprache über die Gründe der ungewöhnlichen und möglicherweise irritierenden Verhaltensweisen des betroffenen Kindes informiert. Dabei muss die Diagnose FASD nicht unbedingt benannt oder genau erläutert werden. Wichtig ist es vielmehr, die besonderen Schwierigkeiten und Bedürfnisse des betroffenen Kindes als Teil einer angeborenen Behinderung zu beschreiben. Dadurch können die Mitschülerinnen und Mitschüler besser verstehen, wie Probleme und Missverständnisse entstehen und was demzufolge die Aufgabe der Schulbegleitung ist. Erfahrungsgemäß können derartige Aufklärungsgespräche Berührungsängste und Unsicherheiten wirksam abbauen. Ob, in welchem Umfang und an wen (z. B. Eltern der Mitschülerinnen und Mitschüler) Informationen weitergegeben werden, die das Kind mit FASD betreffen, muss mit den (Pflege-)Eltern und dem Kind selbst abgesprochen werden. Wichtig ist auch hier, dass eine Stigmatisierung des betroffenen Kindes verhindert wird.
  Eine weitere Möglichkeit ist es, dass die betroffenen Kinder selbst vor der Klasse ein Referat über FASD halten. Sofern in der Klasse und in der Schule eine res-

pektvolle und tolerante Kultur vorherrscht, kann es eine sehr gute und selbstwertstärkende Erfahrung für das betroffene Kind sein, diese Aufklärungsarbeit »in eigener Sache« selbst zu übernehmen. Erfahrungsgemäß nehmen die Mitschülerinnen und Mitschüler die Information durch das betroffene Kind auch viel offener auf und können ihm danach deutlich freundlicher und geduldiger begegnen.

MERKE

Werden die Gründe für die Verhaltensweisen einer Mitschülerin bzw. eines Mitschülers mit FASD erklärt, können Unsicherheiten abgebaut und die Solidarität im Klassenverband gefördert werden.

PRAXISBEISPIEL

»Die Kinder akzeptieren den Benedikt eigentlich sehr gut. Ich habe die Kinder gemeinsam mit der Klassenlehrerin darüber informiert, dass Benedikt besonders ist, dass er besondere Aufmerksamkeit braucht und auch schon mal »austicken« kann. In Ansätzen habe ich dies den Kindern erklärt, soweit sie das halt eben in dem Alter verstehen konnten. Sie haben es verstanden und nehmen den Benedikt auch so an, wie er ist. Er wird akzeptiert und ist in der Klasse integriert.«

(Schulbegleiterin eines 12-jährigen Jungen mit FASD)

Das Wichtigste in Kürze

- Soziale Situationen überfordern Kinder mit FASD, dementsprechend fällt es ihnen schwer, sich in eine Klassengemeinschaft zu integrieren. Dennoch möchten sie dazugehören.
- Die Integration im Lebensbereich Schule kann nur im Zusammenwirken aller Beteiligten gelingen.
- Kinder mit FASD schätzen ihre Beziehungen zu anderen Kindern oft falsch ein. Flüchtige Bekannte werden als beste Freunde angesehen. Dieses Verhalten irritiert Mitschülerinnen und Mitschüler.
- Das fehlende Gefühl für Nähe und Distanz bei Kindern mit FASD wirkt befremdlich. Sie werden im Klassenverband häufig ausgegrenzt, weil die Mitschülerinnen und Mitschüler ihre Verhaltensprobleme nicht verstehen.
- Kinder mit FASD lassen sich leicht manipulieren und zu unangemessenem Verhalten anstiften. Oft werden sie zur Zielscheibe von Schikanen.
- Kinder mit FASD sollten auch in den Pausen von ihrer Begleitperson unterstützt werden. Oftmals benötigen sie Anregungen, um sich in eine Spielgruppe zu integrieren.
- Soziale Kompetenztrainings und Projektwochen im Klassenverband fördern eine tolerante und respektvolle Lernatmosphäre und somit die Integration von Kindern mit FASD.
- Eine Aufklärung über die neurologisch bedingten Verhaltensauffälligkeiten von Kindern mit FASD können Unsicherheiten und Berührungsängste abbauen und die Solidarität im Klassenverband stärken.

3.3 Die Bedeutung der interprofessionellen Kooperation

Alle Personen, die an der Erziehung und Bildung von jungen Menschen mit FASD mitwirken, haben eine gemeinsame Verantwortung im Hinblick auf deren Entwicklung und Wohlergehen. In diesem Sinne sollten alle Beteiligten in ihren unterschiedlichen Rollen und Zuständigkeiten gut zusammenarbeiten. Dies bedeutetet konkret, dass sich die Begleitperson kontinuierlich mit den (Pflege-)Eltern, den Lehrkräften sowie allen weiteren Akteuren der Schule (z.B. Schulsozialarbeiterin, OGS-Mitarbeiter) sowie mit dem Leistungsanbieter der Schulbegleitung austauschen sollte. In diesem Sinne sollten sich Schulbegleiterinnen und Schulbegleiter von Kindern mit FASD als Teil eines multiprofessionellen Teams begreifen (s. Abb. 11).

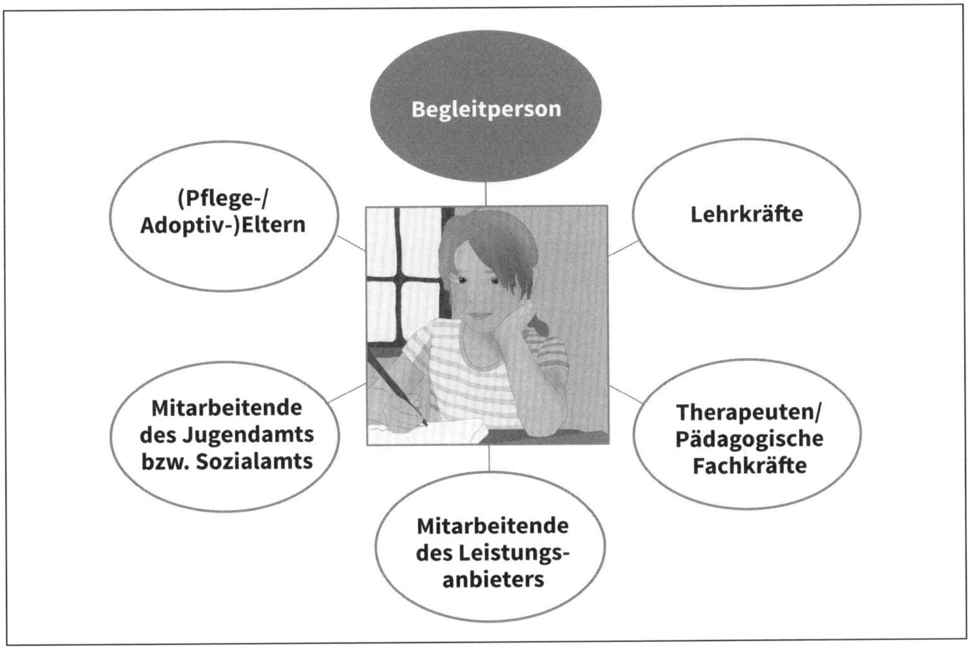

Abb. 11: Die Begleitperson als Teil eines multiprofessionellen Teams (in Anlehnung an Sautter, 2020, S. 18)

Da einige Schülerinnen und Schüler mit FASD therapeutische bzw. entwicklungsunterstützende Maßnahmen außerhalb der Schule erhalten, kann ein Austausch mit diesen Fachkräften sinnvoll sein. Zu diesen Maßnahmen gehört je nach Bedarf des Kindes beispielsweise Physiotherapie, Ergotherapie, Logopädie oder Psychotherapie. Wenn eine entsprechende Schweigepflichtentbindung durch die Sorgeberechtigten vorliegt, kann ein zeitweiliger oder anlassbezogener Austausch zwischen der Begleitperson und den therapeutischen Fachkräften erfolgen. Dieser kann zu einem besseren Verständnis der individuellen Bedürfnisse des Kindes beitragen und helfen, handlungsleitende Ideen für die schulische Begleitung zu entwickeln.

PRAXISBEISPIEL

»Dann finde ich es halt auch tatsächlich wichtig, dass die Kommunikation mit dem kompletten System funktioniert und dass die Schulbegleitung hinzugezogen und auf dem Laufenden gehalten wird. Also ein komplettes System, das quasi Hand in Hand arbeitet. Ich denke, das ist so eine ganz wichtige Voraussetzung.«

(Schulbegleiter eines 13-jährigen Jungen mit FASD)

3.3.1 Das Hilfeplangespräch

In Hilfeplangesprächen (HPG) wird der Unterstützungsbedarf des Kindes mit FASD möglichst konkret definiert. Im Rahmen einer Zielvereinbarung werden die individuellen Lern- und Entwicklungsziele sowie die hierfür erforderlichen Maßnahmen festgelegt. Hierzu treffen sich die (Pflege-)Eltern, ggf. der Vormund des Kindes, die Fachkraft des Jugendamtes (Eingliederungshilfe), die Klassenleitung, die zuständige Fachkraft des Leistungsanbieters und die Begleitperson zum gemeinsamen Austausch. Darüber hinaus kann es sinnvoll sein, dass auch die Schulleiterin, Sonderpädagogen, Schulsozialarbeiterinnen, Therapeuten, Familienhelferinnen u. a. an diesem Gespräch mitwirken. Auch sollte das Kind selbst an den Hilfeplangesprächen teilnehmen, sofern dies möglich und zumutbar ist.

Das Hilfeplangespräch im Rahmen von Schulbegleitung findet meist in der Schule statt und wird von der zuständigen Fachkraft der Eingliederungshilfe des Jugendamtes geführt. Denn die Jugendämter sind dazu verpflichtet, die Hilfeplanung zu erstellen und durchzuführen. Das erste Hilfeplangespräch ist in der Regel von einer intensiven Analyse des Hilfebedarfs und der Festlegung von Zielen geprägt. In den weiteren Hilfeplangesprächen werden die Ziele für einen überschaubaren Zeitraum (meist halbjährlich), erneut überprüft, eventuell neu definiert und festgelegt sowie der weitere Hilfebedarf in Bezug auf Schulbegleitung besprochen. Die Unterstützerinnen und Unterstützer des Kindes berichten über dessen Fortschritte und Schwierigkeiten und ermitteln gemeinsam die zukünftigen Hilfemaßnahmen. Dies hilft dabei herauszufinden, welche künftigen Unterstützungsmaßnahmen zielführend und vor allem hinsichtlich der FASD-spezifischen Beeinträchtigungen realisierbar sind. Außerdem werden im Hilfeplangespräch Maßnahmen benannt, die dem Kind helfen, seine durch FASD bedingten Nachteile im Schulalltag zu kompensieren (z. B. zusätzliche Pausen, Schutzmaßnahmen bei Reizüberflutung).

PRAXISBEISPIEL

»Das Hilfeplangespräch ist immer vor Ort in der Schule. Da kommt dann ein Mitarbeiter vom Jugendamt, ein Mitarbeiter vom Träger [Leistungsanbieter], die Pflegeeltern, Klassenlehrer, Sozialarbeiter ggf. noch weitere Personen und ich. Das ist ein Gespräch, in dem es um vorrangige Problematiken, bisherige Maßnahmen, erreichte Fortschritte und weiterer Unterstützungsbedarf geht.«

(Schulbegleiterin eines 8-jährigen Jungen mit FASD)

In diesem Zusammenhang verfasst die Schulbegleiterin bzw. der Schulbegleiter einen schriftlichen Bericht (auch Verlaufsbericht oder Sachstandsbericht genannt), der als aussagekräftige Grundlage für das Hilfeplangespräch dient. Dies ist ein in der Hilfeplanung übliches Verfahren und für die Weiterbewilligung von Schulbegleitung relevant. Der Bericht der Begleitperson sollte möglichst konkret die Fortschritte der Schülerin bzw. des Schülers sowie den Hilfebedarf und die daraus resultierenden Herausforderungen benennen. Schulische Leistungseinschätzungen gehören hingegen nicht in den Bericht, diese schildert die Lehrkraft im Gespräch. Der Bericht sollte allen an der Hilfeplanung beteiligten Personen frühzeitig vor dem Hilfeplangespräch vorliegen (eine veränderbare Berichtsvorlage finden Sie im Online-Material zu diesem Buch).

Der Kostenträger entscheidet auf der Grundlage des individuellen Hilfebedarfs über die Weiterbewilligung und den Umfang der Maßnahme.

3.3.2 Zusammenarbeit mit den (Pflege-)Eltern

Um Kinder mit FASD optimal unterstützen zu können, sollten sich Schulbegleiterinnen und Schulbegleiter kontinuierlich mit den (Pflege-)Eltern austauschen. Regelmäßige Gespräche sind zum einen unerlässlich, um sich gegenseitig zu informieren und sich im Alltag abzustimmen. Zum anderen tragen sie zum Aufbau und zur Pflege einer guten, durch gegenseitige Wertschätzung geprägten Arbeitsbeziehung bei. Erfahrungsgemäß ist dies eine besonders wichtige Voraussetzung für eine gelingende Zusammenarbeit zum Wohle des Kindes. Schulbegleiterinnen und Schulbegleiter sollten bedenken, dass (Pflege-)Eltern ihr Kind und seine Bedürfnisse besonders gut kennen und sich oftmals viel Fachwissen über FASD angeeignet haben. Von ihnen können sie erfahren, wie das Kind im Familienalltag unterstützt wird, wie sie seine Motivation stärken und wie sie mit unangemessenem Verhalten umgehen. Die (Pflege-)Eltern wiederum wollen beispielsweise erfahren, wie ihr Kind seinen Schulalltag bewältigt, ob seine Integration in die Klassengemeinschaft gelingt, wie Konfliktsituationen bewältigt werden, welche Schulfächer das Kind bevorzugt.

PRAXISBEISPIEL

»Die Pflegeeltern und ich kommunizieren relativ häufig. Wir hatten gerade am Anfang eben sehr ausführliche Gespräche geführt, damit ich verstehe, was auf mich zukommt. Dann haben wir in regelmäßig stattfindenden Terminen darüber gesprochen, wie die Woche war, wo Probleme entstanden sind und über das, was ansteht oder halt was eben so gelaufen ist. Für die Eltern ist es extrem wichtig, dass sie wissen, wie der Schulalltag gelaufen ist, um zu Hause entsprechend reagieren zu können. Wir haben in Phasen, wo es schwierig war, zum Beispiel bei der Medikamentenumstellung, täglich kommuniziert. Auch während der Corona-Zeit haben wir sehr eng kooperiert, da sich viele

Abläufe und Strukturen in der Schule geändert haben. Wenn irgendwas zu Hause vorgefallen ist, wenn Niklas sich weigert, sein Medikament zu nehmen, oder wenn er eben eine heftige Auseinandersetzung hatte, werde ich von den Eltern vorgewarnt. Das finde ich persönlich auch sehr wichtig, weil mir das die Arbeit extrem erleichtert. Und umgekehrt, so denke ich, erleichtert es auch den Eltern den Alltag zu Hause.«

(Schulbegleiter eines 13-jährigen Jungen mit FASD)

Im Idealfall sollte der Austausch zwischen den (Pflege-)Eltern und der Begleitperson sicherstellen, dass sowohl die Bedürfnisse des Kindes als auch die Vorstellungen und Wünsche der (Pflege-)Eltern berücksichtigt werden. In manchen Fällen kann es allerdings wichtig sein, die (Pflege-)Eltern über die Aufgabenbereiche und Verantwortlichkeiten, aber auch Nicht-Zuständigkeiten der Begleitperson zu informieren, um unrealistische Erwartungshaltungen oder Wunschvorstellungen hinsichtlich der Schulbegleitung zu vermeiden.

Um eine regelmäßige und kontinuierliche Kooperation zu gewährleisten, sollten sich die (Pflege-)Eltern und die Begleitperson darüber verständigen, wie sie die hierfür erforderlichen Kontakte gestalten möchten. Insbesondere sollte geklärt werden, wie Informationen weitergegeben werden und wann Gespräche stattfinden. Ein täglicher Austausch in Form von sogenannten Tür-und-Angel-Gesprächen oder durch ein Mitteilungsheft ist relativ leicht umsetzbar. Ein Tür-und-Angel-Gespräch bietet sich dann an, wenn die (Pflege-)Eltern ihr Kind zur Schule bringen oder dort abholen. Bei der Übergabe des Kindes kann ein *kurzer*, informeller Austausch stattfinden. Dabei können aktuelle Informationen ausgetauscht und Absprachen getroffen werden. Sensible Themen, die beispielsweise die Privatsphäre des Kindes betreffen, sollten in Tür-und-Angel-Gesprächen jedoch vermieden werden. Ganz generell sollte nicht jedes zu klärende Problem in Anwesenheit des Kindes angesprochen werden. Eine weitere bzw. eine zusätzliche Möglichkeit für den täglichen Austausch bietet ein Mitteilungsheft (vgl. Abb. 12), welches das Kind immer in seiner Schultasche mit sich führt. Die Begleitperson und die (Pflege-)Eltern können sich darin mittels kurzer Einträge gegenseitig informieren, z. B. über benötigte Materialien, Termine, bevorstehende Veränderungen oder notwendige Erledigungen.

PRAXISBEISPIEL

»Wir benutzen nun zusätzlich ein Übergabebuch. Denn es war eigentlich so, dass Jakobs Pflegemutter und ich uns einmal in der Woche nach Schulschluss gesehen und dann auch länger miteinander gesprochen haben. Dann haben wir aber festgestellt, dass es besser ist, zwischendurch auch ein Tagesprotokoll zu führen. Und zwar deshalb, weil Jakob eben Dinge zu Hause nicht so erzählen kann, wie sie gewesen sind.«

(Schulbegleiterin eines 8-jährigen Jungen mit FASD)

Im Mitteilungsheft kann die Begleitperson auch notieren, wie der Schultag verlief und ob es Schwierigkeiten oder besondere Vorkommnisse gab. Aber auch Dinge, die dem Kind gut gelungen sind (Erfolge, positives Verhalten, selbstständiges Arbeiten etc.), sollten regelmäßig im Mitteilungsheft vermerkt werden. Denn auch hier geht es nicht in erster Linie darum, die Schwierigkeiten des Kindes in den Mittelpunkt zu stellen, sondern sie zu verstehen und dabei auch seine Stärken zu würdigen. Ungünstig wäre es hingegen, wenn das Kind das Mitteilungsheft nur mit Problemen und negativen Gefühlen assoziiert. Ernsthafte Schwierigkeiten, Krisensituationen oder belastende Ereignisse sollten ohnehin besser in Telefonaten oder in persönlichen Gesprächen thematisiert werden.

Mitteilungsheft

Datum:__________

Wie ist der Schultag verlaufen?

(z.B. Kontakt- und Sozialverhalten, Erfüllen von Arbeitsaufträgen, Auszeiten, besondere Ereignisse)

____
____
____
____

Wie hat sich ________ meines Erachtens gefühlt?

____
____
____

Was hat heute besonders gut geklappt?

____
____
____
____

Hinweise:

____
____
____

Gesprächsbedarf: ☐ telefonisch ☐ persönlich

Besondere Vorkommnisse zu Hause:

____
____
____
____

Gesprächsbedarf: ☐ telefonisch ☐ persönlich

Abb. 12: Beispiel für die Gestaltung eines Mitteilungshefts (als veränderbare Version auch zu finden im Online-Material zu diesem Buch)

3.3.3 Zusammenarbeit mit Lehrkräften und weiteren Akteuren in der Schule

Auch eine enge Zusammenarbeit mit den Lehrerinnen und Lehrern trägt wesentlich dazu bei, Kindern mit FASD gute Lernbedingungen und eine gelingende Integration in den Schulalltag zu ermöglichen. Insbesondere die Kooperation mit der Klassenleitung ist dabei wichtig. Schulbegleiterinnen und Schulbegleiter sollten im Idealfall angemessen in schulische Abläufe und Strukturen eingebunden sein und sich als Mitglieder der Schulgemeinschaft angenommen fühlen. Zu einer solchen Entwicklung können sie selbst aktiv beitragen, indem sie sich zu Beginn ihrer Tätigkeit dem Kollegium persönlich vorstellen und ganz bewusst planen, wie sie dies tun. In größeren Schulen kann die Vorstellung über einen Aushang im Lehrerzimmer oder ein Rundschreiben mit einem sympathischen »Steckbrief« der Begleitperson erfolgen.

Erfahrungsgemäß ist die Einbindung der Schulbegleiterinnen und Schulbegleiter in die Teamstrukturen der Schule sehr bedeutsam für die kollegiale Arbeitsatmosphäre und für die kooperative Zusammenarbeit. Deshalb sollten Begleitpersonen regelmäßig über die internen Organisationsstrukturen, Abläufe und Vereinbarungen informiert und nach Möglichkeit in schulische Prozesse wie Teamgespräche, Runde Tische etc. einbezogen werden, die das begleitete Kind betreffen.

Darüber hinaus sollte die Begleitperson die Angebote der Offenen Ganztagsschule und der Schulsozialarbeit kennen und über die Aufgaben und Verantwortlichkeiten der dort tätigen Fachkräfte (z. B. Schulsozialarbeiterinnen, OGS-Leitung) informiert sein. Dies ist sicherlich vor allem dann sinnvoll, wenn ein Kind mit FASD auch im Offenen Ganztag begleitet wird. Aber auch dann, wenn das Kind das OGS-Angebot ohne die Begleitperson besucht, kann der Austausch mit den dort tätigen Mitarbeiterinnen und Mitarbeitern nützlich sein.

Für eine gelingende Zusammenarbeit zwischen Begleit- und Lehrpersonen sollten gegenseitige Erwartungen frühzeitig geklärt sowie Zuständigkeits- und Verantwortungsbereiche klar benannt werden. So kann von Anfang an ein klares Rollenverständnis geschaffen werden. Hierfür sollten die Begleitperson des Kindes und die Lehrkräfte (insbesondere die Klassenleitung) möglichst konkret absprechen, wie sie gemeinsam vorgehen, um das Kind mit FASD zu unterstützen. Grundsätzlich sollte geklärt sein, dass die spezifischen Pflichten und Verantwortlichkeiten der Lehrkräfte (Wissensvermittlung, Unterrichtsplanung und -gestaltung, Klassenregeln und -aufsicht etc.) nicht zum Aufgabenbereich von Schulbegleiterinnen und Schulbegleitern zählen. Ungeachtet der notwendigen klaren Benennung der unterschiedlichen Zuständigkeiten sollten sich Lehrkräfte und Begleitpersonen stets um praktikable und kollegiale Lösungen bemühen. Denn in der Praxis ist eine völlig trennscharfe Abgrenzung von rein assistierenden und unterrichtlichen Tätigkeiten nicht immer möglich. Prinzipiell sollte sich das gemeinsam abgestimmte pädagogische Vorgehen immer an den individuellen Bedürfnissen des Kindes mit FASD orientieren.

Zu einer gelingenden Zusammenarbeit sollte ein regelmäßiger Informationsaustausch gehören. Für die Begleitperson kann es beispielsweise nützlich sein, wenn sie von der Klassenleitung über Unterrichtsinhalte und über ihre speziellen Vorstellungen zur Förderung des Kindes informiert wird. So kann sich die Begleitperson besser auf ihre Aufgaben und bevorstehende Unterrichtssituationen vorbereiten. Umgekehrt können Beobachtungen, Informationen und Einschätzungen der Begleitperson bedeutsam für die Lehrkraft sein. Anlässe für Informationsgespräche wird es im Schulalltag immer geben. Kurze Mitteilungen, Hinweise, Fragen oder auch Ideen können zum Teil auch während des Unterrichts eingebracht werden.

PRAXISBEISPIEL

»Die Zusammenarbeit mit den Lehrkräften ist sehr gut. Wir sprechen uns richtig gut ab. Die Sonderpädagogin erzählt mir immer, was sie mit Thomas bearbeitet hat, und wenn sie noch schöne Materialien hat, dann gibt sie mir diese auch. In freien Zeiten könnte ich diese dann mit Thomas machen. Auch mit der Klassenlehrerin bespreche ich mich sehr häufig. Wenn die Kinder arbeiten, kommt sie auch schon mal zu mir. Oder ich gehe manchmal auch eine Runde durch die Klasse, und dann spricht sie mich auf Thomas an. Die Absprache ist sehr gut. Sie ist definitiv die Klassenlehrerin, sie hat also das Sagen. Sie und auch die Sonderpädagogin sprechen sich aber mit mir ab. Die Klassenlehrerin fragt auch: Wo bräuchte Thomas jetzt am meisten Hilfe? Also sehr gute Absprachen, muss man sagen, wir sind sehr gut in der Kommunikation.«

(Schulbegleiterin eines 10-jährigen Jungen mit FASD)

Eine zusätzliche Möglichkeit besteht darin, dass die Lehrkraft und die Begleitperson gemeinsam dokumentieren, wie sie das Kind in seiner schulischen und persönlichen Entwicklung begleiten. Die Erstellung eines solchen »Portfolios« erfordert zwar zunächst einen höheren Zeitaufwand, kann sich aber langfristig als sehr hilfreich erweisen. Konkret können alle für die Entwicklung des Kindes relevanten Informationen (getroffene Vereinbarungen aus Hilfeplangesprächen, Aufgaben der Begleitperson, Vorgehensweise in Konfliktsituationen etc.) in einem Heft festgehalten werden. Dieses Heft sollte, sofern die (Pflege-)Eltern zustimmen, für die Fachlehrerinnen und -lehrer des Kindes einsehbar sein und ihnen einen informativen Überblick über die wesentlichen Aspekte im Umgang mit dem Kind ermöglichen.

3.3.4 Kooperation mit dem Leistungsanbieter

Eine angemessene schulische Begleitung von Kindern mit FASD setzt eine gute Zusammenarbeit zwischen dem Leistungsanbieter und der Begleitperson sowie allen weiteren Beteiligten des Unterstützungssystems voraus. Grundlegend ist, dass der Leistungsanbieter die Voraussetzungen für die Umsetzung einer guten Zusammenarbeit schafft. Deshalb ist es wichtig, dass in seiner Verantwortung eine kooperative und kontinuierliche Praxisbetreuung der Begleitperson durch pädagogische Fachkräfte gewährleistet wird. Es sind häufig Sozialpädagoginnen und Sozialpädagogen, die diese Aufgabe übernehmen. Sie stehen der Begleitperson als Ansprechpartnerinnen bzw. Ansprechpartner zur Verfügung und fungieren als wichtiges Bindeglied zwischen allen an der Hilfeplanung beteiligten Personen. Vor Beginn ihrer kooperativen Zusammenarbeit lernen sich die pädagogische Fachkraft und die zukünftige Begleitperson des Kindes meist bereits im Vorstellungsgespräch kennen. Dann findet oftmals ein erstes Kennenlerngespräch zwischen der Begleitperson, der Klassenleitung, den (Pflege-)Eltern und dem Kind statt, das die pädagogische Fachkraft in die Wege leitet und an dem sie in der Regel selbst teilnimmt.

Desweiteren betreuen die pädagogischen Fachkräfte des Leistungsanbieters die Einarbeitungsphase der Begleitpersonen und bieten darüber hinaus ihre Bereitschaft zur Zusammenarbeit, zu Absprachen und zum Austausch an. Sinnvoll ist, wenn auf Initiative des Leistungsanbieters auch ein kollegialer Austausch von Schulbegleiterinnen bzw. Schulbegleitern ermöglicht wird. Da es im Rahmen der schulischen Begleitung auch zu Spannungen mit allen am Unterstützungssystem beteiligten Personen sowie zu Konflikten mit dem Kind kommen kann, sollten Leistungsanbieter den Begleitpersonen einen unkomplizierten Zugang zu kooperativen Beratungs- und Reflexionsgesprächen ermöglichen. In diesem Sinne sollten Begleitpersonen an einer transparenten Zusammenarbeit aktiv mitwirken, indem sie Konflikte und Belastungen, die sich im Rahmen ihrer Tätigkeit ergeben, offen ansprechen. Auftretende Spannungen bzw. Missverständnisse zwischen Begleitpersonen und Lehrkräften sind oftmals mit unterschiedlichen Erwartungen oder einem abweichenden Rollenverständnis verbunden. Hier kann die pädagogische Fachkraft des Leistungsanbieters ein gemeinsames Gespräch arrangieren, das zur Klärung beitragen kann.

PRAXISBEISPIEL

»Sobald es irgendeine Situation in der Schule gab, in der ich mich unsicher fühlte, konnte ich mich immer mit meiner Gruppenleiterin [Ansprechpartnerin des Leistungsanbieters] besprechen. Sie hat die Situation durch Nachfragen sehr gut erfasst und mit mir besprochen, was gut war, was vielleicht nicht so gut war, was ich vielleicht das nächste Mal anders machen könnte.«

(Schulbegleiterin eines 10-jährigen Jungen mit FASD)

Auch die (Pflege-)Eltern, Lehrkräfte sowie alle weiteren Beteiligten können sich mit ihren spezifischen Anliegen an die pädagogischen Fachkräfte wenden.

Das Wichtigste in Kürze

- Begleitpersonen von Kindern mit FASD sollten sich als Teamplayer begreifen. Eine gute und kontinuierliche Kooperation mit allen am Hilfeprozess beteiligten Akteuren trägt wesentlich zu einer optimalen Schulbegleitung bei.
- Der regelmäßige Austausch mit den (Pflege-)Eltern gewährleistet eine gute Arbeitsbeziehung und eine funktionierende Organisation der Schulbegleitung.
- Begleitpersonen und Lehrkräfte sollten im Interesse des Kindes an einem Strang ziehen. Damit die Zusammenarbeit gelingt, sollten gegenseitige Erwartungen frühzeitig geklärt sowie Zuständigkeits- und Verantwortungsbereiche klar benannt werden.
- Die von den Begleitpersonen erstellten schriftlichen Berichte zu den Fortschritten und zum Hilfebedarf des betreuten Kindes mit FASD sind eine wichtige Grundlage für Hilfeplangespräche.

4 Maßnahmen zur Qualitätssicherung von Schulbegleitung

4.1 Vorbereitung, Einarbeitung und Fortbildung

In den vorangegangenen Kapiteln ist deutlich geworden, wie vielfältig und komplex die fachlichen Anforderungen an Schulbegleiterinnen und Schulbegleiter von Kindern mit FASD sind: Begleitpersonen sollten in der Lage sein, die individuellen Beeinträchtigungen und Fähigkeiten des Kindes adäquat einzuschätzen und sein Verhalten richtig zu deuten. Sie müssen auf seine besonderen Bedürfnisse eingehen und seine exekutiven Dysfunktionen ausgleichen. Außerdem gehört es zu ihren Aufgaben, die Motivation und Selbstständigkeit des Kindes zu fördern und für eine möglichst gute Integration in die Klassengemeinschaft zu sorgen. Darüber hinaus müssen sich Begleitpersonen im Schulsystem zurechtfinden, ihre Rolle und Aufgabenbereiche kennen sowie Kooperationen mit allen am Unterstützersystem beteiligten Personen und Institutionen pflegen. Um all diese Herausforderungen zu bewältigen, benötigen Schulbegleiterinnen und Schulbegleiter ein hinreichendes Fachwissen zu FASD, das sie im Rahmen von Schulungen oder Fortbildungen erwerben können. Auch sollten sie über spezifische Kenntnisse im Hinblick auf das Tätigkeitsfeld Schulbegleitung verfügen, etwa zum deutschen Schulsystem, zu Bildung und Teilhabe, Leistungsansprüchen und Verwaltungsabläufen, aber auch zu Aufgaben und berufliche Rollen im Kontext ihrer Berufstätigkeit.

Leider existieren bislang keine verbindlichen Ausbildungs- und Qualifizierungsstandards für die Tätigkeit von Schulbegleiterinnen und Schulbegleitern (Billerbeck, 2022). Gleichwohl gibt es in den letzten Jahren immer mehr Weiterbildungen und Kurse privater Bildungsträger, die eine zertifizierte Basisqualifikation zur Schulbegleitung bzw. Inklusionsassistenz anbieten. Bei arbeitslosen und arbeitssuchenden Menschen werden diese Kurse teilweise über die Arbeitsagentur finanziert. In der Praxis erwarten die Leistungsanbieter oftmals jedoch keine entsprechende Vorqualifikation von Stellenbewerberinnen und -bewerbern. Grundsätzlich liegt es in der Verantwortung der Leistungsanbieter, die von ihnen eingestellten Schulbegleiterinnen und Schulbegleiter adäquat auf ihre Tätigkeit vorzubereiten. Sowohl Berufsanfängerinnen und -anfänger als auch neu eingestellte berufserfahrene Begleitpersonen sollten zunächst in die Organisation und Struktur des Leistungsanbieters eingeführt werden. Sie sollten über interne Regelungen, allgemeine Abläufe, Konzepte und rechtliche Grundlagen (z. B. Datenschutz und Schweigepflicht) von Schulbegleitung aufgeklärt werden. Ferner ist eine Unterweisung im Hinblick auf relevante Themen der Kinder- und Jugendhilfe erforderlich (z. B. Vorgehen bei Kindeswohlgefährdung, Dokumentationen). Außerdem müssen Begleitpersonen darüber informiert werden, welche Tätigkeiten zu ihrem Aufgabenspektrum gehören bzw. welche Tätigkeiten *nicht* in ihre Zuständigkeit fallen. Es ist hilfreich, wenn der Leistungsanbieter Aufgaben, Erwartungen und Befugnisse sowie den Rahmen der Zusammenarbeit mit weiteren Beteiligten des Hilfesystems in einer ausführlichen Tätigkeitsbeschreibung festlegt. Idealerweise sollten Leistungsanbieter neu eingestellten Begleitpersonen alle relevanten Informationen sowohl persönlich als auch schriftlich (z. B. in Form einer Info-Mappe) mitteilen. Alle Grundinformationen können auch durch eine Schulung zu Beginn der Tätigkeit weitergegeben werden.

PRAXISBEISPIEL

»Gerade bei so rechtlichen Sachen war ich mir oft unsicher. Was darf ich, was darf ich nicht, und wie ist das mit den anderen Kindern in der Klasse, wenn die mich fragen – solche praktischen Sachen einfach. Das hätte ich mir gewünscht, dass sowas am Anfang auch einfach geklärt würde.«

(Schulbegleiterin eines 8-jährigen Jungen mit FASD)

Erfahrungsgemäß sind die vorbereitenden Maßnahmen, die eine qualifizierte Schulbegleitung sicherstellen sollen, von Leistungsanbieter zu Leistungsanbieter unterschiedlich. Die Intensität und Qualität der Maßnahmen hängt – wie so oft im sozialen Bereich – entscheidend von den jeweiligen finanziellen Möglichkeiten und Grenzen ab, aber auch von den Prioritäten, die der Leistungsanbieter in seiner Personalentwicklung setzt. In der Praxis zeigt sich, dass Begleitpersonen von Kindern mit FASD oft nicht adäquat auf ihre Tätigkeit vorbereitet werden – oder, um es mit den Worten einer Schulbegleiterin zu sagen, gleichsam »ins kalte Wasser geworfen« werden.

PRAXISBEISPIEL

»Fachlich vorbereitet wurde ich fast gar nicht. Also bin ich ins kalte Wasser geworfen worden, sozusagen. Als Ergotherapeutin habe ich zwar schon viel mit ADHS-Kindern gearbeitet, aber noch nicht als Schulbegleiterin mit einem FASD-Kind. Mein Arbeitgeber hat gesagt, ich soll das Kind erst einmal kennenlernen, aber er hat mir nur ganz wenige Informationen gegeben. Er hat mir natürlich schon gesagt, was meine Aufgabe ist, dass ich nur für dieses eine Kind zuständig bin und dass ich Nein sagen muss, wenn die Schule verlangt, dass ich irgendwelche Hilfstätigkeiten einer Lehrerin übernehme. Solche Sachen wurden schon geklärt, und auch, dass meine wichtigste Aufgabe ist, dass ich irgendwann nicht mehr gebraucht werde. Aber der Rest war dann wirklich einfach mal ausprobieren. Mir fehlten also die Einarbeitung und die genaueren Informationen vor Beginn der Tätigkeit.«

(Schulbegleiterin eines 8-jährigen Jungen mit FASD)

Andererseits gibt es auch viele Leistungsanbieter, die potenzielle Begleitpersonen sehr sorgfältig auf ihre Tätigkeit vorbereiten. Einige ermöglichen im Einvernehmen mit der jeweiligen Schulleitung eine Hospitation im Unterricht. Ferner wird im Vorfeld der Schulbegleitung ein Kennenlerntreffen mit der Begleitperson, der (Pflege-) Familie und dem Kind organisiert und begleitet. So erhalten Bewerberinnen und Bewerber eine erste praxisnahe und persönliche Vorstellung über ihre zukünftigen Aufgaben und können besser einschätzen, ob sie sich der vorgesehenen Tätigkeit gewachsen fühlen. Darüber hinaus zeigt sich im Rahmen persönlicher Kontakte am ehesten, ob die »Chemie« zwischen Kind und Begleitperson stimmt.

PRAXISBEISPIEL

»Auf jeden Fall sollten Schulbegleiter wissen, was auf sie zukommt, bevor sie sich entscheiden ein Kind mit FASD zu begleiten. Ich finde, da sollte man mit ganz offenen Karten spielen, damit nicht hinterher jemand feststellt: Okay, die Belastung ist mir doch zu groß. Gerade die Anfangsphase ist halt das Schwierige.«

(Schulbegleiter eines 13-jährigen Jungen mit FASD)

Eine angemessene Vorbereitung und Einarbeitung der Begleitpersonen stellt grundsätzlich ein wichtiges Qualitätsmerkmal für die schulische Begleitung von Kindern mit FASD dar. Begleitpersonen, die zuvor noch keine Erfahrungen in der Betreuung von Kindern mit FASD sammeln konnten, sollten vor Beginn ihrer Tätigkeit eine entsprechende Grundqualifikation erwerben und zum geeigneten Umgang mit dem Kind geschult werden. Umgekehrt können eine unzureichende Vorbereitung und mangelndes Fachwissen das gesamte Unterstützungssystem belasten und das Entwicklungspotenzial des Kindes hemmen. Auch die Begleitperson selbst wird sich in ihrem Berufsalltag sicherer fühlen und kompetenter agieren, wenn sie adäquat auf ihre Tätigkeit vorbereitet wurde.

PRAXISBEISPIEL

»Also ich denke, Schulbegleiter gerade für Kinder mit FASD müssten geschult werden. Sie müssten erstmal mit dem Thema vertraut gemacht werden und auch Schulungen bekommen. Das wäre nicht nur im Interesse des Kindes, sondern auch im Interesse des Schulbegleiters. Ich kann mir vorstellen, der Schulbegleiter gerät sonst schnell an seine Grenzen und in eine Überforderung. Schulungen müssten wirklich viel, viel intensiver gemacht werden, sodass die Qualität der Arbeit der Schulbegleiter auch wirklich gesteigert werden kann.«

(Pflegemutter eines 12-jährigen Schülers mit FASD)

Wie Erfahrungen aus der Praxis zeigen, können sich Begleitpersonen von Kindern mit FASD nicht unbedingt darauf verlassen, dass ihr Arbeitgeber für eine angemessene fachliche Vorbereitung und Einarbeitung sorgt. Insbesondere die Bedeutung von FASD-spezifischem Fachwissen wird von vielen Leistungsanbietern unterschätzt. Vor diesem Hintergrund beschaffen sich viele Begleitpersonen die für ihre Tätigkeit und den Umgang mit betroffenen Kindern relevanten Informationen eigeninitiativ. Eine wichtige und naheliegende Informationsquelle sind dabei die (Pflege-)Eltern des zu begleitenden Kindes. Obwohl diese in der Regel fachliche Laien sind, haben sie sich im Lauf der Zeit meist ein sehr fundiertes Wissen zum Thema FASD angeeignet und geben dieses bereitwillig an die Begleitperson ihres Kindes weiter. Darüber hinaus gibt es heute vielfältige Möglichkeiten, sich im Internet über FASD zu informieren und auszutauschen; einige empfehlenswerte Seiten und Angebote sind im Serviceteil dieses Buches aufgeführt.

PRAXISBEISPIEL

»Die erste Information habe ich vom Vater des Kindes bekommen. Er hat mir Informationsbroschüren als PDF-Datei zugeschickt, die ich dann gelesen habe. Dann habe ich natürlich auch selbst im Internet recherchiert, um einen Einblick zu bekommen. Natürlich sind viele dieser Informationen sehr allgemein, und jedes Kind ist anders. Aber immerhin, so hatte ich ein Grundwissen über FASD. Sodass eben nicht die Gefahr besteht, etwas von Benedikt zu erwarten, was er eigentlich nicht kann. Ich habe somit für mich eine Richtlinie, was kann ich erwarten und was eben nicht.«

(Schulbegleiterin eines 12-jährigen Jungen mit FASD)

Eine autodidaktische Wissensaneignung der Begleitperson ist grundsätzlich nur als »zweitbeste« Option bei der Vorbereitung auf die Schulbegleitung eines Kindes mit FASD anzusehen. Besser ist es, wenn Schulbegleiterinnen und Schulbegleiter durch den Leistungsanbieter intern zu FASD geschult werden und/oder durch den Leistungsanbieter finanziert die Möglichkeit erhalten, an externen Fortbildungen (z. B. Fachtagungen, Schulungen) teilzunehmen. Teilweise werden solche Schulungen auch online angeboten. Allerdings gibt es – gemessen am stetig wachsenden Bedarf – zu wenige externe Fortbildungen zum Thema FASD. In der Praxis wird es daher häufig so sein, dass Begleitpersonen von Kindern erst dann eine FASD-spezifische Schulung erhalten, wenn sie ihre Tätigkeit bereits begonnen haben.

Das Wichtigste in Kürze

- Eine angemessene fachliche Vorbereitung und Einarbeitung der Begleitpersonen stellt ein wichtiges Qualitätsmerkmal für die Schulbegleitung von Kindern mit FASD dar.
- Im Rahmen der Vorbereitung sollte neben einer Unterrichtshospitation ein Kennenlerntreffen mit der Begleitperson, der (Pflege-)Familie und dem Kind mit FASD stattfinden.
- Angehende Schulbegleiterinnen und Schulbegleiter sollten idealerweise vor der Aufnahme ihrer Tätigkeit an einer internen oder externen Schulung zum Thema FASD teilnehmen können.

- Wenn der Arbeitgeber keine adäquate fachliche Vorbereitung bereitstellt, sollten Begleitpersonen von Kindern mit FASD bereit sein, sich die erforderlichen Fachkenntnisse eigeninitiativ zu beschaffen – in ihrem eigenen Interesse und im Interesse des begleiteten Kindes.

4.2 Maßnahmen zur Verbesserung der Kooperation

Damit die Schulbegleitung eines Kindes mit FASD gelingt, müssen alle beteiligten Akteure und Institutionen hinreichend gut zusammenarbeiten. Eine Schlüsselrolle spielt dabei die Kooperation zwischen Lehrkräften und Begleitpersonen (vgl. Kapitel 3.3.3). Allerdings ist die gute und effektive Zusammenarbeit im Bereich der Schulbegleitung keineswegs selbstverständlich. Gerade weil Schulbegleiterinnen und Schulbegleiter eine relativ neue Gruppe im schulischen Setting sind, haben sich oftmals noch keine Routinen der Zusammenarbeit etabliert. Umso sinnvoller sind Maßnahmen, die eine gute Zusammenarbeit von Lehrkräften und Begleitpersonen gewährleisten.

Grundsätzlich sollten die Schule und der Leitungsanbieter gemeinsam dafür Sorge tragen, dass Maßnahmen zur Verbesserung der interprofessionellen Kooperation konzipiert und umgesetzt werden. Diese Maßnahmen sind im beiderseitigen Interesse und sollten darauf abzielen,

- Informationen über die Tätigkeiten der jeweils anderen Berufsgruppe zu vermitteln;
- Klarheit über unterschiedliche Aufgabenbereiche und Zuständigkeiten herzustellen;
- wechselseitiges Verständnis, Respekt und Akzeptanz zu fördern;
- für die Vorteile von Teamarbeit zu sensibilisieren;
- Strukturen und Rahmenbedingungen zu schaffen, die Kooperation und Teamarbeit im Schulalltag erleichtern.

Einer der häufigsten Gründe für eine unzureichende Zusammenarbeit von Lehrkräften und Begleitpersonen ist mangelndes Wissen über die Aufgaben der jeweils anderen Berufsgruppe. So haben Lehrkräfte oft nur wenig differenzierte Vorstellungen über die genauen Aufgabenfelder von Schulbegleitung. Ein erstes wichtiges Anliegen ist es daher, gezielt über die Tätigkeiten von Schulbegleiterinnen und Schulbegleitern zu informieren.

PRAXISBEISPIEL

»Den Lehrern sollte klar sein, welche Rolle ein Integrationshelfer hat. Ich höre von vielen Schulbegleitern, dass sie sich nicht wirklich akzeptiert fühlen und teilweise sogar, dass sie nicht respektiert werden. Dass zum Beispiel gesagt wurde: Ich weiß gar nicht, was

Sie hier wollen, es läuft doch auch so ganz gut. Diese Lehrkräfte erkennen gar nicht, welche wichtige Rolle wir eigentlich haben. Da würde ich mir eine bessere Aufklärung über Schulbegleitung wünschen.«

(Schulbegleiterin eines 10-jährigen Jungen mit FASD)

Prinzipiell sind gemeinsame Fortbildungen gut geeignet, um die Kooperationsbereitschaft von Lehrkräften und Begleitpersonen zu stärken. Diese können als Inhouse-Seminar unter der Leitung einer erfahrenen Fachkraft durchgeführt werden. Dabei sollte neben der Vermittlung von Informationen (»Sachebene«) auch die Bedeutung des kollegialen Umgangs (»Beziehungsebene«) thematisiert werden. Denn die Qualität der interprofessionellen Zusammenarbeit basiert nicht zuletzt auf gegenseitigem Respekt und im Idealfall auf einer kollegialen Beziehung auf Augenhöhe. Den Teilnehmenden sollte vermittelt werden, dass funktionierende Teamarbeit immer auch eine Frage der Haltung ist. Zugleich bieten gemeinsame Fortbildungen für Lehrkräfte und Begleitpersonen die Chance, allen Beteiligten das notwendige Grundwissen über FASD zu vermitteln. Idealerweise sollten alle Akteure an der Schule über einen vergleichbaren Kenntnisstand zu FASD verfügen. So lassen sich Ideen und Strategien für eine angemessene Beschulung von Kindern mit FASD leichter gemeinsam umsetzen.

PRAXISBEISPIEL

»Ich hätte gerne, dass es schulinterne Fortbildungen sowohl für die Lehrer als auch für die Schulbegleiter gibt, wo zumindest Basisdinge über FASD mal besprochen werden. Ich finde das schon extrem wichtig, dass alle, denen man im Schulalltag begegnet, ein Stück weit Kenntnisse zu FASD haben. Es gibt nämlich oft Situationen, in denen man beim Umgang mit dem Kind nicht verstanden wird – so nach dem Motto: Wie geht denn der mit dem Schüler um? Oder: Warum lässt der Schulbegleiter sich das gefallen? Also ich finde, da sollte mehr Aufklärung stattfinden.«

(Schulbegleiter eines 13-jährigen Jungen mit FASD)

Im Rahmen einer gemeinsamen Fortbildungsveranstaltung sollten auch unterschiedliche Zuständigkeiten und Verantwortlichkeiten klar voneinander abgegrenzt werden. Während sich die Aufgaben der Lehrkräfte aus dem schulischen Bildungs- und Erziehungsauftrag ergeben und insbesondere die Vermittlung von Lerninhalten sowie die Aufsichtspflicht für die gesamte Klasse umfassen, übernehmen Schulbegleiterinnen und Schulbegleiter ausschließlich unterrichtsbegleitende, pädagogisch assistierende Tätigkeiten für ihre Begleitkinder mit besonderem Unterstützungsbedarf. Diese klare Abgrenzung ist wichtig, um frühzeitig Unsicherheiten und Fehlannahmen über Zuständigkeiten auszuräumen, die andernfalls eine gute Zusammenarbeit gefährden könnten. Andererseits kann sich eine gute Zusammenarbeit gerade darin zeigen, dass sich Lehrkräfte und Begleitpersonen um flexible und individuell passende Lösungen bemühen, etwa im Umgang mit schwierigem Sozialverhalten und Konfliktsituationen. Hier ist es unter Umständen hilfreich, die Zuständigkeit unter Berufung auf die »offizielle« Tätigkeitsbeschreibung nicht allein bei der Begleitperson des betreffenden Kindes zu sehen. Im Idealfall interagieren/kooperieren Lehrkräfte und Begleitpersonen, um eine Situation zu entspannen.

PRAXISBEISPIEL

»Oskar flucht auch, er beschimpft und beleidigt mich. Also, er wird schon auch sehr frech mir gegenüber. Die Lehrerin geht dann zu ihm, und ich gehe dann mal kurz von ihm weg, also aus der Situation raus. Danach haben wir dann meistens wieder gut arbeiten können.«

(Schulbegleiterin eines 14-jährigen Jungen mit FASD)

Flexible Absprachen können aber auch hilfreich sein, um bedürfnisgerechte Lösungen für Probleme bei der Vermittlung von Unterrichtsinhalten zu finden. Erfahrungsgemäß ist eine völlig trennscharfe Abgrenzung von rein assistierenden und unterrichtlichen Tätigkeiten bei Kindern mit FASD nicht immer möglich oder sinnvoll. Vor diesem Hintergrund können auch Schulbegleiterinnen und Schulbegleiter punktuell Lehrinhalte erklären und wiederholen, wenn dies mit der Lehrkraft abgesprochen ist und ggf. gemeinsam vorbereitetet wurde.

PRAXISBEISPIEL

»Man hat im Hinterkopf immer diese Frage: Kann ich das jetzt so machen? Darf ich auch Aufgaben erklären? Die Lehrerin betreut 25 Kinder in der Klasse. Was soll sie Benedikt sagen, wenn er ein Lernproblem hat? Ich habe gerade keine Zeit für dich, du musst warten? Aber Warten ist für Benedikt absolut problematisch. Ich bin keine Lehrerin, ich kann ihm auch nicht wie eine Lehrkraft etwas beibringen. Aber wenn wir uns im Vorfeld abgestimmt haben und die Lehrerin erklärt hat, wie gewisse Aufgaben verrichtet werden sollen, kann ich daran anknüpfen. So untergrabe ich ihr Fachwissen und ihre Autorität nicht – ich wiederhole es ja nur.«

(Schulbegleiterin eines 12-jährigen Jungen mit FASD)

Grundsätzlich ist in gemeinsamen Fortbildungsveranstaltungen darauf hinzuweisen, dass sich das gemeinsame Vorgehen vor allem an den jeweiligen Bedürfnissen des Kindes mit FASD orientieren sollte. Hierzu ist es notwendig, sich kontinuierlich abzustimmen und die Funktionalität des abgesprochenen Vorgehens regelmäßig zu überprüfen.

Empfehlenswert ist es darüber hinaus, dass der Leistungsanbieter in Absprache mit der Schule eine schriftliche Handreichung bereitstellt, in der die Aufgaben und

Zuständigkeiten einer Schulbegleitung genau beschrieben werden. Dies trägt zusätzlich zu Transparenz und Rollenklarheit aller Beteiligten bei. Im Zweifelsfall können sich Lehrkräfte und Begleitpersonen auf die schriftlich fixierte Tätigkeitsbeschreibung beziehen, um ihr berufliches Handeln zu planen und zu begründen.

In der Regel wird es sich positiv auf die interprofessionelle Zusammenarbeit auswirken, wenn Begleitpersonen gut in schulische Strukturen und Abläufe eingebunden sind und als »vollwertige« Mitglieder des Schulteams behandelt werden. In diesem Zusammenhang sollten Begleitpersonen – genau wie die anderen an der Schule tätigen Personen – zu Veranstaltungen der Schule eingeladen werden, wie z. B. Schulfesten, Theateraufführungen, Vorträgen und Fortbildungen.

Außerdem sollte geprüft werden, inwieweit Begleitpersonen an Teamsitzungen und Klassenkonferenzen teilnehmen können, in denen Belange des betreuten Kindes mit FASD besprochen werden. Grundsätzlich spricht einiges dafür, Begleitpersonen auch hier stärker einzubinden. So können sie durch die Teilnahme an Konferenzen ein besseres Verständnis für die Lernziele und Erwartungen der Lehrkräfte entwickeln und gewinnen einen besseren Einblick in die individuellen Fortschritte des begleiteten Kindes. Dadurch wiederum können sie ihre Unterstützung besser auf dessen Bedürfnisse abstimmen. Darüber hinaus ist es ihnen leichter möglich, direkt mit Lehrkräften zu kommunizieren. Dies kann die Zusammenarbeit zwischen allen Beteiligten verbessern und dazu beitragen, dass den Bedürfnissen der begleiteten Kinder besser Rechnung getragen wird. Zu beachten ist allerdings, dass die Regeln und Vorschriften für die Teilnahme von Begleitpersonen an Klassenkonferenzen von Bundesland zu Bundesland und von Schule zu Schule variieren können. In einigen Fällen muss wahrscheinlich auch berücksichtigt werden, dass einige Lehrkräfte der Teilnahme von Begleitpersonen zunächst eher skeptisch gegenüberstehen.

Eine weitere sinnvolle Maßnahme zur besseren Einbindung von Begleitpersonen in schulische Strukturen ist die Benennung einer Schulbegleitungs-Beauftragten, also einer festen Ansprechperson für Begleitpersonen an einer Schule. Diese Ansprechperson sollte die Personen, Strukturen und Abläufe der jeweiligen Schule gut kennen und darüber hinaus mit dem Thema »Schulbegleitung« vertraut sein. Schulbegleiterinnen und Schulbegleiter sollten sich mit Fragen und Anliegen an diese Person wenden können, die das begleitete Kind, dessen Unterstützung und insbesondere die kollegiale Zusammenarbeit betreffen. Die bzw. der Schulbegleitungs-Beauftragte steht ihnen beratend oder vermittelnd zur Seite; darüber hinaus organisiert und moderiert sie bzw. er regelmäßige kollegiale Treffen von Schulbegleiterinnen und Schulbegleitern an der Schule. In vielen Fällen dürfte die Schulsozialarbeiterin oder der Schulsozialarbeiter prädestiniert sein, diese Funktion zu übernehmen. In anderen Fällen kann ein Mitglied des Lehrerkollegiums die feste Ansprechperson für Begleitpersonen sein. Wichtig ist, dass zwischen der Schulbegleitungs-Beauftragten und der pädagogischen Fachkraft des Leistungsanbieters eine gute Zusammenarbeit besteht und Aufgaben einvernehmlich abgestimmt werden.

Das Wichtigste in Kürze

- Schule und Leistungsanbieter sollten gemeinsam dafür Sorge tragen, dass Maßnahmen zur Verbesserung der Zusammenarbeit zwischen Lehrkräften und Begleitpersonen durchgeführt werden.
- Gemeinsame Schulungen für Lehrkräfte und Begleitpersonen von Kindern mit FASD sind geeignet, um deren wechselseitiges Verständnis und Kooperationsbereitschaft zu fördern.
- Eine schriftliche Handreichung für Lehrkräfte und Begleitpersonen, in der die jeweiligen Aufgaben und Zuständigkeiten genau beschrieben werden, trägt zu mehr Transparenz und Rollenklarheit bei.
- Begleitpersonen sollten an Teamsitzungen und Klassenkonferenzen teilnehmen können, in denen Belange des betreuten Kindes mit FASD besprochen werden.
- An der Schule sollte eine feste Ansprechperson für Schulbegleiterinnen und Schulbegleiter benannt werden.

4.3 Kollegiale Beratung und Supervision

Die Fachkompetenz einer Begleitperson von Kindern mit FASD entwickelt sich mit wachsender Berufserfahrung – und in dem Maße, in dem sie bereit ist, ihre Arbeit kontinuierlich zu reflektieren und dazuzulernen (vgl. Kapitel 3.1: Voraussetzungen und Kompetenzen der Begleitperson). Einen guten Rahmen hierfür bietet der fachliche Austausch mit anderen Schulbegleiterinnen und Schulbegleitern. Die Möglichkeit zu regelmäßiger kollegialer Beratung – manchmal auch als »Intervision« bezeichnet – kann daher als weiteres wichtiges Qualitätsmerkmal in der Schulbegleitung angesehen werden. Es handelt sich dabei um eine Form der Beratung, bei der Schulbegleiterinnen und Schulbegleiter in einer Gruppe zusammenkommen, um ihre Erfahrungen auszutauschen, voneinander zu lernen und gemeinsam Lösungen für schwierige Situationen zu entwickeln. Regelmäßige kollegiale Beratung trägt unter anderem dazu bei, dass die Teilnehmenden ihr fachliches Wissen erweitern, mehr Handlungssicherheit entwickeln, ihre berufliche Rolle klarer sehen und emotionale Entlastung erfahren.

PRAXISBEISPIEL

»Einmal im Monat organisiert unser Träger kollegiale Fallgespräche. Da kommen zwischen fünf und 15 Schulbegleitungen zusammen, und da geht's eben darum, dass anonym Fälle besprochen werden. Man kann mit den anderen Kolleginnen und Kollegen Probleme ansprechen, Möglichkeiten, was man machen könnte, aber man bekommt eben auch einfach Unterstützung von den anderen, so ein bisschen im Sinne von: Ich weiß, wie du dich fühlst, das ist ja super stressig! Und das finde ich eigentlich auch sehr entlastend.«

(Schulbegleiterin eines 10-jährigen Jungen mit FASD)

Kollegiale Beratung sollte durch den Leistungsanbieter ermöglicht und gefördert werden, z. B. durch die Bereitstellung von Räumlichkeiten und die Organisation regelmäßiger Termine (z. B. einmal pro Monat), die von den Teilnehmenden auch als reguläre Arbeitszeit abgerechnet werden können. Die zuständige Fachkraft des Leistungsanbieters sollte ebenfalls an der kollegialen Beratung teilnehmen. Empfehlenswert ist die Festlegung von Rahmenbedingungen und Regeln für die Durchführung der Gruppengespräche:

- In der Regel übernimmt die zuständige Fachkraft des Leistungsanbieters die Moderation der kollegialen Beratung. Prinzipiell ist es aber auch möglich, dass eine Teilnehmerin oder ein Teilnehmer für einen zu vereinbarenden Zeitraum die Moderation der kollegialen Beratung übernimmt; wenn diese Person selbst einen Fall vorstellt, kann in dieser Zeit eine Kollegin oder ein Kollege die Moderation übernehmen.
- Alle Teilnehmenden sollten die Möglichkeit haben, ihre Fragen und Themen in der kollegialen Beratung einzubringen. Zu Beginn eines Gruppengesprächs kann gemeinsam überlegt werden, welche Anliegen ggf. besonders dringlich sind und zuerst thematisiert werden sollten. Weniger akute Fragen können in einen »Themenspeicher« aufgenommen und beim nächsten Gruppentreffen besprochen werden.
- Es sollten verbindliche Gruppenregeln für die kollegiale Beratung vereinbart werden, die allen Teilnehmenden bekannt sind, z. B. im Hinblick auf Abläufe, Prioritäten sowie fachliches und persönliches Feedback.
- Wenn konkrete Fälle thematisiert werden, sollte dies immer unter Wahrung der Anonymität und Beachtung der professionellen Schweigepflicht geschehen. Keinesfalls sollten Informationen aus der kollegialen Beratung an Außenstehende weitergegeben werden.

Die genannten Rahmenbedingungen und Regeln sollen sicherstellen, dass die Teilnehmenden in einem geschützten Rahmen über ihre Arbeit reflektieren und sich bestmöglich gegenseitig unterstützen können.

In der Praxis ist es häufig so, dass Schulbegleiterinnen und Schulbegleiter von Kindern mit unterschiedlichen Einschränkungen und Förderbedarfen an kollegialen Beratungsgesprächen teilnehmen (z. B. Begleitpersonen von Kindern mit Autismus, ADHS oder geistigen Behinderungen). Nicht alle Teilnehmenden in der Gruppe sind daher mit den spezifischen Herausforderungen vertraut, die die Betreuung eines Kindes mit FASD mit sich bringt. Trotz dieses »Nachteils« trägt kollegiale Beratung fast immer wesentlich dazu bei, dass Schulbegleiterinnen und Schulbegleiter von Kindern mit FASD besser auf die Herausforderungen ihrer Arbeit vorbereitet sind und ihre Aufgaben effektiver erfüllen können.

Eine kollegiale Beratung speziell für Begleitpersonen von Schülerinnen und Schülern mit FASD ist in der Praxis bislang nicht verbreitet. Dies ist insofern schade, als Kinder mit FASD teilweise sehr spezifische Bedürfnisse haben, die auch sehr spezifische Angebote und Handlungsstrategien der Begleitperson erfordern. Insofern ist davon auszugehen, dass kollegiale Austauschtreffen speziell für Begleitpersonen von Kindern mit FASD einen deutlichen fachlichen Mehrwert für die Teilnehmenden bieten. Mit der wachsenden Nachfrage nach Schulbegleitung für Kinder mit FASD dürfte auch der Bedarf nach FASD-spezifischen Austauschtreffen mittelfristig zunehmen. Es ist allerdings davon auszugehen, dass diese am ehesten dann realisiert werden können, wenn sie anbieterübergreifend und überregional stattfinden. Auch kollegiale Beratung per Videokonferenz kann eine gute Möglichkeit sein, Begleitpersonen von Kindern mit FASD aus unterschiedlichen Regionen zusammenzubringen.

PRAXISBEISPIEL

»Ich fände es schön, wenn es praktisch eine Möglichkeit, eine Schulung oder irgendetwas gäbe, wo sich Schulbegleiter von Kindern mit FASD regelmäßig treffen und austauschen könnten. Wo man dann wirklich über ganz spezifische Situationen sprechen könnte. Da könnten eben dann auch Erfahrungen nur unter uns ausgetauscht werden. Das wäre definitiv wünschenswert.«

(Schulbegleiterin eines 10-jährigen Jungen mit FASD)

Eine weitere wichtige Möglichkeit, das eigene berufliche Handeln und – damit verbunden – die eigene berufliche Rolle zu reflektieren, ist Supervision. Im Kontext von Schulbegleitung wird Supervision am ehesten als Teamsupervision angeboten, also für Schulbegleiterinnen und Schulbegleitern eines Leistungsanbieters. Die Teilnehmenden haben dabei die Möglichkeit, gemeinsam mit der Gruppe und unter der Anleitung eines externen Supervisors oder einer externen Supervisorin ein Anliegen zu besprechen. Dabei kann es sich z. B. um die Erörterung eines besonders komplexen Falls handeln, aber auch den adäquaten Umgang mit Rollenkonflikten oder Kommunikationsproblemen im kollegialen Kontext.

PRAXISBEISPIEL

»Supervision finde ich auf jeden Fall sinnvoll, am besten als regelmäßiges Angebot. Um einfach eine Möglichkeit zu haben, über schwierige Situationen mit dem zu begleitenden Kind sprechen zu können. Das halte ich für superwichtig! Es kann auch dabei helfen zu verstehen, wenn es manchmal nicht passt. Ich habe mal ein Mädchen betreut, bei dem ich mir das einfach eingestehen musste. Ich musste sie an eine Kollegin abgeben, weil das sonst absolut unprofessionell gewesen wäre.«

(Schulbegleiterin eines 10-jährigen Jungen mit FASD)

Supervision für Begleitpersonen von Kindern mit FASD sollte nach Möglichkeit regelmäßig (z. B. einmal pro Quartal) und durch eine externe Person erfolgen, die als Supervisor bzw. Supervisorin zertifiziert ist und das Behinderungsbild FASD hinreichend gut kennt. Allerdings kommt dieser »Idealfall« in der Praxis selten vor. Erfahrungsgemäß erhalten nur sehr wenige Schulbegleiterinnen und Schulbegleiter eine durch ihren Arbeitgeber finanzierte Supervision. In manchen Fällen wird Supervision nur unregelmäßig oder punktuell als einmalige Veranstaltung angeboten. Ähnlich wie im gesamten Bereich der Fort- und Weiterbildung hängt die Bereitstellung von Supervision von den finanziellen Möglichkeiten des jeweiligen Arbeitgebers ab, aber auch vom vermuteten Mehrwert dieser Leistung für die Qualität der Schulbegleitung. Im Zuge der stetig zunehmenden Nachfrage nach Schulbegleitung und der Forderung nach Professionalisierung und Qualitätsentwicklung in diesem Bereich dürfte auch Supervision für Begleitpersonen mittelfristig deutlich wichtiger werden. Vor diesem Hintergrund ist zu wünschen, dass sich Schulbegleiterinnen und Schulbegleiter selbstbewusst dafür einsetzen, dass sie in angemessenem Umfang Supervision erhalten – die fachlichen Argumente haben sie auf ihrer Seite.

Das Wichtigste in Kürze

- Kollegiale Beratung (Intervision) ist eine Form der Beratung, bei der sich Begleitpersonen in einer Gruppe über ihre Berufspraxis austauschen und gegenseitig unterstützen.
- Kollegiale Beratung ist ein wertvolles Instrument für Begleitpersonen, um ihre berufliche und persönliche Entwicklung zu fördern.
- Im Rahmen einer Supervision können Begleitpersonen ihr berufliches Handeln sowie ihre berufliche Rolle unter erfahrener Anleitung reflektieren. Dies wirkt entlastend und hilft dabei, die eigene Fachkompetenz zu verbessern.
- Die Möglichkeit zu regelmäßiger kollegialer Beratung und/oder Supervision kann als weiteres wichtiges Qualitätsmerkmal in der Schulbegleitung von Kindern mit FASD betrachtet werden.

4.4 Verbesserte Arbeitsbedingungen

Unsere Beschreibung möglicher Maßnahmen zur Qualitätsentwicklung von Schulbegleitung wäre unvollständig ohne Empfehlungen hinsichtlich verbesserter Arbeitsbedingungen für Schulbegleiterinnen und Schulbegleiter. Dabei umfasst der Begriff »Arbeitsbedingungen« zahlreiche unterschiedliche Aspekte, wie z. B. Arbeitszeiten, Arbeitsorganisation, Arbeitsaufgaben, Arbeitsumgebung, Arbeitsplatzsicherheit, Entlohnung und Aufstiegsmöglichkeiten. Aus der Arbeitspsychologie ist bekannt, dass sich all diese Faktoren – je nach Ausprägung – positiv oder auch negativ auf die Arbeitszufriedenheit, die Motivation und die Leistung von berufstätigen Personen auswirken können. Im Folgenden werden einige Verbesserungsmöglichkeiten im Hinblick auf Arbeitsbedingungen von Schulbegleiterinnen und Schulbegleitern skizziert, die derzeit leider oft als suboptimal bezeichnet werden müssen.

Ein erster Grund hierfür ist, dass Schulbegleitung (bislang) kein formaler Ausbildungsberuf mit klar geregelten Zugangsvoraussetzungen und Qualifikationskriterien ist. Dies hat zur Folge, dass Schulbegleiterinnen und Schulbegleiter auf sehr unterschiedlichen Wegen in ihren Beruf gelangen: Das Spektrum reicht von pädagogischen Fachkräften über Studierende und Personen, die ein freiwilliges soziales Jahr oder den Bundesfreiwilligendienst absolvieren bis hin zu sogenannten »Quereinsteigern«, also Menschen mit nicht-pädagogischen Grundberufen, die sich z. B. aus persönlichen oder familiären Gründen für diese Tätigkeit entscheiden. Die von verschiedenen Trägern und Einrichtungen angebotenen Weiterbildungen zur Vorbereitung auf die Assistenztätigkeit sind wiederum unterschiedlich lang und umfangreich. Vor diesem Hintergrund fehlt es leider oft an Anerkennung für diesen »Beruf«.

PRAXISBEISPIEL

»Ich finde, dieser Berufszweig – ein richtiger Beruf ist es ja eigentlich nicht – ist sehr wichtig. Weil wir eben den Kindern Möglichkeiten geben, dass sie gut durch den Schulalltag durchkommen, da sie ansonsten in einer normalen Regelschule untergehen würden, und es wäre auch kein normaler Unterricht möglich. Dafür müsste die Schulbegleitung eigentlich zumindest feste Arbeitsverträge mit klaren Regelungen bekommen.«

(Schulbegleiterin eines 13-jährigen Mädchens mit FASD)

Die Arbeitszeiten von Schulbegleiterinnen und Schulbegleitern sind oftmals dadurch gekennzeichnet, dass ihre Tätigkeit nur in Teilzeit und zeitlich befristet ausgeübt werden kann. Somit haben viele Begleitpersonen keine berufliche Planungssicherheit; ihre finanzielle Situation erleben sie häufig als unbefriedigend. Dies liegt unter anderem daran, dass der benötigte Stundenumfang des begleiteten Kindes in den meisten Fällen nicht dem Umfang einer Vollzeitstelle entspricht. Da zudem die Bewilligung einer Schulbegleitung fast immer befristet erfolgt, erhalten Schulbegleiterinnen und Schulbegleiter zumeist nur befristete Arbeitsverträge. Ihr Beschäftigungsverhältnis ist von der Kostenzusage des jeweiligen Kostenträgers (Jugend- oder Sozialamt) für das zugeteilte Kind bzw. einer Weiterbewilligung abhängig. Die Laufzeit eines befristeten Arbeitsvertrages im Rahmen der Schulbegleitung beträgt meist zwölf Monate. Da es sich in der Regel um Sachgrundbefristungen mit festgelegtem Datum zum Vertragsende handelt (meist zum Ende des Schuljahres oder Schulhalbjahres), werden Arbeitsverträge mehrfach befristet. Auch Arbeitsverträge von Begleitpersonen, die Schülerinnen und Schüler mit gravierenden und lebenslang anhaltenden Beeinträchtigungen unterstützen, wie das bei Kindern mit FASD in aller Regel der Fall ist, enthalten Befristungen. Nur wenige Leistungsanbieter bieten Begleitpersonen einen unbefristeten Arbeitsvertrag an.

PRAXISBEISPIEL

»Es gibt Kinder wie Benedikt, die brauchen konstante Unterstützung bis zum Ende der Schulzeit. Dass man da nicht sagt, da können wir Festverträge geben – meinetwegen mit einer Klausel, dass der Vertrag endet, wenn die Familie wegzieht oder wenn das Kind die Schule verlässt – das sind so Sachen, die verstehe ich nicht!«

(Schulbegleiterin eines 12-jährigen Jungen mit FASD)

Schulbegleiterinnen und Schulbegleiter müssen zudem damit rechnen, dass sich der zu leistende Stundenumfang nach einem Hilfeplangespräch ändern kann. Im Rahmen der Bedarfsermittlung (Hilfeplangespräch) wird auch der wöchentliche Stundenumfang regelmäßig überprüft und bei Bedarf angepasst. Dieser kann geringer sein, wenn das betreute Kind mit der Zeit »selbstständiger« (d.h. ohne Unterstützung der Begleitperson) an bestimmten Unterrichtsfächern teilnehmen kann. Erfahrungsgemäß zeichnet sich eine solche Entwicklung im Verlauf der Schulbegleitung ab und wird frühzeitig mit allen Beteiligten besprochen. Der Stundenumfang kann sich aber auch erhöhen, wenn das Kind in die nächsthöhere Klasse (mit einer höheren Anzahl von Wochenpflichtstunden) versetzt wird oder das Kind außerhalb des Unterrichts, z.B. in der Offenen Ganztagsbetreuung, zusätzliche Unterstützung benötigt. Auch der Wechsel von der Grundschule auf die weiterführende Schule geht in der Regel mit einer höheren Anzahl von Wochenpflichtstunden einher.

Auch Regelungen zu Freizeit und Urlaub gehören zu den Arbeitsbedingungen. Begleitpersonen haben bei einer Vollzeitstelle in der Regel einen Anspruch auf etwa 30 Urlaubstage im Jahr, die sie allerdings meist nur in den Schulferien bzw. an schulfreien Tagen nehmen können. Da im Schulbetrieb wesentlich mehr freie Tage anfallen (Summe der Schulferien und der beweglichen Ferientage), überschreiten diese den Urlaubsanspruch der Begleitperson. Dies führt dazu, dass bei manchen Arbeitsgebern die Verträge bereits zu Beginn der Sommerferien enden und sich die Begleitperson für den Zeitraum der Sommerferien arbeitssuchend melden muss. Eine bessere Alternative, wie sie manche Arbeitgeber bereits nutzen, ist ein Arbeitszeitkonto. Das bedeutet, dass nicht alle regulären Arbeitsstunden direkt vergütet werden, sondern ein gewisser Prozentsatz auf einem Arbeitszeitkonto gutgeschrieben werden. Schulferien und bewegliche Ferientage, die über den Urlaubsanspruch hinaus gehen, können so mit den angesammelten Stunden aus dem Arbeitszeitkonto ausgeglichen werden. So bleibt die Begleitperson auch während der Sommerferien im Beschäftigungsverhältnis.

Begleitpersonen werden häufig nur für ihre tatsächlich abgeleisteten Stunden bezahlt. Ist das Begleitkind beispielsweise krank, so wird die Begleitperson freigestellt und erhält keine Lohnfortzahlung. Bei manchen Leistungsanbietern kann die Begleitperson im Rahmen einer Vertretungsregelung ein anderes Kind unterstützen, dessen Begleitperson vorübergehend nicht im Dienst ist. Schulbegleiterinnen und Schulbegleitern sollten daher bereits im Vorstellungsgespräch erfragen, ob bei Krankheit des Begleitkindes eine Verdienstausfallentschädigung gezahlt werden kann. Eine Lohnfortzahlung bei krankheitsbedingten Ausfallzeiten des Begleitkindes gewähren manche Leistungsanbieter, sofern die Begleitperson z. B. bei Bedarf als Vertretung bereitsteht. An dieser Stelle sei auch noch auf einen weiteren problematischen Aspekt hingeweisen: Wenn nämlich die Begleitperson erkrankt, benötigen viele Schülerinnen und Schüler eine Vertretungsperson, die jedoch der Leistungsanbieter nicht immer stellen kann – eine sehr schwierige Situation für viele Begleitkinder und ihre (Pflege-)Eltern.

PRAXISBEISPIEL

»Ist die Schulbegleitung krank, gibt es keinen Ersatz. Unter Umständen hat Erik wochenlang keine Begleitung. Das war schon in der Grundschule so. In der ersten Klasse, als die Schulbegleiterin krank war, erhielt ich einen Anruf von der Direktorin der Schule, ich soll doch Erik auch zu Hause lassen. Ohne Schulbegleitung wäre das natürlich eine ganz schwierige Situation! Erik ist dann ganz schnell überfordert, er bekommt Wutausbrüche, und diese Missverständnisse entstehen. Es müssten daher mehrere Schulbegleiter zur Verfügung stehen, die pendeln und bei Krankheitsfällen eingesetzt werden.«

(Pflegemutter eines 12-jährigen Schülers mit FASD)

In der Praxis zeigt sich, dass Poolmodelle für manche Begleitpersonen sowie Schülerinnen und Schüler gute Lösungen bei krankheitsbedingten Fehlzeiten ermöglichen. Speziell bei Kindern mit FASD sollte allerdings bedacht werden, dass diese mit der Begleitung durch eine bis dato unbekannte Begleitperson schnell überfordert sein können. Im Idealfall sollte das Kind deswegen schon vorher Gelegenheit erhalten haben, die Vertretungsperson kennenzulernen.

Weiterer Verbesserungsbedarf im Hinblick auf Arbeitsbedingungen ergibt sich aus der Tatsache, dass der bewilligte Stundenumfang im Rahmen von Schulbegleitung sich manchmal ausschließlich auf den Stundenplan des Kindes beziehen kann. Das bedeutet, dass Zeiten für den Austausch außerhalb des Unterrichts, also z. B. mit (Pflege-)Eltern, Lehrkräften, Therapeuten u. a. nicht eingeplant sind und nicht finanziell entgolten werden. Nachdem in diesem Buch bereits hinreichend ausführlich erläutert wurde, dass Austausch und Kooperation unabdingbar für den Erfolg der Maßnahme Schulbegleitung sind, sollte dies in der Bewilligung des Betreuungsumfangs angemessen berücksichtigt werden.

PRAXISBEISPIEL

»Elterngespräche oder wenn ich nach dem Unterricht nochmal mit der Klassenlehrerin reden muss, kann ich nicht als Arbeitszeit abrechnen.«

(Schulbegleiterin eines 12-jährigen Jungen mit FASD)

Die Jugend- bzw. Sozialämter als Kostenträger bemessen die Kosten für Schulbegleitung und schließen mit dem Leistungsanbieter sogenannte Leistungs- und Entgeltvereinbarungen ab. Diese können von Kommune zu Kommune durchaus unterschiedlich sein. Die Leistungsvereinbarungen orientieren sich an den Landesrahmenverträgen des jeweiligen Landes. Der Leistungsanbieter soll prinzipiell gewährleisten, dass das Leistungsangebot der Schulbegleitung »geeignet sowie ausreichend, zweckmäßig und wirtschaftlich« ist (§ 78c Abs. 1 S. 3 SGB VIII). Somit verantworten die Leistungsanbieter dieses Leistungsangebot, wobei sie einen gewissen Gestaltungs- und Ermessensspielraum haben. Die Rahmenbedingungen für Schulbegleitung können sich deshalb von Leistungsanbieter zu Leistungsanbieter deutlich unterscheiden. Diese sind jedoch zum Teil unzureichend, um die Qualität der Schulbegleitung nachhaltig sicherzustellen. Dies ist beispielsweise der Fall, wenn die vom Kostenträger vergüteten Stundensätze nicht ausreichen, um faire und zumutbare Arbeitsbedingungen für die Begleitperson zu gewährleisten.

Schulbegleitung wird auch in Zukunft eine nicht wegzudenkende Ressource für die Bildungsteilhabe von Schülerinnen und Schülern mit speziellem Förderbedarf sein. Eine weitere Professionalisierung dieser Tätigkeit ist in hohem Maße wünschenswert, weil hiervon vor allem die begleiteten Kinder profitieren. Ähnlich wie in anderen sozialen Berufen sind verbesserte Arbeitsbedingungen unabdingbar, um auch dem zukünftigen Unterstützungsbedarf von Kindern mit Behinderung gerecht zu werden und um Stellen mit fachkompetenten und motivierten Personen besetzen zu können.

Das Wichtigste in Kürze

- Die Tätigkeit von Schulbegleiterinnen und Schulbegleitern sollte generell durch klare Qualifikationskriterien sowie durch möglichst einheitliche Regelungen zu Ausbildung und Berufsausübung aufgewertet werden.
- Maßnahmen zur Qualitätsverbesserung von Schulbegleitung müssen auch verbesserte Arbeitsbedingungen von Begleitpersonen umfassen. Dies ist entscheidend für eine weitere Professionalisierung dieser Tätigkeit.
- Verbesserte Arbeitsbedingungen führen zu einer größeren Arbeitszufriedenheit, erhöhtem Engagement und einer stärkeren Identifikation mit dem Job.
- Verbesserte Arbeitsbedingungen beinhalten eine leistungsgerechte Bezahlung sowie eine hinreichende Planungssicherheit jenseits befristeter oder prekärer Beschäftigungsverhältnisse.
- Weitere sinnvolle Maßnahmen sind sozialverträgliche Regelungen für Urlaubs- und Krankheitszeiten.

5 Erfahrungsberichte

5.1 Erfahrungsbericht einer Schulbegleiterin

»Als Schulbegleiterin unterstütze ich Thomas auf ganz unterschiedliche Weise.«

Silke Jansen (51 Jahre), Schulbegleiterin eines 10-jährigen Jungen mit FASD

Meine »Berufung« als Schulbegleiterin habe ich erst relativ spät entdeckt. Ich bin, wie man so sagt, Quereinsteigerin, von meiner Ausbildung her bin ich eigentlich Arzthelferin und Bürokauffrau. Aber weil ich selbst zwei Pflegekinder mit Schulproblemen habe, war ich jahrelang intensiv mit dem Thema Schule befasst. Dabei habe ich auch immer wieder unkonventionelle Möglichkeiten für eine bessere Lernbereitschaft meiner Kinder gesucht und ausprobiert, sodass ich darin viele Erfahrungen sammeln konnte. Außerdem habe ich mehrere Schulungen mitgemacht zu den Themen Pflegekinder und Schule, Lerntherapie, Inklusion usw. So habe ich im Lauf der Zeit einiges an Wissen erworben, was mir heute in der Schulbegleitung von Kindern mit Unterstützungsbedarf zu Gute kommt.

Seit etwa einem Jahr bin ich jetzt die Schulbegleiterin von Thomas, der im Moment die dritte Klasse in einer Regelschule besucht. Thomas hat FASD, das Vollbild. Er ist ein Adoptivkind, wurde schon als Baby direkt vom Krankenhaus adoptiert. Die Eltern haben auch einen großen leiblichen Sohn und noch ein weiteres Adoptivkind. Eigentlich ist Thomas in einer ganz normalen Familie groß geworden, also mit Vater, Mutter, Oma, Opa, Tante. In einer kleinen Stadt, in einem schönen Stadtteil. Thomas ist ein sehr aufgewecktes Kind. Wenn ihn etwas interessiert, fragt er immer gleich nach. Er spielt sehr gerne und kann sich sehr in ein Spiel vertiefen. Er signalisiert auch, was er gerne mag und auch was er nicht möchte. Und er ist ein fröhlicher Junge, ein richtiger Charmeur! Manchmal wickelt er einen richtig um den Finger. Schüchtern ist er definitiv nicht! Wenn er etwas gut geschafft hat, strahlt er einen richtig an. Aber er kann auch aufbrausend und wütend sein, wenn etwas nicht klappt. Alles Regelmäßige bringt ihm Sicherheit, und dann kann er das meist auch. Auch schwierigere Sachen wie Mathe – wenn es ihn interessiert und er sich sicher fühlt, bleibt er auch dran.

Natürlich hat Thomas durch FASD einige Lernbesonderheiten und braucht viel Unterstützung. Sein größtes Problem ist definitiv die Konzentrationsstörung. Er ist sehr leicht abgelenkt, sowohl in der Klasse als auch zu Hause. Eigentlich versteht er Mathe gut und kann prinzipiell auch umsetzen, was ihm beigebracht wird. Das Besondere bei ihm ist eben, dass er es immer und immer wieder lernen und ganz oft wiederholen muss. Also diese verliebten Zahlen zum Beispiel oder die Zahlen zu Zehn ergänzen. Das haben wir, glaube ich, ein Jahr lang immer wieder geübt und wiederholt, bis er das dann irgendwann konnte. Außerdem hilft es Thomas, die Aufgaben herunterzubrechen – also, wenn die anderen Kinder zehn Aufgaben machen müssen, reicht es für ihn, dass er fünf bekommt, und die Aufgabenblätter dürfen auch nicht zu voll sein. Das verwirrt ihn, weil er sich dann die ganze Seite anguckt und sich total überfordert fühlt. Hinzu kommt, dass er sehr zappelig ist. Seine motorische Unruhe ist fast durchgehend gegeben. Grundsätzlich fällt es ihm sehr schwer, durchgehend und konzentriert an einer Aufgabe oder einem Aufgabenblock zu arbeiten. Man kann ihm aber helfen, sich zu fokussieren. Zum Beispiel kann man ihm sagen: »So, ich stelle jetzt die Stoppuhr, mal sehen, wie schnell du die Aufgabe löst.« Dann schafft er es oft, an dieser einen Aufgabe sehr konzentriert zu arbeiten. Und was Thomas auch sehr hilft, sind bildliche Darstellungen. Etwas zum Anfassen, um die Inhalte in den einzelnen Schulfächern im wahrsten Sinn des Wortes zu begreifen. Das ist für ihn enorm hilfreich.

Als Schulbegleiterin muss ich einen genauen Blick dafür haben, wie es Thomas geht und was er braucht. Wenn er sich wohl fühlt, sieht man ihm das direkt an, er sitzt dann viel lockerer und entspannter da, erzählt mehr und lacht viel. Er hat dann oft ein richtiges Strahlen in den Augen. Aber wenn er sich unwohl fühlt, z. B. wenn er sich überfordert oder ungerecht behandelt fühlt oder wenn er sich gestritten hat, nimmt seine motorische Unruhe extrem zu. Er spricht dann sehr hektisch und weinerlich. Manchmal platzt aus ihm heraus, was passiert ist. Manchmal setzt er sich aber auch nur wütend an den Tisch und will nicht darüber reden. Dann ist er so stark verkrampft, dass er da nicht mehr ohne Hilfe rauskommt. In solchen Situationen nutze ich Gefühlskarten, ich sage: »Komm, zeig mir doch mal, wie es dir gerade geht.« So kriege ich ihn zum Erzählen. Oder er soll mir aufmalen, was passiert ist. Wenn er das macht, kann ich ihn besser verstehen und auf ihn eingehen.

Die Grundschule, die Thomas besucht, ist relativ klein, zwei- bis dreizügig. In seiner Klasse sind 28 Kinder, und die sitzen auch relativ eng. Im Klassenzimmer hängen überall Bilder und Kunstwerke der Kinder, alles ist sehr bunt und etwas durcheinander. Das alles ist definitiv nicht optimal für Thomas, denn Kinder mit FASD benötigen eigentlich eine möglichst übersichtliche und reizarme Umgebung. Immerhin gibt es hinten im Klassenzimmer eine kleine Spielecke mit Kuschelkissen, wo sich Thomas zur Not mal zurückziehen kann. Wenn seine motorische Unruhe zu groß wird, dann gehen wir auch einfach mal auf den Pausenhof. Und wenn in der Schule mal ein Raum frei ist, setzen wir uns oft zu zweit hinein, oder wir sitzen im Flur, was manchmal immer noch besser ist, als die ganze Zeit in der Klasse zu sitzen.

Grundsätzlich fühlt sich Thomas auf dieser Schule wohl, weil er sich angenommen fühlt. Vor allem, weil seine Lehrerin ihn so nimmt, wie er ist. Sie mag ihn, ohne ihn zu bevorzugen. Und sie weiß intuitiv immer ganz genau, welche Aufgaben sie ihm geben oder was sie fragen kann, ohne ihn zu überfordern. Oder sie sagt: »So, jetzt reichen zwei Aufgaben, und danach kannst du mal eine Runde nach draußen gehen.« Ich finde, sie macht das wirklich wunderbar! Optimal fürs Lernen wäre es natürlich, wenn auch noch die Rahmenbedingungen besser wären – so reizarm wie möglich, so wenig Kinder wie möglich. Das hat sich übrigens auch während der Corona-Zeit herausgestellt, als Thomas sehr vom Eins-zu-eins-Unterricht profitiert hat.

Als Schulbegleiterin unterstütze ich Thomas auf ganz unterschiedliche Weise. Ganz wichtig ist es, die Aufgaben immer wieder zu wiederholen, das habe ich ja schon erwähnt. Während des Unterrichts helfe ich ihm, seine Konzentration aufrecht zu erhalten, und das ist oft nötig. Sein Tisch muss immer möglichst leer sein, sonst ist er gleich abgelenkt. Manchmal muss ich ihn nur ein bisschen anstupsen, dann zeigt er auch schon auf. Wenn ich aber merke, dass er sehr unkonzentriert ist, gehe ich mit ihm auch mal nach draußen und gehe die Sachen im Flur mit ihm durch. Oder ich helfe ihm dabei, seine Arbeit zu organisieren. Etwa, wenn die Kinder selbständig etwas im Buch oder im Heft erarbeiten sollen. Dann weise ich ihn darauf hin, welches Heft oder welches Buch er braucht, ob er es bitte mal herausholen kann und so weiter. Oder wir überlegen zusammen, ob er das Arbeitsblatt lieber links oder rechts hinlegt. Ganz oft geht es aber auch darum, Thomas zu motivieren und zu ermutigen. Zum Beispiel, wenn er sich nicht traut, sich am Unterricht zu beteiligen. Wenn ich den Eindruck habe, dass er eine Frage der Lehrerin beantworten könnte, sage ich ihm: »Hör mal, ich glaube du weißt die Lösung!« Ganz oft war es so, dass er mir zuerst leise die Antwort zugeflüstert hat, und wenn ich ihm bestätigte, dass es richtig ist, hat er sich getraut, aufzuzeigen. Inzwischen ist es immer öfter so, dass er sich ohne diese Vergewisserung von sich aus meldet. Daran sieht man, dass er inzwischen schon etwas mehr Selbstvertrauen hat.

Motivieren bedeutet aber auch, dass er mehr Lust bekommt, sich mit schulischen Inhalten zu beschäftigen. Beispielsweise, wenn ich ihn bitte, mir zu zeigen, wie die Buchstaben der neuen Schreibschrift richtig gehen, denn ich habe es als Kind ja noch anders gelernt. Dann üben wir beide zusammen, und er bringt mir auch etwas bei, das macht ihm richtig Spaß. Oder bei Mathe, da sage ich schon mal: »Komm, jetzt lösen wir beide die Aufgabe und vergleichen unsere Lösungen!« Das mag er sehr, wenn ich auch mitmache, statt nur zuzusehen wie er die Aufgaben löst. Wichtig für seine Motivation ist es außerdem, ihn immer wieder zu loben und seine Arbeit zu würdigen. Dann sage ich ihm: »Schau doch mal, was du geschafft hast, das ist schon mehr als die Hälfte! Du könntest jetzt noch den Rest schaffen.« Das tut ihm oft gut. Inzwischen hat er diesen Trick auch schon ein bisschen durchschaut, neulich hat er gesagt: »Jetzt willst du mir bestimmt gleich wieder zeigen, was ich schon geschafft habe, stimmt's?«, aber man hat trotzdem gesehen, dass er sehr stolz darauf war.

Als Schulbegleiterin merke ich auch immer wieder, wie wichtig der Austausch mit den Eltern, den Lehrern und den anderen pädagogischen Fachkräften ist. Da könnte man sicher noch einiges verbessern. Schade finde ich zum Beispiel, dass ich als Schulbegleiterin nicht so richtig in die schulischen Strukturen eingebunden bin; auch zu Beratungen in der Schule werde ich nicht eingeladen. Trotzdem empfinde ich die Zusammenarbeit insgesamt als gut. Die Sonderpädagogin erzählt mir immer, was sie mit Thomas gemacht hat, und wenn sie noch schönes Material übrig hat, dann gibt sie mir das weiter. Auch mit der Klassenlehrerin bespreche ich mich sehr häufig. Absprachen sind gerade in besonderen Situationen sehr nützlich. Beispielsweise war ich vor einiger Zeit mal einige Tage krank und konnte Thomas nicht begleiten. Zum Glück war das kein großes Problem für ihn, denn ich habe die Mutter und die Lehrerin angerufen und Bescheid gesagt, und die Mutter hat das mit Thomas besprochen und ihn darauf vorbereitet, dass er es ein paar Tage ohne mich schafft. Auch die Lehrerin hat das sehr gut gemanagt. Insgesamt ging das ganz gut, allerdings hat man auch gesehen, dass Thomas nicht ganz so gut arbeiten konnte wie sonst. Er war dann auch froh, als ich wiederkommen konnte.

Also, alles in allem haben wir ein wirklich gutes Verhältnis. Das war von Anfang an so, wir hatten direkt einen guten Draht zueinander – sonst wäre die Zusammenarbeit wahrscheinlich auch gar nicht möglich gewesen. Und meine Rolle als Schulbegleiterin ist genau definiert, das finde ich auch sehr wichtig. Einmal hat mich eine Mitschülerin gefragt. »Sag mal Frau Jansen, bist du eigentlich die Oma von Thomas?«, denn zu Beginn war vielen der Kinder gar nicht klar, warum ich im Unterricht immer dabei bin. Thomas selbst antwortete ihr dann direkt: »Nein, das ist meine Integrationshelferin!«, so ganz selbstverständlich und auch ein bisschen stolz, glaube ich. Für ihn ist die Rolle klar. Ich bin für ihn keine Mama-Vertretung und auch keine Freundin oder eine nette Tante, sondern ich bin eben die Frau Jansen, die ihn in der Schule unterstützt, so. Und das kann er sehr gut annehmen.

Kritisch sehe ich, dass ich als Schulbegleiterin nicht besser darauf vorbereitet wurde, ein Kind mit FASD zu begleiten. Man muss schließlich bedenken, dass ich eigentlich keine pädagogische Fachkraft bin und keine einschlägige Ausbildung oder ein Studium habe. Meine fachlichen Vorkenntnisse basierten einfach darauf, dass ich selber Pflegekinder habe und deswegen viele Fortbildungen besucht habe. Also bei Lerntherapeuten, bei Psychologen und so weiter – aber eigentlich kann man sagen, meine wichtigste fachliche Fortbildung war das Leben selbst. Das notwendige Fachwissen und die notwendigen Fachkompetenzen für die Schulbegleitung von Thomas habe ich mir nach und nach selbst angeeignet, Learning by Doing. Ganz zu Beginn meiner Tätigkeit gab es eine einwöchige Schulung für alle Integrationshilfen, die bei meinem Träger neu anfingen. Dort wurde man halt über unterschiedliche Diagnosen informiert, ADHS, FASD, Depressionen und so weiter, aber eher in Form eines Überblicks. Auch darüber, was generell unsere Aufgaben als Integrationskräfte sind. Wir haben auch ein paar Selbsterfahrungsübungen gemacht, damit wir ein Gefühl dafür bekommen, wie sich so ein Kind fühlen könnte. Tja, aber das war's auch schon. Natürlich wurden wir darauf hingewiesen, dass es sinnvoll ist, weitere spezifische Schulungen zu besuchen, und auch im Internet gibt es heutzutage ja Möglichkeiten, sich weiterzubilden. Aber das alles liegt dann an der Eigeninitiative der Schulbegleiter. Letztendlich hatte ich jedenfalls das Gefühl, dass die Vorbereitung zwar motivierend, aber nicht wirklich ausreichend war, um Kinder mit FASD gut begleiten zu können. Man muss ja auch bedenken, dass viele FASD-Kinder nicht ganz so einfach im Umgang sind wie Thomas. Für die Kollegen, die solche Kinder begleiten, wäre eine intensivere und spezifische fachliche Vorbereitung und Einarbeitung meiner Meinung nach noch viel wichtiger. Schön fände ich es auch, wenn es eine Möglichkeit, eine Schulung oder irgendetwas gäbe, wo sich Schulbegleiter von Kindern mit FASD regelmäßig treffen und austauschen könnten. Wo man auch über ganz spezifische Situationen sprechen und Tipps bekommen könnte. Ja, das wäre aus meiner Sicht definitiv wünschenswert!

Alles in allem gefällt mir meine Tätigkeit als Schulbegleiterin sehr gut. Ich habe das Gefühl, dass ich mir den richtigen Job ausgesucht habe, dass ich meine Arbeit gut mache und auch gerne machen will. Vielleicht ist es kein Beruf, den ich mein Leben lang ausschließlich ausüben möchte – eventuell würde mir das auf die Dauer nicht reichen. Aber im Moment, in Verbindung mit meiner Lebenssituation und meinen eigenen Kindern, ist das für mich ein idealer Job, der mich wirklich ausfüllt und zufrieden macht.

5.2 Erfahrungsbericht eines Schulbegleiters

> »Als Schulbegleiter bin ich quasi die externe Exekutivfunktion von Niklas.«
>
> Tobias Schorn (54 Jahre), Schulbegleiter eines 13-jährigen Jungen mit pFAS

Ganz ehrlich: Schulbegleiter zu sein ist mein Traumjob! Ursprünglich habe ich Grafik-Design studiert, aber mir ist schon früh klar geworden, dass ich lieber im sozialen Bereich arbeiten möchte. Vor allem die Arbeit mit Kindern und Jugendlichen finde ich persönlich sehr bereichernd. Ich freue mich eigentlich jeden Tag auf meinen Job – auch wenn er manchmal ziemlich anstrengend ist. Als Schulbegleiter von Niklas bin ich mittlerweile seit drei Jahren tätig. Niklas ist 13 Jahre und hat eine Fetale Alkoholspektrumstörung. Deswegen fallen ihm viele Dinge schwerer als anderen Kindern. Manche Situationen in der Schule sind für Niklas sehr stressig, und er fühlt sich oft überfordert. Anfangs wollte er deswegen überhaupt nicht in die Schule, aber im Laufe der Zeit wurde das etwas besser. Aktuell besucht Niklas die 6. Klasse einer Förderschule mit dem Schwerpunkt »Körperlich-motorische Entwicklung« (KME). Das liegt daran, dass Niklas aufgrund der vorgeburtlichen Alkoholschädigung nicht nur kognitive Probleme hat, sondern auch einen Herzfehler. Die Bedingungen in der Förderschule kommen Niklas in vieler Hinsicht zugute, weil es da natürlich noch mehr Kinder gibt, die Hilfe oder Unterstützung benötigen. Und man kann dort in der Regel besser auf die Bedürfnisse dieser Schülerinnen und Schüler eingehen, als das in der Regelschule der Fall ist.

Anfangs wusste ich praktisch gar nichts über FASD, das war ein völlig unbekanntes Feld für mich. Deswegen fühlte ich mich zu Beginn auch sehr unsicher. Ich hatte zwar schon einige Erfahrungen mit der Schulbegleitung von autistischen Kindern gesammelt, aber das kann man nur bedingt auf Kinder mit FASD übertragen. Als ich wusste, dass ich mit Niklas arbeiten würde, habe ich mir erst mal alle möglichen Infomaterialien besorgt, um besser einschätzen zu können, was da so auf mich zukommt. Auch von den Pflegeeltern habe ich damals ein paar sehr nützliche Hinweise bekommen. In erster Linie habe ich mir einige Bücher zum Thema »Kinder mit FASD und Schule« bestellt, das war auf jeden Fall schon mal hilfreich. Im Laufe der Zeit habe ich auch noch an einigen FASD-Fachtagen teilgenommen, das war wirklich immer sehr informativ. Da musste ich mich zwar selbst drum kümmern, aber mein Arbeitgeber hat das zumindest finanziert. Ich kann auch nur empfehlen, sich als Schulbegleiter möglichst gut über die besonderen Probleme und Bedürfnisse von Kindern mit FASD zu informieren, das gibt einem einfach viel Sicherheit. Einerseits natürlich im Umgang mit dem Kind, wobei da natürlich auch der persönliche Kontakt und individuelle Lösungen sehr wichtig sind. Aber andererseits fühlt man sich auch viel sicherer in der Zusammenarbeit mit den anderen Fachkräften in der Schule. Man hat dadurch zum Beispiel ein ganz anderes Standing bei den Lehrern und wird deutlich mehr ernstgenommen und akzeptiert. Rückblickend finde ich es allerdings schon schade, dass es keine bessere fachliche Vorbereitung und Einarbeitung für meine Arbeit mit Niklas gab. Und das gilt eigentlich in gleicher Weise für die Lehrkräfte, die wurden ja im Grunde genommen genauso ins kalte Wasser geworfen wie ich als Schulbegleiter. Im Prinzip war es dann ein Learning by Doing, bei dem wir im Lauf der Zeit gemeinsam herausgefunden haben, was am besten funktioniert bei einem Kind mit FASD.

Bei Niklas merkt man auf den ersten Blick gar nicht, dass er eine Behinderung hat. Er ist charmant, fröhlich und hilfsbereit, vor allem wenn er sich sicher und vertraut fühlt. Und er ist unglaublich aktiv und bewegungsfreudig – ein toller Fußballer und ein guter Schwimmer. Generell spielt er sehr gerne und mit Begeisterung. Er macht auch gerne Puzzles und Bügelperlen, obwohl das seine Feinmotorik schon sehr fordert. Wenn er sich auf etwas eingelassen hat, ist er sehr ausdauernd darin. Die Kehrseite ist, dass er im Grunde genommen ständig beschäftigt sein muss. Schwierigkeiten resultieren oft daraus, dass er sich nicht beschäftigen kann oder mit einer Aufgabenstellung nichts anzufangen weiß. Ich erlebe ganz oft, dass ihm langweilig ist. Wenn er sich unwohl fühlt, igelt er sich schnell ein und geht in die Verweigerungshaltung. Er wird motorisch sehr unruhig und benutzt häufig heftige Schimpfwörter. Früher ist er öfter mal richtig ausgeflippt, hat Gegenstände im Raum rumgeworfen und laut gebrüllt. Mittlerweile verlässt er dann eher den Raum, was im Vergleich natürlich viel besser ist.

In die Schule zu gehen ist für Niklas generell stressig; vor allem der Frontalunterricht in der Klasse fällt ihm schwer. Auch vermeintlich einfache Aufgaben und Instruktionen überfordern ihn schnell. Das liegt daran, dass durch die FASD seine kognitiven Exekutivfunktionen beeinträchtigt sind. Er ist leicht ablenkbar, planvolle und strukturierte Handlungsabläufe kriegt er gar nicht gut hin. Er kann schlecht Ordnung halten, lässt alles überall stehen und liegen und sucht ständig nach irgendwas, weil ihm da komplett die Struktur fehlt. Andererseits ist Niklas in bestimmten Fächern weiter als andere Kinder in der Klasse. Aber auch das ist für ihn schwierig auszuhalten. Wenn zum Beispiel ein anderer Schüler etwas nicht weiß oder eine falsche Antwort gibt, beleidigt er den auch schon mal. Oder er wird ungeduldig, wenn der Lehrer zu lange auf eine Antwort wartet, ruft er die einfach rein, wenn er sie weiß. So können natürlich auch ganz leicht Missverständnisse und Konfliktsituationen entstehen. Meine Hauptaufgabe besteht deswegen darin, dass ich quasi die externe Exekutivfunktion von Niklas bin. Das heißt, ich versuche alles zu übernehmen, was er selber nicht schafft, und ihn dadurch zu unterstützen. Das ist vor allem die Organisierung seiner Handlungsabläufe. Wenn man ihm zum Beispiel eine Aufgabe gibt, passiert erst mal gar nichts. Dann versuche ich ihm zu erklären, wie die einzelnen Arbeitsschritte sind. Oft räume ich auch hinter ihm her, weil es noch schwieriger für ihn wäre, wenn er auch noch ständig Bücher und Hefte aufräumen oder suchen müsste. Aber wenn es möglich ist, z. B. am Ende einer Schulstunde oder Arbeitsphase, räumen wir seine Sachen gemeinsam auf.

Wenn Konfliktsituationen auftreten, kann das im schlimmsten Fall richtig eskalieren. Früher ist Niklas sogar öfter in körperliche Auseinandersetzungen geraten. Inzwischen kommt das deutlich seltener vor, weil wir mittlerweile besser einschätzen können, wann er überfordert ist, und das steuern können. Oft ist es zum Beispiel möglich, Konfliktsituationen von vorneherein zu vermeiden oder möglichst früh zu entschärfen, indem ich Niklas ablenke oder aus der Situation raushole. Hinterher, nach etwa ein bis zwei Stunden, spreche ich meistens nochmal mit ihm darüber. Also beispielsweise, wenn wir gemütlich zusammen Karten spielen. Dann frage ich ihn: »Weißt du noch vorhin? Das war ja blöd, wie das gelaufen ist.« Dann ist er in der Regel auch offen dafür, die Konfliktsituationen mit mir zu reflektieren. Aber es funktioniert wirklich nur mit diesem zeitlichen

Abstand, in einer ruhigen, entspannten Atmosphäre. In der Situation selbst würde das überhaupt nicht gehen, im Gegenteil, dann würde er erst recht ausflippen. Trotz seiner Probleme ist Niklas eigentlich gut integriert in der Klasse, er ist ein beliebter Spielkamerad. Seine Mitschüler und Mitschülerinnen haben inzwischen ganz gut verstanden, dass sein zuweilen aggressiv wirkendes Verhalten nicht persönlich gemeint ist, sondern seiner Beeinträchtigung geschuldet ist. Insgesamt ist er sehr angesehen bei den anderen, er wurde sogar zum Klassensprecher gewählt, zusammen mit einem Mitschüler.

Für Niklas ist auch wichtig, dass er regelmäßig Pausen bekommt, um sich zu erholen und neu zu sortieren – oder auch, um sich körperlich auszutoben. Das fängt direkt morgens an, wenn er in die Schule kommt und wir uns dort treffen. Dann machen wir jeden Tag erst mal für zehn, fünfzehn Minuten eine Fußballeinheit auf dem Schulhof. Danach gehen wir zusammen ins Klassenzimmer, bis dahin sitzen die anderen Schülerinnen und Schüler meist schon an ihren Plätzen, und es ist schon relativ ruhig. Als Erstes bespricht meistens die Lehrkraft den Tagesablauf und andere organisatorische Dinge mit der Klasse, da soll Niklas möglichst auch aktiv dran teilnehmen. Falls das mal nicht klappt oder er nicht direkt alles aufnehmen kann, wiederhole ich das im Anschluss nochmal für ihn. Dann beginnt der Unterricht, meistens ist vormittags Mathe und Deutsch. Die Unterrichtsstunden dauern nominell 45 Minuten, aber die reine Arbeitszeit ist etwa eine halbe Stunde. Das kommt Niklas entgegen, weil ihn längere Lerneinheiten überfordern würden. Manchmal braucht er auch zwischendurch eine Pause, dann gehen wir zusammen in den Nebenraum oder in den Innenhof. Das ist in unserer Schule ganz günstig, weil man von den Klassenzimmern aus direkt in einen kleinen Innenhof gelangen kann, sodass im Grunde genommen jederzeit eine Bewegungsmöglichkeit vorhanden ist. Dort kann man dann ein bisschen kicken, Seil springen oder einfach nur quatschen und muss nicht immer extra auf den großen Schulhof.

Ein Vorteil in unserer Schule ist auch, dass es neben den eigentlichen Unterrichtsräumen jeweils einen zweiten Raum gibt, der durch eine Verbindungstür erreichbar ist. Dieser Differenzierungsraum wird zum Beispiel für Pausen, Kleingruppenarbeit oder als Rückzugsort genutzt und kann jederzeit aufgesucht werden, was für Niklas ebenfalls oft hilfreich ist. In diesem Differenzierungsraum haben wir in Absprache mit der Schulleitung auch einen Arbeitsplatz für Niklas eingerichtet und mit einer Stellwand etwas abgetrennt, das ist quasi seine Basisstation. Dort hat er eine vertraute Umgebung, in der er entspannter ist und sich nicht so leicht ablenken lässt. Außerdem hat er dort mehr Platz als im Klassenzimmer und sein Arbeitsmaterial viel übersichtlicher vor sich. Wir haben auch eine Metalltafel angebracht, wo ich ihm nachmittags immer schon den Stundenplan für den nächsten Tag mit Piktogrammen anpinne. An all dem merkt man natürlich auch, wie extrem wichtig die räumlichen Voraussetzungen in der Schule für Kinder mit FASD sind.

Sehr wichtig für meine Arbeit finde ich, dass die Zusammenarbeit mit den Pflegeeltern von Niklas gut klappt. Gerade am Anfang hatten wir sehr ausführliche Gespräche, damit ich überhaupt verstehe, was auf mich zukommt. Bis heute tauschen wir relativ häufig Informationen aus, zum Beispiel per Telefon, SMS oder Mitteilungsheft. Bei einem Kind wie Niklas ist es absolut sinnvoll, dass ich als Schulbegleiter in engem Kontakt mit den Pflegeltern bin, und die Pflegeltern wünschen sich das auch. Wir sprechen dann über all das, was für Niklas ansteht, was in letzter Zeit gelaufen ist, wie die Woche war, wo es Probleme gab usw. Für die Eltern ist es sehr wichtig zu wissen, wie der Schulalltag gelaufen ist, um wiederum zu Hause entsprechend reagieren zu können. Das sind ja auch Dinge, die die Lehrkräfte nicht noch zusätzlich leisten können. Gerade in schwierigen Phasen, zum Beispiel bei einer Medikamentenumstellung, war ich täglich im Kontakt mit den Eltern. Auch während der Corona-Zeit fanden wir das wichtig, weil sich da so viele Abläufe und Strukturen in der Schule geändert haben.

Auch die Zusammenarbeit mit den Lehrkräften finde ich ausgesprochen gut. Das war vor allem beim Wechsel von der Grundschule in die Sekundarstufe hilfreich. Damals war es auch vom Lehrerteam aus erwünscht, dass wir gemeinsame Termine machen und ich von meinen Erfahrungen mit Niklas berichte. Die Lehrer haben mir von Beginn an in vielen Dingen sehr viel freie Hand gelassen, weil sie gesagt haben: »Du kennst den Niklas von uns allen am besten, du weißt, wie er in welchen Situationen reagiert und was er braucht.« Das ist sicher nicht so selbstverständlich. Gerade in den ersten Wochen haben wir uns sehr oft auch nach Unterrichtsschluss ausgetauscht über unterschiedliche Situationen – was ist da passiert, was können wir ändern, was können wir tun, damit wir Niklas bei uns im Klassenverband halten können. Aus heutiger Sicht muss ich sagen, das war wirklich ein Riesenglück, dass die Lehrkräfte so offen und wertschätzend reagiert haben. Das hat definitiv sehr viel erleichtert.

In den drei Jahren, in denen ich Niklas mittlerweile begleite, hat er auf jeden Fall viele Fortschritte gemacht. Er ist zum Beispiel deutlich weniger aggressiv und impulsiv und macht Dinge nicht mehr mutwillig kaputt. Das liegt sicher auch daran, dass er für sich bessere Möglichkeiten gefunden hat, mit stressigen Situationen umzugehen, in denen er vorher einfach gefangen war. Und er kann seine Bedürfnisse besser wahrnehmen und ausdrücken. Inzwischen schafft er es tatsächlich oft zu sagen: »Ich bin gerade überfordert, ich möchte aus dieser Situation raus«, und das ist definitiv ein großer Fortschritt, den wir da geschafft haben. Was leider bis heute noch nicht so gut funktioniert, ist die Handlungsplanung und die Strukturierung von Arbeitsabläufen. Das kriegt er nach wie vor nicht so gut hin, und dabei wird er sicher weiterhin meine Unterstützung brauchen.

5.3 Erfahrungsbericht einer Pflegemutter

»Mit unserem Schulbegleiter haben wir ein richtiges Glückslos gezogen!«

Katja Mertens, Pflegemutter eines 13-jährigen Jungen mit pFAS

Als wir Niklas vor 13 Jahren als Pflegekind angenommen haben, war er noch ein Baby. Wir wussten von Anfang an, dass er einen Herzfehler hat, und weil ich Kinderkrankenschwester bin, habe ich mich damals ganz bewusst für dieses Kind entschieden. Die Diagnose einer Fetalen Alkoholspektrumstörung, genauer gesagt einer pFAS, wurde erst viel später gestellt. Zu diesem Zeitpunkt war Niklas acht Jahre und ging schon zur Schule. Dort hat sich aber schnell gezeigt, dass er im Unterricht gar nicht gut zurechtkommt. Er konnte sich nicht konzentrieren, war sehr unruhig und hat ständig gestört, manchmal war er auch aggressiv und hat den Unterricht regelrecht gesprengt. Außerdem war es sehr schwierig für ihn, das Klassenzimmer allein zu verlassen und in einen anderen Raum zu gehen. Zum einen, weil ihm die räumliche Orientierung generell sehr schwerfällt und zum anderen, weil er sich das einfach nicht getraut hat. Im Prinzip braucht er einfach immer jemand, der ihn durchs Schulgebäude begleitet und ihn individuell unterstützt. Die Lehrkräfte haben damals auch ganz klar gesagt, dass Niklas ohne Schulbegleitung nicht beschulbar ist.

Anfangs hatten wir einen Schulbegleiter, mit dem Niklas leider nicht so gut zurechtkam. Im Nachhinein kann ich gar nicht so genau sagen, woran das lag, aber es harmonierte einfach nicht mit den beiden. Glücklicherweise ergab sich dann über die Förderschule der Kontakt zu Tobias, der damals noch als Schulbegleiter für ein anderes Kind tätig war. Mit Tobias hat es von Anfang an viel besser gepasst, und das ist nach meiner Erfahrung auch extrem wichtig für so eine Art von Arbeit. Die Chemie muss einfach stimmen, und das ist bei Niklas und Tobias absolut gegeben. Aber auch wir als Eltern haben ein sehr gutes Verhältnis mit Tobias und stehen in engem Austausch mit ihm. Ganz am Anfang haben wir sehr regelmäßig telefoniert, und wir hatten auch so ein kleines Heft, in das wir uns gegenseitig Nachrichten schreiben konnten. Diese Kontakte sind im Lauf der Zeit etwas weniger geworden, aber wenn es etwas Wichtiges im Hinblick auf die Schule zu besprechen gibt, sind wir immer direkt im Kontakt.

Wenn Niklas morgens in die Schule kommt, ist es erst mal wichtig, dass er etwas runterkommt, bevor der Unterricht losgeht. Früher, als er direkt in die Klasse gegangen ist, flippte er oft total rum und das war natürlich kein guter Start. Jetzt hat es sich so eingespielt, dass er von Tobias in Empfang genommen wird und die beiden gehen zunächst auf den Hof und spielen als erstes eine Runde Fußball. Danach ist Niklas direkt viel ruhiger, und sie gehen zusammen in die Klasse. Von der Schule habe ich die Rückmeldung bekommen, dass es Niklas inzwischen viel besser im Klassenverband aushalten kann als früher, und das ist auf jeden Fall der Schulbegleitung zu verdanken. Im Prinzip ist es so, dass Tobias neben ihm sitzt und ihn in allem unterstützt. Zum Beispiel, wenn Niklas unkonzentriert oder angespannt ist oder wenn er wieder anfängt, einfach reinzuquatschen – dann holt ihn Tobias ganz schnell wieder runter. Manchmal erklärt er Niklas einfach nochmal die Regeln oder wiederholt für ihn, was der Lehrer gesagt hat. Wenn Niklas sehr unruhig ist, was sehr häufig vorkommt, gehen sie zusammen raus und Tobias sorgt für Erholung. Oder sie schauen sich die Aufgaben nochmal zusammen an, wobei ein großer Vorteil ist, dass Niklas im Nebenraum einen eigenen, durch eine Stellwand abgetrennten Arbeitsplatz hat.

Bei alledem ist es natürlich wichtig, dass sich Tobias als Schulbegleiter ständig mit den Lehrkräften austauscht und abspricht. Das funktioniert nach meinem Eindruck auch ziemlich gut. So wie ich es sehe, übt Tobias seine Rolle als Schulbegleiter sehr kompetent und selbstbewusst aus. Er wird von den Lehrern respektiert und manchmal auch um Rat gefragt, weil sie wissen, dass er Niklas einfach am besten kennt und einschätzen kann, was er braucht. Soweit ich weiß, ist es nicht unbedingt selbstverständlich, dass die Zusammenarbeit mit den Lehrkräften so gut funktioniert, aber an unserer Schule ist das glücklicherweise der Fall. Tobias hat dadurch auch immer den Überblick über die aktuellen Unterrichtsthemen und Arbeitsaufträge. Ich würde nicht sagen, dass er Niklas wie ein zusätzlicher Lehrer unterrichtet, aber natürlich arbeitet er zusammen mit ihm sehr strukturiert und individuell an den Aufgaben. Ich finde es manchmal erstaunlich, wie gut es Tobias gelingt, Niklas sogar für Aufgaben zu motivieren, auf die er zunächst mal gar keine Lust hat. All das ist wichtig, damit Niklas gut lernen kann, und deswegen profitiert er auch enorm von der Schulbegleitung. Von daher finde ich es eine wirklich tolle Einrichtung, dass es Schulbegleiter für Kinder wie Niklas gibt. Wenn es Tobias nicht gäbe, würde ich mir jeden Tag Sorgen machen: Wie schafft Niklas heute die Schule? Oh je, heute hat er Sport, hoffentlich schafft er es, seine Sachen zusammenzuhalten und findet den Weg zurück ins Klassenzimmer und so weiter. Mit Tobias als Schulbegleiter bin ich ganz entspannt und habe die Gewissheit, dass alles gut läuft.

Für Niklas ist Tobias eine total wichtige Bezugsperson, und ihr Verhältnis ist sehr vertraut. Das hat sich durch die Corona-Pandemie und den Distanzunterricht nochmal intensiviert, weil die Schulbegleitung in dieser Zeit bei uns zu Hause stattfand.

Ich finde, wenn man so einen kompetenten und empathischen und engagierten Schulbegleiter erwischt wie wir, hat man ein richtiges Glückslos gezogen! Wenn ich eine Schulnote für unseren Schulbegleiter vergeben müsste, wäre es jedenfalls eine Eins mit Sternchen. Dabei muss man auch bedenken, dass Tobias das nicht in einer Ausbildung oder in einem Studium gelernt hat. Er ist also formal gesehen keine pädagogische Fachkraft mit Zertifikat, aber tatsächlich ist er die beste Fachkraft, die man sich nur vorstellen kann! Vielleicht ist es ein bisschen so wie bei uns Eltern – wir haben das ja auch nicht studiert und in einer Ausbildung gelernt, aber im Lauf der Zeit haben wir uns einfach sehr viel Erfahrungs- und Fachwissen angeeignet, gerade auch zum Thema FASD. Und zusätzlich braucht man natürlich ganz viel Einfühlungsvermögen, um einschätzen zu können, was ein Kind mit FASD in einer bestimmten Situation braucht und wie man es am besten unterstützen kann. Und dann ist eben auch noch die Frage relevant, ob es zwischenmenschlich passt zwischen dem Kind und dem Schulbegleiter – nach meiner Erfahrung ist das sogar eine ganz entscheidende Voraussetzung.

Tobias war es von Anfang an wichtig, sich gut und gründlich in das Thema FASD einzuarbeiten, zumal er vorher als Schulbegleiter noch nie mit betroffenen Kindern zu tun hatte. Es hat mir wirklich imponiert, wie offen und motiviert er war, mehr darüber zu lernen. Er hat sich sogar Fachliteratur dazu angeschafft und durchgearbeitet. Außerdem hat er auf unsere Anregung hin an mehreren Fortbildungen zu FASD teilgenommen. In der Schule tauscht er sich regelmäßig mit anderen Schulbegleitern aus, die unterstützen sich gegenseitig und geben sich auch viele Anregungen und Tipps. Das alles hat dazu beigetragen, dass sich Tobias mit der Zeit ein sehr umfangreiches Wissen über FASD und Schulbegleitung angeeignet hat und sich mittlerweile wirklich gut damit auskennt.

Mein Wunsch ist natürlich, dass Niklas bis zum Ende seiner Schulzeit von Tobias begleitet werden kann. Der Antrag auf Schulbegleitung muss ja immer wieder neu gestellt werden, und manchmal hört man auch, dass sich das Jugendamt etwas anstellt, nach dem Motto: »Jetzt ist der Junge doch schon in der 8. Klasse, das muss er doch langsam mal allein hinkriegen.« Aber Kinder mit FASD kriegen das nicht allein hin, das ist ja gerade der Punkt! Diese Kinder haben eine hirnorganische Schädigung, das wächst sich nicht irgendwann raus. Niklas wird immer seine Probleme mit der Handlungskompetenz haben, er wird immer auf Unterstützung angewiesen sein – bis zum Ende seiner Schulzeit und darüber hinaus. Für Laien ist das manchmal vielleicht schwer zu verstehen, weil die Einschränkungen nicht so offensichtlich sind wie zum Beispiel bei einem Kind, das im Rollstuhl sitzt. Deswegen wird FASD ja auch oft als »unsichtbare Behinderung« bezeichnet. Jedenfalls finde ich, dass pädagogische Fachkräfte, die mit Kindern und Jugendlichen arbeiten, generell besser über FASD Bescheid wissen sollten – zumal, wenn man bedenkt, dass FASD relativ häufig ist und manchmal gar nicht erkannt wird. Da gibt es wahrscheinlich noch eine Menge zu tun!

6 Serviceteil

6.1 Spieleempfehlungen

Bewegungs- und Gesellschaftsspiele sind in vieler Hinsicht förderlich für die kindliche Entwicklung, indem z. B. motorische, kognitive wie auch soziale Fähigkeiten trainiert werden. Speziell bei Kindern mit FASD sollte indes gut überlegt werden, welche Spiele tatsächlich geeignet für sie sind. So ist beispielsweise zu bedenken, dass sehr schnelle und laute Spiele Kinder mit FASD leicht überfordern und in der Folge zu heftigen Impulsdurchbrüchen und damit zu Spielabbrüchen und frustrierenden Erfahrungen führen können. Schwierig für Kinder und Jugendliche mit FASD sind auch Spiele, bei denen es ums Gewinnen geht. Oft können sie es nur schwer aushalten, bei einem Spiel zu verlieren bzw. nicht zu gewinnen. In vielen Fällen sind daher ruhigere und kooperative Spiele eine bessere Wahl. Andererseits können auch Kinder mit FASD bei lebhafteren und gewinnerorientierten Spielen mitmachen und Spaß dabei haben, wenn diese individuell passend ausgewählt und gestaltet werden. So kann es bei gewinnerorientierten Spielen günstig sein, wenn die Kinder in Zweierteams spielen – so sind sie nie allein Verlierer und können sich als Gewinner gemeinsam mit dem Partner oder der Partnerin freuen. Im Folgenden findet sich eine kleine Auswahl von unterschiedlichen Spielen, die für Kinder mit FASD prinzipiell geeignet sind.

Verfuxt (Carletto)

»Verfuxt« ist ein lustiges kooperatives Detektivspiel für zwei bis vier Kinder ab 5 Jahren. Worum geht es? Ein Fuchs hat den Hennen ein Ei gestohlen. Die mitspielenden Hennen wissen aber nicht, welcher der Füchse auf dem Spielfeld es war. Nun geht es darum gemeinsam herauszufinden, wie der verdächtige Fuchs aussieht – ob er z. B. eine Brille, eine Perlenkette oder einen Zylinder trägt. Durch das Aufdecken von Fuchskarten erhalten die Mitspielenden immer mehr Informationen darüber und wissen am Ende, welcher Fuchs der Eierdieb sein muss. Um die Fuchskarten aufdecken zu können, muss man würfeln. Wenn die Hennen jedoch Würfelpech haben, läuft der Fuchs mit dem gestohlenen Ei immer näher zum rettenden Fuchsbau. Bevor er dort ankommt, müssen die Mitspielenden gemeinsam herausfinden, welcher Fuchs der Übeltäter war. Das gelingt zum Glück fast in jedem Spiel, wenn man sich abstimmt und gegenseitig Tipps gibt. Das Spiel dauert etwa 20 Minuten und macht Kindern wie Erwachsenen auch bei wiederholtem Spielen Spaß. Dabei kommt es weniger auf strategisches und flexibles Denken an als vielmehr auf Konzentration, Kommunikation und gute Zusammenarbeit. Für Kinder mit FASD, die nur schwer verlieren können, ist »Verfuxt« besonders zu empfehlen.

Halli Galli (AMIGO)

»Halli Galli« ist ein beliebtes Kartenspiel für zwei bis acht Spieler ab sechs Jahren. In der Mitte des Spieltischs steht eine Glocke, die an Rezeptionsglocken in Hotels erinnert. Alle Mitspielerinnen und Mitspieler haben einen verdeckten Talon vor sich. Auf den Karten sind in jeweils unterschiedlicher Anzahl (1–5) vier verschiedene Obstsorten abgebildet: Bananen, Erdbeeren, Limetten und Pflaumen. In jeder Spielrunde wird jeweils eine Karte aufgedeckt und auf einen eigenen Ablagestapel gelegt. Das wird so lange gemacht, bis genau fünf gleiche Früchte einer Sorte offen auf dem Spieltisch liegen – egal, ob fünf Früchte auf einer einzigen Karte zu sehen sind oder sich die Zahl fünf aus der Summe von Früchten auf verschiedenen Karten zusammensetzt. Dann versuchen alle Mitspielenden, auf die in der Mitte platzierte Glocke zu schlagen. Wer zuerst klingelt, darf alle Ablagestapel an sich nehmen. Mitspielende, deren Talon vollständig aufgebraucht ist, scheiden aus. Gewonnen hat am Ende diejenige Person, die alle Karten einsammeln konnte.

Halli Galli ist ein lustiges und kurzweiliges Reaktionsspiel; eine Runde dauert ca. 15 Minuten. Kinder und Jugendliche mit FASD können dabei spielerisch Dinge üben, die ihnen typischerweise schwerfallen:

- Flexibles Denken wird trainiert, weil sich mit jedem Spielzug die Zahl der offen liegenden Früchte durch Auslegen einer neuen und das Verdecken der bisher oben liegenden Karte verändert.
- Inhibition (Hemmung) wird trainiert, weil die Kinder nur bei der Summe von fünf gleichen Früchten auf die Glocke schlagen dürfen; bei anderen Summen müssen sie diesen Impuls jedoch zurückhalten.

Allerdings kann das Spiel aufgrund seiner schnellen Reaktionsanforderungen und des lauten Glockentons für manche Kinder mit FASD überstimulierend sein. Es ist daher ratsam, das Spiel zunächst zu zweit mit dem Kind auszuprobieren und die Gestaltung des Spielablaufs ggf. anzupassen.

Schoko Hexe (Ravensburger)

Das Kartenspiel »Schoko Hexe« eignet sich für zwei bis sechs Spieler ab 5 Jahren. In diesem Gesellschaftsspiel geht es darum, wer zuerst alle sechs Zutaten (Milch, Kakao, Zucker, Butter, Vanille und Haselnüsse) für die Herstellung eines geheimen Schokoladenrezeptes sammelt. Die Spielkarten werden zunächst gemischt und als Nachziehstapel verdeckt in die Tischmitte gelegt. Die Kinder dürfen reihum beliebig viele Karten ziehen und diese offen ablegen. Deckt ein Spieler jedoch eine Hexe auf, endet sein Zug und er verliert die Karten dieses Zugs. Der Spieler, der zuerst alle sechs Schokoladenzutaten sammelt, gewinnt. Hierzu braucht es Glück, aber auch überlegtes Handeln. Kinder und Jugendliche mit FASD können in diesem Spiel folgende Dinge üben:

- Inhibition (Hemmung) wird trainiert, weil die Kinder immer wieder kurz innehalten müssen und abwägen, ob sie noch eine weitere Karte ziehen möchten und das Risiko, eine Hexe aufzudecken, eingehen möchten.
- Aufmerksamkeit und Konzentrationsfähigkeit werden ebenfalls trainiert.

»Schoko Hexe« erfordert neben dem Mischen der Karten zu Beginn keinerlei Vorbereitung, sodass direkt begonnen werden kann. Das Spiel selbst beinhaltet kaum Ablenkungen, sodass die Fokussierung aufs Spielgeschehen leichter gelingt. Die Spieldauer beträgt ca. 15 bis 20 Minuten.

Wer ist es? (Hasbro)

»Wer ist es?« ist ein Ratespielklassiker für zwei Mitspielende ab sechs Jahren. Dieses Spiel enthält zwei Ratetafeln mit jeweils 24 Personenbildern mit Namen und 24 weitere Karten, auf denen diese Personen mit Namen nochmals abgebildet sind. Jede Spielerin und jeder Spieler verfügt über eine dieser Ratetafeln. Die Mitspielenden ziehen zunächst jeweils eine der verdeckt liegenden Karten und schlüpfen dann in die Rolle eines Detektivs. Durch gezieltes Fragen, wie zum Beispiel: »Hat deine Person dunkle Haare?«, sollen sie herausfinden, welche Person der Mitspieler verbirgt. Die Fragen dürfen nur mit »Ja« oder »Nein« beantwortet werden. Wer gefragt hat, dreht alle Personenkarten von seiner Ratetafel um, auf denen die Antwort *nicht* zutrifft. Um bei dem Beispiel »dunkle Haare« zu bleiben, dreht der fragende Spieler also alle Personenkarten um, die keine dunklen Haare haben. So verkleinert sich von Fragerunde zu Fragerunde der gesuchte Personenkreis. Der Spieler, der zuerst herausfindet, welche Person sein Mitspieler verbirgt, gewinnt. Die Spieldauer beträgt bis zu 15 Minuten.

- Bei diesem Spiel wird ein aufmerksamer Blick für Details gefördert. In ruhiger Umgebung können Kinder mit FASD trainieren, sich konzentriert mit einer Sache zu beschäftigen, indem sie die Bilder betrachten, das Aussehen der Personen auf den Bildern wahrnehmen und zielgerichtete Fragen stellen.
- Auch soziale Kompetenzen werden gefördert. So werden dem Kind grundlegende kommunikative Fertigkeiten wie z. B. Blickkontakt aufnehmen, ausreden lassen, aufmerksames Zuhören und auch gegenseitiges Verständigen und Zusammenarbeiten nahegebracht.

Das Spiel kann auch mit reduzierter Kartenanzahl gespielt werden, wenn dies dem individuellen Entwicklungsstand des Kindes mit FASD besser entspricht. Außerdem bietet es sich an, in Zweierteams mit insgesamt vier Kindern zu spielen.

Make 'n' Break (Ravensburger)

»Make 'n' Break« ist ein beliebtes Geschicklichkeitsspiel in der Kompaktversion (Reisespiel) für zwei bis fünf Mitspielende ab acht Jahren. Zum Spiel gehört ein Würfel, mit den Zahlen 1, 2 und 3 sowie 3 leeren Würfelfeldern und 30 Karten mit abgebildeten Bauwerken, die mit acht farbigen Bauklötzen unter Zeitdruck eindeutig nachgebaut werden. Die Spielerinnen und Spieler nehmen abwechselnd die Rolle des Baumeisters oder des Zeitmessers ein. Die Baukarten werden zunächst gemischt und als Stapel auf den Tisch gelegt. Der Spieler, der beginnt, nimmt die Rolle des Baumeisters und seine Nachbarin zur Linken die Rolle des Zeitmessers ein. Der Baumeister zieht nach dem Signal »Fertig – Los« die oberste Karte und baut das auf der Karte dargestellte Bauwerk so schnell wie möglich nach. Das Bauwerk bleibt nur kurz stehen und wird dann zum Einstürzen gebracht. Dann zieht der Baumeister nacheinander weitere Karten und baut weitere Bauwerke, bis der Zeitmesser, der während dieser Zeit würfelt, die Würfelsumme 15 erreicht. Für die Bauwerke, die in der vorgegebenen Zeit errichtet wurden, erhält der Baumeister die entsprechenden Baukarten. Auf diesen Karten befinden sich Zahlen, die addiert werden. Wer den höchsten Zahlenwert erreicht, gewinnt.

- Kinder und Jugendliche mit FASD trainieren mit diesem Spiel ihre Flexibilität, da sie sich immer wieder auf neu zu errichtende Bauwerke einstellen müssen. Zugleich wird durch das planvolle Vorgehen die Handlungskompetenz der Kinder trainiert.
- Inhibition wird gefördert, weil die Kinder, sobald die Zeit abgelaufen ist, eine begonnene Handlung sofort abbrechen müssen.
- Das einfache Bauen schult darüber hinaus ihre manuelle Geschicklichkeit, insbesondere die Augen-Hand-Koordination.

Während Kinder und Jugendliche mit FASD die Bauwerke nachbauen, können sie vom zeitgleichen lautstarken Würfeln der Mitspielenden stark abgelenkt werden. Um ihre Konzentration und Aufmerksamkeit nicht zu gefährden, kann als Alternative zum Würfel daher eine Sanduhr eingesetzt werden.

6.2 Hinweise zur Medikation

Schulbegleiterinnen und Schulbegleiter, die dem betreuten Kind Medikamente verabreichen bzw. die korrekte Einnahme beaufsichtigen, sollten über die wichtigsten Medikamente Bescheid wissen, die bei FASD verabreicht werden. Die folgenden drei Medikamentengruppen kommen bei FASD-betroffenen Kindern und Jugendlichen regelmäßig, auch in Kombination, zum Einsatz: (1) Stimulanzien, (2) Sedativa und (3) Neuroleptika (Antipsychotika). Die in diesem Buch benannten Erfahrungen mit den genannten Medikamenten/Wirkstoffen beziehen sich auf

Patientinnen und Patienten mit FASD. Unabhängig davon gelten für alle Medikamente, ihre möglichen Wirkungen und Nebenwirkungen grundsätzlich die Angaben der Hersteller.

Stimulanzien

Eine Gabe von Medikamenten dieser Gruppe kann erforderlich sein, wenn beim Kind Rastlosigkeit, Unruhe und mangelnde Konzentration im Vordergrund stehen und das Kind deshalb soziale Ablehnung erfährt: Viele Kinder mit FASD suchen immer neue, schnell wechselnde Reize. Diese Reize müssen möglichst stark sein. Entsprechend sind viele Kinder mit FASD nicht nur ständig in Bewegung, sondern toben ausdauernd und gefährden sich oder andere Kinder. Aufgrund dieses Verhaltens können sich Kinder mit FASD nicht gut am meist ruhigeren Spiel anderer Kinder beteiligen. Sie stören oder unterbrechen und werden recht schnell von anderen Kindern ausgeschlossen. Nicht selten droht das Kind in der Schule und unter Spielkameraden isoliert zu werden.

Stimulanzien wirken im Gehirn besonders auf die Verfügbarkeit der Botenstoffe Dopamin und Serotonin. Sie wirken anregend auf die Reizleitung und die Informationsverarbeitungsgeschwindigkeit des Gehirns. Es mag überraschen, dass anregende Medikamente die kindliche Unruhe mildern und dem Kind helfen, im Spiel mit anderen Kindern zu verbleiben. Tatsächlich ist durch die vorgeburtliche Alkoholexposition das kindliche Gehirn in seiner Aktivität verlangsamt. Vereinfacht formuliert: Durch die Alkoholschädigung stehen weniger Botenstoffe zur Verfügung, die die Information von einer Nervenzelle zur anderen tragen. Zudem sind die Nervenzellen schlechter isoliert: Schwache Reize gehen unterwegs verloren, auch starke Reize kommen schwächer an. Nun will aber das kindliche Gehirn beschäftigt sein und angeregt werden. Das alkoholgeschädigte Kind ist also gezwungen, den Reizen gleichsam »hinterherzulaufen«, sie aufzusuchen: Das Kind läuft von einer Anregung zur nächsten, da aber die je neuen Reize schnell schwächer werden, muss es bald weiterlaufen, kann nichts zu Ende bringen, muss schnell neue, möglichst starke Reize finden. Wir erleben dann ein rastloses, getrieben wirkendes Kind. Wird nun durch Stimulanzien die Informationsverarbeitung des alkoholgeschädigten Gehirns normalisiert, also beschleunigt, wird das Kind entlastet: Arbeitet das Gehirn schneller, muss das Kind selbst nicht mehr allen Reizen hinterherlaufen und dabei schnell die Richtung ändern. Obwohl also in Wirklichkeit eine Beschleunigung im Kopf stattfand, wirkt das Kind ruhiger, nicht mehr so rastlos. Es kann sich nun »leisten«, im gemeinsamen Spiel zu verbleiben, andere Kinder in ihrem Anteil am Spiel zu dulden. Es muss nicht mehr »der Bestimmer sein«, der alle Reize auf sich lenkt. Mit etwas Glück kann es sogar in äußerlicher Ruhe ein Bilderbuch ansehen, weil dessen eher schwache, langsam wechselnde Reize nun endlich ausreichen, um das Gehirn zu beschäftigen.

Zur Medikamentengruppe der Stimulanzien gehören die Wirkstoffe:

- Methylphenidat (derzeit bspw. Concerta, Equasym, Kinecteen, Medikinet, Methylphenidat, Ritalin und weitere Generika, derzeit u. a. Methylpheni TAD, Methylphenidat AL, Methylphenidat Hexal Methylphenidat ratio).
- Amphetamin (DL-Amphetamin, Herstellung in der Apotheke bspw. als Saft), Dexamphetamin (Attentin), Lisdexamphetamin (Elvanse).

Der Versuch einer Therapie mit Stimulanzien ist in vielen Fällen gerechtfertigt und sollte nicht in der Hoffnung auf eine spontane Veränderung beim Kind hinausgezögert werden. (Pflege-)Eltern und andere Betreuungspersonen haben zuweilen Bedenken, dass durch die Verabreichung von Medikamenten die Persönlichkeit des Kindes verändert oder beeinträchtigt werden könnte. Dies ist nicht der Fall. Die Medikation ermöglicht es dem Kind mit FASD, die Persönlichkeit zu sein, die es ohne die durch den Alkoholkonsum der Mutter in der Schwangerschaft verursachten Aufmerksamkeitsdefizite und Verhaltensauffälligkeiten eigentlich ist.

Eine Ergänzung zu den Stimulanzien ist der Wirkstoff Atomoxetin (Strattera und Generika), das erst nach mehrwöchiger regelmäßiger Einnahme einen »Spiegel« aufbaut und dann rund um die Uhr wirkt. Atomoxetin wird nicht zu den Stimulanzien gezählt, obwohl es ebenfalls die Reizleitung in den Nerven beschleunigt. Es wirkt allerdings überwiegend auf die Verfügbarkeit eines anderen Botenstoffs, nämlich Noradrenalin. Strattera gilt als zweite Wahl in der medikamentösen Behandlung, kann aber bei Gefahr eines Substanzmissbrauchs vorrangig eingesetzt werden oder aber auch bei begleitenden Angst- oder Ticstörungen.

Ebenso für die Behandlung von Aufmerksamkeitsstörungen zugelassen ist Guanfacin (Intuniv). Guanfacin wurde als Blutdrucksenker entwickelt, war dort aber nur schwach wirksam. Die Beobachtung, dass die Patienten aber ruhiger und aufmerksamer wurden, führte zur Umwidmung des Wirkstoffes. Intuniv kann eingesetzt werden, wenn eine Behandlung mit Stimulanzien nicht möglich ist, nicht vertragen wird oder unwirksam war.

Bei bestimmungsgemäßer Einnahme und therapeutischer Dosierung von Stimulanzien und den Alternativpräparaten ist das Risiko für unerwünschte Nebenwirkungen gering. Aus bisherigen Untersuchungen ergeben sich keine Hinweise, dass es unter einer therapeutischen Medikation mit Stimulanzien zu einer Abhängigkeit kommt oder negative Effekte auf die weitere Gehirnentwicklung bestehen. Häufigste Nebenwirkungen einer Medikation mit Stimulanzien sind Appetitminderung, Gewichtsverlust, Kopf- und Bauchschmerzen, Schlafstörungen. Guanfacin hingegen kann eher zu Schläfrigkeit und geringfügiger Senkung von Puls und Blutdruck führen.

Empfehlungen zur Medikation mit Stimulanzien bietet in sehr guter Aufbereitung die Kurzfassung der AWMF-S3-Leitlinie zu ADHS im Kindes-, Jugend- und

Erwachsenenalter, online abrufbar unter: https://www.awmf.org/leitlinien/detail/ll/028-045.html.

Sedativa

Als Sedativa bezeichnet man Medikamente, die eine dämpfende Wirkung auf das Gehirn haben. Zu dieser Medikamentengruppe sind beispielsweise die Präparate Dipiperon (Wirkstoff Pipamperon), Melneurin (Wirkstoff Melperon) oder Neurocil (Wirkstoff Levomepromazin) zu zählen. Angezeigt ist die Gabe eines Medikaments dieser Gruppe unter Umständen bei extrem rastlosen Kindern, nachdem vorangegangene Behandlungsversuche mit Stimulanzien erfolglos waren. So kann eine Medikation mit Sedativa auch bei Kindern mit geistiger Behinderung erwogen werden, die auf Stimulanzien nicht ansprechen, aber die oben beschriebene Problematik zeigen. Die Gabe eines Sedativums erhöht die Steuerungsfähigkeit des betroffenen Kindes. Es geht also auch hier nicht um ein »Ruhigstellen«.

Neuroleptika

Neuroleptika werden bei Kindern mit FASD zur zusätzlichen Behandlung einer oftmals begleitenden Impulskontrollstörung, Störung des Sozialverhaltens, (auto-)/aggressiven Verhaltens sowie auch anhaltender psychomotorischer Unruhe und Erregung eingesetzt, wenn andere Interventionen nicht greifen oder eine alleinige Medikation mit Stimulanzien nicht hinreichend erfolgreich ist. Auch intelligenzgeminderte Kinder und Jugendliche mit FASD profitieren oftmals besser von einer medikamentösen Unterstützung mit einem Neuroleptikum als von einer Stimulanzientherapie.

Die meisten der bei Erwachsenen eingesetzten Präparate haben für Kinder und Jugendliche keine oder nur eingeschränkte Zulassungen und werden dann im therapeutischen Heilversuch eingesetzt. Das heißt: Die kluge Einschätzung durch den Arzt oder die Ärztin erlaubt eine Anwendung des Medikamentes im konkreten Fall.

In der Behandlung herausfordernden und problematischen Verhaltens haben sich bei FASD-betroffenen Kindern und Jugendlichen folgende Medikamente als wirksam erwiesen:

- Risperdal, Risperidon (Wirkstoff Risperidon), zugelassen für eine Kurzzeitbehandlung (bis zu sechs Wochen) bei Kindern mit Intelligenzminderung und aggressivem Verhalten ab einem Alter von fünf Jahren. Risperidon ist angezeigt bei starken körperlichen und verbalen Aggressionen etwa gegen andere Kinder, Geschwister oder Eltern, auch bei starken Autoaggressionen. Risperidon hilft den Kindern in der Regel, sich besser zu steuern. Bei Kindern und Jugendlichen mit FASD wird Risperidon häufig in Kombination mit Metylphenidat gegeben. Wirkt Risperidon positiv ein auf die soziale Integration und das Wohlbefinden des Kindes (die Mehrheit der Kinder und Jugendlichen mit FASD sind selbst sehr unglücklich über ihr aggressives Verhalten, das sie nicht steuern können und sie zu Außenseitern macht), darf es mit Zustimmung des behandelnden Arztes oder behandelnden Ärztin auch längerfristig gegeben werden.

- Abilify (Wirkstoff Aripiprazol) ist wirksam bezüglich unaufmerksamen, hyperaktiven sowie auch aggressiven, impulsiven und zwanghaften Verhaltens und zudem erhöhter Reizbarkeit.
- Zyprexa (Wirkstoff Olanzapin) ist angezeigt bei schädigenden, nicht unbedingt fremdaggressiven Verhaltensweisen, zum Beispiel selbstverletzendem oder auch stark sexualisiertem Verhalten.
- Seroquel (Wirkstoff Quetiapin) wird zur Impulskontrolle bei belastendem, zum Beispiel zwanghaftem Verhalten, eingesetzt. Zumeist erst unter höherer Dosierung zeigt sich eine Minderung impulsiven und aggressiven Verhaltens.

Die Medikamente dieser Gruppe wirken allesamt appetitsteigernd, viele Kinder und Jugendliche reagieren auf die Einnahme mit Heißhunger und Gewichtszunahme, was besonders nach Gabe von Olanzapin und Risperidon berichtet wird. Deswegen ist die Überwachung von Gewicht, Größe und BMI bei der Gabe dieser Medikamente angezeigt. Bei regelmäßigen ärztlichen Kontrollen werden eventuelle unerwünschte Wirkungen schnell bemerkt und können besprochen werden. Dabei werden die unerwünschten Wirkungen, soweit sie keine Gefährdung bedeuten, oft sehr unterschiedlich wahrgenommen. Viele Jugendliche, die nach guter medikamentöser Einstellung erstmals Freundschaften schließen konnten, erleben zeitgleiche Gewichtsveränderungen als ganz zweitrangig gegenüber dem Zugewinn an Lebensqualität.

Abschließend möchten wir ausdrücklich betonen, dass eine medikamentöse Behandlung von Kindern und Jugendlichen mit FASD nicht darauf abzielt, diese »ruhigzustellen« oder primär das schulische Umfeld zu befrieden. Vielmehr soll dem Kind, dem Jugendlichen oder dem jungen Erwachsenen durch Minderung von einschränkendem oder herausforderndem Verhalten die Teilnahme an sozialer Interaktion und (Alltags-)Aktivitäten, am Lernen und entsprechend die Teilhabe an Schule und Gesellschaft ermöglicht werden. Leider wissen wir auch: Wie keine andere Medikamentengruppe werden gerade Stimulanzien oft sehr kritisch gesehen, hinterfragt oder pauschal diskreditiert. (Pflege-)Eltern und sorgeberechtigte Betreuungspersonen, die ihr Kind auf ärztlichen Rat hin mit Stimulanzien behandeln lassen, werden von Außenstehenden nicht selten mit der Behauptung konfrontiert, sie würden das Kind mit Medikamenten »vollpumpen«, es »abschießen« oder »ruhigstellen«. In aller Regel verfügen Personen, die sich in dieser Weise abwertend äußern, über wenig Sachkenntnis zur medikamentösen Behandlung von Kindern mit FASD. Trotzdem wollen sie die eigene moralische Überlegenheit herausstreichen und übersehen dabei, dass sie die (Pflege-)Eltern verunsichern und ihnen Angst machen. Dabei ist echte Sorge um das betroffene Kind fast nie gerechtfertigt.

Vor diesem Hintergrund ist es umso wichtiger, dass Begleitpersonen hinreichende, über oberflächliches Internetwissen hinausgehende Kenntnisse zu den wichtigsten Medikamenten haben, die bei Kindern mit FASD eingesetzt werden. Unter Umständen sollten sie private Ansichten zur Medikation des begleiteten Kindes zurückstellen und die fachliche Entscheidung zur Medikation respektieren. Keinesfalls sollte in Gegenwart des Kindes Kritik an der Medikation geäußert werden, sei es verbal oder nonverbal – dies würde das Kind unnötig verunsichern. Wenn sich Außenstehende abwertend zur Medikation des Kindes äußern, sollten sich Schulbegleiterinnen und Schulbegleiter entschieden und mit fachlichen Argumenten dagegen wehren. Bei Zweifeln an der Medikation des Kindes sind allein die zuständigen Erwachsenen (Eltern, Lehrkräfte, Ärztin oder Arzt) Ansprechpartner.

6.3 Empfehlenswerte Filme und Videos

- *Aus dem Kopf gefallen. Eine Filmreihe über junge Menschen mit FASD und ihre Überlebenshelfer* (D, 2018)
  DVD, 50 Minuten plus 65 Minuten Bonusmaterial; Bezug: Medienprojekt Wuppertal; Link: https://www.medienprojekt-wuppertal.de. Der Film ist gegen eine Gebühr auch als Stream bzw. als Download erhältlich.
  Dieser empfehlenswerte Dokumentarfilm des Medienprojekts Wuppertal porträtiert Kinder, Jugendliche und junge Erwachsene mit FASD. Die Kamera begleitet die Jugendlichen in die Schule, in eine berufsvorbereitende Bildungsmaßnahme und eine Behindertenwerkstatt. Im Mittelpunkt steht dabei vor allem das Alltagserleben der betroffenen Kinder und Jugendlichen selbst. Darüber hinaus geht es auch um die Perspektiven der Pflegeeltern sowie der Geschwisterkinder. Dabei wird deutlich, dass das Leben mit einem Kind mit FASD eine große Herausforderung ist, die Kraft, Geduld und Flexibilität erfordert. Darüber hinaus kommen Expertinnen und Experten zu Wort, unter anderem zu Therapien, Unterstützungsformen und Hilfen für betroffene Kinder und ihre Familien. Das »Bonusmaterial« enthält informative Interviews mit einem Sozialarbeiter und einer Ärztin, die langjährige Erfahrung mit FASD-Betroffenen und ihren Familien haben. Außerdem gibt es ein berührendes Portrait eines jungen Paares, bei dem beide von FASD betroffen sind.

- *Brückenbauer. Über die Arbeit von Inklusionsassistent*innen* (D, 2018)
  DVD, 40 Minuten plus 24 Minuten Bonusmaterial; Bezug: Medienprojekt Wuppertal; Link: https://www.medienprojekt-wuppertal.de. Der Film ist gegen eine Gebühr auch als Stream bzw. als Download erhältlich.
  Dieser Dokumentationsfilm zeigt die Arbeit von Begleitpersonen in der Eins-

zu-eins-Betreuung von Kita- und Schulkindern. Die Begleitpersonen berichten über ihre Zusammenarbeit mit den Kindern, wie sie die Kinder unterstützen und was ihnen bei ihrer Arbeit als wichtig erscheint. Zwar geht es in diesem Video nicht um die spezifische Begleitung von Kindern mit FASD, dennoch ist dieses Video sehr zu empfehlen, weil es inspirierende Einblicke in den Arbeitsalltag der Begleitpersonen ermöglicht. Auch die Eltern, Lehrpersonen und Erzieher kommen zu Wort.

- *Alkoholkinder – Behinderung durch Alkohol in der Schwangerschaft* (D, 2016)
  44 Minuten; WDR Doku, online verfügbar u. a. auf dem Videoportal YouTube unter https://www.youtube.com/watch?v=Emr5ZzACaj4
  Die einfühlsame WDR-Dokumentation aus der Reihe »Menschen hautnah« porträtiert die 30-jährige Jenny und ihre Tochter Sophie, bei der ein Fetales Alkoholsyndrom diagnostiziert wurde. Doch als wäre das nicht genug, erfährt Jenny, dass sie selbst ebenfalls FASD hat. Denn auch ihre eigene Mutter hat in der Schwangerschaft getrunken. Jenny versteht heute, warum ihre Tochter solche Probleme hat, aber vor allem auch, warum sie selbst in ihrem Leben immer wieder gescheitert ist: keine Freunde, keinen festen Job, drei Kinder von drei unterschiedlichen Männern. Obwohl es Jenny schwerfällt, den Alltag mit den drei Kindern zu bewältigen, möchte sie eine gute Mutter sein. Sie sucht Hilfe bei Behörden und Ärzten für ihre Tochter und für sich selbst. Obwohl das Jugendamt sie unterstützt, geht es ständig um die Frage: Kann sie mit ihren Kindern allein leben? Jenny hat den Mut, ihre Geschichte öffentlich zu erzählen, weil noch immer viele glauben, ein Glas Alkohol schade dem Kind im Mutterleib nicht. Jenny weiß es besser.

- *Alkohol in der Schwangerschaft – Wenn Mütter ihre Kinder behindert trinken* (D, 2019)
  18 Minuten; im Internet verfügbar; online verfügbar bei Spiegel Online: http://www.spiegel.de/video/spiegel-tv-alkohol-waehrend-der-schwangerschaft-video-99024744.html
  Die kurze Dokumentation begleitet Familie Schäfer. Alle drei Kinder leiden an FASD. Durch die Begleitung der Familie im Alltag sowie bei Arztbesuchen werden die Folgen der FASD anschaulich dargestellt.

- *Ich bin, wie ich bin! Beni und das Fetale Alkoholsyndrom* (D, 2022)
  15 Minuten; online verfügbar u. a. auf dem Videoportal YouTube unter: https://www.youtube.com/watch?v=rTMAxTWJVHw
  Diese kompakte ZDF-Dokumentation aus der Reihe »37 Grad« porträtiert den 16-jährigen Beni mit FASD. Beni gewährt den Zuschauern Einblicke in seinen Alltag und in seine Gefühls- und Gedankenwelt. In der Phase seines Er-

wachsenwerdens stehen Themen wie Freundschaft, Freizeit und Zukunftsfragen im Mittelpunkt seiner Gedanken. Quasi als Experte seines Selbst schildert er in sympathischer Weise, was ihm Freude bereitet und was er gut kann. Er benennt auch das, was ihm FASD-bedingt schwer fällt. Beni selbst nimmt sich jedenfalls nicht als Mensch mit einer Behinderung wahr. Auch seine Pflegemutter, einer seiner besten Freunde und sein Schulbegleiter berichten von ihren Erfahrungen im Umgang mit Beni.

- *Alkohol im Mutterleib: Folgen für ein ganzes Leben* (D, 2022)
  28 Minuten; online voraussichtlich bis zum 19.03.2027 verfügbar unter: https://www.zdf.de/dokumentation/37-grad/37-alkohol-im-mutterleib-100.html
  Diese empfehlenswerte ZDF-Dokumentation aus der Reihe »37 Grad« begleitet drei von FASD-betroffene Menschen in unterschiedlichen Lebensphasen. Der Film gewährt einen Einblick in die Lebenswelt des vierjährigen Nathan, der 21-jährigen Melissa und der 29-jährigen Mylene. Der Fokus dieser Dokumentation liegt auf den sozialen Beziehungen in und außerhalb der Familie, dem Umgang mit der Diagnose und die unterschiedlichen Hilfesysteme, wo die jungen Menschen und ihre Familien Unterstützung erfahren.

- *Die Gefahr von Alkohol in der Schwangerschaft* (D, 2022)
  10 Minuten; online verfügbar unter: https://www.youtube.com/watch?v=F2pUBtACDFE
  Diese kurze Dokumentation gewährt einen Einblick in den Alltag von drei Adoptivgeschwistern, die ihre Diagnose FAS aus eigener Perspektive beschreiben. Darüber hinaus liefert der Dokumentationsfilm einen Einblick in den Ablauf einer Aufklärungskampagne der Ärztlichen Gesellschaft für Gesundheitsvorsorge e. V., die Schülerinnen und Schüler für die Themen FASD und Missbrauch von Alkohol in der Schwangerschaft sensibilisiert.

- *Chaos im Kopf* – Dein FASD-Podcast von Wolfgang Werminghausen
  https://www.chaosimkopf.info
  Dieser empfehlenswerte Podcast richtet sich an Menschen mit FASD und ihre Lebensbegleiter (Eltern, Pflege- und Adoptiveltern, Betreuende, Mitarbeitende in Behörden, Schulen und weiteren sozialen Einrichtungen). Wissen über FASD wird vermittelt und darüber hinaus erfahren die Zuhörenden, welche Erfahrungen andere in ihrem Leben mit FASD gemacht haben.

6.4 Hilfreiche Adressen (Auswahl)

6.4.1 Schulbegleitung

- Bundesfachverband Schulbegleitung e. V.
  E-Mail: info@fachverband-schulbegleitung.de
  Internet: https://fachverband-schulbegleitung.de

  Der Fachverband Schulbegleitung hat das Ziel, fachlich-qualifizierte Schulbegleitung bundesweit voranzutreiben. Er richtet sich primär an aktive Schulbegleiterinnen und Schulbegleiter sowie deren zu begleitende Schülerinnen und Schüler, Eltern, Leitungskräfte sowie wissenschaftlich Tätige. Der Fachverband bietet Informations- und Fortbildungsveranstaltungen zum Themenfeld Schule, Schulbegleitung und Inklusion an.

- Fachhochschule Münster / University of Applied Sciences
  Fachbereich Sozialwesen, Referat Weiterbildung:
  Weiterbildungskurs »Damit es in der Schule klappt – Schulbegleitung bei Kindern mit FASD«
  Johann-Krane-Weg 25, 48149 Münster
  Telefon: 0251/83-65720
  E-Mail: weiterbildung@fh-muenster.de
  Internet: www.weiterbildung-soziale-arbeit.de

  Weiterbildungsangebot für Schulbegleiterinnen, Schulbegleiter, Integrations- und Koordinationskräfte, der Kurs ist Teil der FASD-Weiterbildungsangebote der Fachhochschule Münster.

6.4.2 FASD

Medizinische Diagnose und Beratung (Auswahl)

- FASD-Fachzentrum Mitteldeutschland im Sozialpädiatrischen Zentrum Frühe Hilfe Leipzig e. V.
  Delitzscher Straße 141/Haus 17, 04129 Leipzig
  Telefon: 0341/984690
  Fax: 0341/9800645
  E-Mail: spz@fhle.de

Internet: https://fhle.de/sozialpaediatrisches-zentrum/fasd-fachzentrum-mittel deutschland/
(Träger: Frühe Hilfe Leipzig e. V., Zentrum für kindliche Entwicklung; Landsberger Straße 28; 04157 Leipzig; www.fhle.de)

Das Sozialpädiatrische Zentrum Frühe Hilfe Leipzig e. V. ist eine ambulante Einrichtung zur Früherkennung und Behandlung von Störungen der körperlichen, geistigen und seelischen Entwicklung bei Kindern und Jugendlichen von der Geburt an bis zu einem Alter von 18 Jahren. Das ansässige FASD-Fachzentrum wird von Frau Dr. med. Heike Hoff-Emden geleitet.

- FASD-Ambulanz der Tagesklinik Walstedde GmbH
  Dorfstraße 9, 48317 Drensteinfurt
  Telefon: 02387/91946000
  Fax: 02387/919496000
  E-Mail: info@tagesklinik-walstedde.de
  Internet: http://www.tagesklinik-walstedde.de

  Das älteste und in Deutschland bekannteste Diagnostikzentrum für FASD wurde 2008 von Dr. Reinhold Feldmann in der Universitäts-Kinderklinik Münster ins Leben gerufen und ist seit 2011 in der Tagesklinik Walstedde beheimatet. Diagnostiziert werden dort die postnatalen Folgen von Alkohol- und Drogenkonsum in der Schwangerschaft. Neben der Diagnostik für Kinder, Jugendliche und Erwachsene und der medizinischen Forschung setzt die FASD-Ambulanz Walstedde einen Schwerpunkt auf die multiprofessionelle Langzeitbegleitung ihrer Patienten. Sie berät Familien u. a. darüber, welche sozialrechtlichen Möglichkeiten für Betroffene bestehen und welche Unterstützungen beantragt werden können. Weiter gibt sie Informationen zu Fragen des häuslichen und schulischen Alltags mit FASD-Kindern sowie zu Wohn- und Ausbildungsmöglichkeiten für betroffene Jugendliche. Auch gestaltet die FASD-Ambulanz Walstedde Fortbildungen etwa für Schulen, Jugendämter und Jugendhilfeeinrichtungen.

- Sozialpädiatrisches Zentrum in Ludwigsburg
  Posilipostraße 4, 71640 Ludwigsburg
  Telefon: 07141/9968101
  Fax: 07141/9968119
  E-Mail: mail.spz@rkh-gesundheit.de
  Internet: https://www.rkh-gesundheit.de

  Im Sozialpädiatrischen Zentrum in Ludwigsburg bietet Dr. med. Henrike Härter eine umfassende Diagnostik und Behandlung für Kinder und Jugendliche mit FASD und eine Beratung ihrer Familien an.

- Integriertes Sozialpädiatrisches Zentrum im Dr. von Haunerschen Kinderspital, Klinikum der Universität München, Ludwig-Maximilians-Universität München
  Haydnstr. 5, 80336 München
  Telefon: 089/440056800
  Internet: www.ispz-hauner.de

  Ein Team aus Ärztinnen und Ärzten, Psychologinnen und Psychologen, Therapeutinnen und Therapeuten arbeitet integrierend im Dr. von Haunerschen Kinderspital. PD Dr. med. Mirjam Landgraf leitet die dort ansässige TESS-Ambulanz (für Risikokinder mit ToxinExposition in der SchwangerSchaft). Ebenfalls leitet sie das im Juli 2019 im iSPZ Hauner gegründete »Deutsche FASD Kompetenzzentrum Bayern«, eine interdisziplinäre, muliprofessionelle und wissenschaftlich begleitete Anlaufstelle für Familien mit Kindern/Jugendlichen mit FASD sowie für Fachkräfte in München.
  E-Mail: fasd@med.uni-muenchen.de
  Mobil: 0160 / 91 36 23 86
  Internet: https://www.deutsches-fasd-kompetenzzentrum-bayern.de

6.4.3 Beratungsstellen (Auswahl)

- FASD-Fachzentrum Berlin/Evangelisches Kinderheim Sonnenhof e. V.
  Neuendorfer Straße 60, 13585 Berlin (Spandau)
  Telefon: 030/3358031
  Fax: 030/3379815
  E-Mail: sonnenhof-ev@t-online.de
  Internet: http://www.fasd-fachzentrum.de, http://www.ev-sonnenhof.de

  Das FASD-Fachzentrum ist eine bundesweite Beratungsstelle für alkoholgeschädigte Kinder und Jugendliche, welche auf der jahrzehntelangen Arbeit des Sonnenhofs aufbaut. Der Sonnenhof ist eine Einrichtung für Kinder, Jugendliche und Erwachsene mit FASD. Der Sonnenhof war eine der ersten Einrichtungen in Deutschland, in der Fachleute Menschen mit FASD unterstützen. Das FASD-Fachzentrum bietet fachspezifische Fortbildungen an.

- FAS-Beratungsstelle – Eylardus Werk
  Teichkamp 34, 48455 Bad Bentheim-Gildehaus
  Telefon: 05924/781230
  E-Mail: fas@eylarduswerk.de
  Internet: http://www.fas-beratungsstelle.de

  Das Eylarduswerk hat seit Anfang der 2000er Jahre umfangreiche Erfahrungen in der Alltagsgestaltung mit FASD-Kindern gesammelt. Anfang 2015 hat das Eylarduswerk die erste FAS-Beratungsstelle in Niedersachsen eröffnet.

- Fachzentrum für Pflegekinder mit FASD Köln
  Erziehungsbüro Rheinland gGmbH
  Christophstr. 50–52, 50670 Köln
  Telefon: 0221/720 262 22
  E-Mail: info@fasd-fz-koeln.de
  Internet: https://fasd-fz-koeln.de

  Das Erziehungsbüro Rheinland rief für Köln und Umgebung im Jahr 2015 ein regionales Fachzentrum für Kinder mit FASD ins Leben. Es bietet spezifische Hilfsangebote für Betroffene und ihren Familien und bietet darüber hinaus Fortbildungen und Fachtagungen an.

- BINE
  Erbeskopfstr. 3
  54411 Deuselbach
  E-Mail: kontakt@bine-fas.de
  Telefon: 06504 9566741

  BINE ist eine vorrangig aufsuchende FASD-Fachberatungsstelle für Rheinland-Pfalz und das Saarland. Betroffene Kinder, Jugendliche und Erwachsene sowie deren Angehörige (Geschwister, leibliche Eltern, Pflege- und Adoptiveltern, Partner*innen) und sonstige Bezugspersonen (wie Fachkräfte in Einrichtungen, Therapeut*innen und andere begleitend tätige Fachkräfte) werden beraten, begleitet und geschult.

6.4.4 Netzwerke

- FASD Fachzentrum Hamburg e. V.
  Rothenbaumchaussee 114
  20149 Hamburg
  E-Mail: info@fasd-fachzentrum.hamburg
  Internet: https://fasd-fachzentrum.hamburg

  Der Verein klärt auf, berät Eltern, Betroffene sowie Fachkräfte, vernetzt und bildet fort.

- FASD Deutschland e. V.
  Hügelweg 4, 49809 Lingen
  Telefon: 0591/7106700

E-Mail: info@fasd-deutschland.de
Internet: http://www.fasd-deutschland.de

Auf der Internetseite des Vereins FASD Deutschland e. V. finden sich vielfältige Informationen und Tipps für (Pflege-/Adoptiv-)Eltern und Familienangehörige von FASD-Betroffenen unterschiedlichen Alters, unter anderem auch von Schulkindern. Hier steht z. B. auch ein Leitfaden für Schulbegleiter als pdf-Datei zum Download bereit. Unter dem Menüpunkt »Hilfe und Beratung« finden sich unter anderem die Kontaktdaten von regionalen Selbsthilfegruppen und Ansprechpartnern, die ehrenamtliche Beratung anbieten. Weiter bietet der Verein Seminare, Schulungen und regelmäßige Fachtagungen zu unterschiedlichen Themen an. Die Vorträge der vergangenen Fachtagungen sind in schriftlicher Form verfügbar. FASD Deutschland e. V. klärt mit umfassender Öffentlichkeitsarbeit über die Auswirkungen des Alkoholkonsums in der Schwangerschaft und Stillzeit auf.

- FASD-Netzwerk Nordbayern e. V.
  Atzelsberger Str. 10
  91094 Bräuningshof
  E-Mail: info@fasd-netz.de
  Internet: http://www.fasd-netz.de

  Das FASD-Netzwerk in Nordbayern wurde 2010 gegründet und ist eine Vereinigung von Organisationen und Institutionen aus Nordbayern, die sich in der Lehre, Forschung, Diagnostik, Therapie, Beratung und Betreuung mit von FASD betroffenen Menschen beschäftigen. Ziel ist es, das Bewusstsein für FASD in der Öffentlichkeit und insbesondere bei Jugendlichen, jungen Erwachsenen und Schwangeren zu stärken.

6.5 Literaturempfehlungen

Anmerkung: In den folgenden Literaturangaben sind auch alle in diesem Buch zitierten Quellen enthalten.

Ratgeber zum Thema FASD (Auswahl)

FASD Deutschland e. V. (2020). Lebenslang durch Alkohol. Informationsbroschüre. Online: https://bit.ly/3EcUK5x

Falke, S. & Stein, S. (2021). Ein (Pflege-)Kind mit FASD – und glücklich! Ein pädagogisch-therapeutischer Wegweiser (3. Aufl.). Idstein: Schulz-Kirchner.

Feldmann, R., Kampe, M. & Graf, E. (2020): Kindern mit FASD ein Zuhause geben. Ein Ratgeber. München: Ernst Reinhardt.

Leipholz, S. & Kamphausen, U. (2020). Das FASD-Elternbuch. Hilfen und Strategien für Eltern und Kinder. Idstein: Schulz-Kirchner.

Leipholz, S. (2023). Das FASD-Geschwisterbuch. Aufwachsen als Geschwister von Kindern mit FASD – Ein Praxishandbuch für Eltern. Idstein: Schulz-Kirchner.

Löbbel, T. & Neier, R. (2020). Mein Sortierbuch. Für Menschen mit FASD und ihre Betreuer. Münster: Natur und Tier.

Südmeyer, A.-M. (2021). Schulkinder mit FASD. Fatale Katastrophe oder fantastische Herausforderung? Idstein: Schulz-Kirchner.

Thomsen, A., Michalowski, G., Landeck, G. & Lepke, K. (2021). FASD – Fetale Alkoholspektrumstörungen. Auf was ist im Umgang mit Menschen mit FASD zu achten? Ein Ratgeber (4. Aufl.). Idstein: Schulz-Kirchner.

Autobiographien (Auswahl)

Menger, B. (2017). Solange ich noch Hoffnung habe. FAScetten eines Lebens. Idstein: Schulz-Kirchner.

Spetter, S. (2021). Ich lasse mich nicht unterkriegen, solange Worte meine Wut besiegen. Münster: Agenda.

Wagner, G. (2017). Ich, das Kind aus der Schnapsflasche. Hitzacker: Cogitare.

Ratgeber für betroffene Kinder und Jugendliche (Auswahl)

Evangelisches Kinderheim Sonnenhof e. V. (2015). Fetale Alkoholspektrumstörung – und dann? Ein Handbuch für Jugendliche und junge Erwachsene. In Drogenbeauftragte der Bundesregierung (Hrsg.), Online: https://bit.ly/45oBE8H (20.12.2023).

FASD Deutschland e. V. (Hrsg.) (2021). Kugy ist anders. Die Fetale Alkohol-Spektrum-Störung (FASD) kindgerecht erklärt. Bilderbuch mit Plüschtier erhältlich über FASD Deutschland e. V.: https://www.fasd-deutschland.de/ »Kugy ist anders« gibt es auch als Animationsfilm (5 Minuten), er ist online verfügbar unter: https://www.youtube.com/watch?v=oJoLbvg2MNo

Feldmann, R. & Noppenberger, A. (2021). FAS(D) perfekt durch die Pubertät. Ein Bilderbuch zum FAS(D) – Fetales Alkoholsyndrom bzw. Fetale Alkoholspektrumstörung. München/Basel: Ernst Reinhardt.

Feldmann, R. & Noppenberger, A. (2023). Ein FAS(D) perfektes Schulkind. Ein Bilderbuch zum FAS(D) – Fetales Alkoholsyndrom bzw. Fetale Alkoholspektrumstörung (2. Aufl.). München/Basel: Ernst Reinhardt.

Feldmann, R. & Noppenberger, A. (2023). FAS(D) perfekt! Ein Bilderbuch zum FAS(D) – Fetales Alkoholsyndrom bzw. Fetale Alkoholspektrumstörung (2. Aufl.). München/Basel: Ernst Reinhardt.

Feldmann, R. & Noppenberger, A. (2023). Ein FAS(D) perfektes Talent. Ein Bilderbuch zur Begabungsförderung bei FAS(D) – Fetales Alkoholsyndrom bzw. Fetale Alkoholspektrumstörung. München/Basel: Ernst Reinhardt.

Feldmann, R. & Noppenberger, A. (2024). Ein FAS(D) perfektes Gefühl. Ein Bilderbuch zu den emotionalen Herausforderungen für Kinder und Jugendliche mit FASD. München/Basel: Ernst Reinhardt.

Lepke, K. & Hügel, B. (2022). Elfi im Land der Fantasie. Geschichten aus dem Alltag mit FASD. München: Ernst Reinhardt.

Stein, S. & Greiss, O. (2022). Miep! Ein FASD-Superheld mit Special Effects. Berlin: epubli.

Fachliteratur (Auswahl)

AWMF-S3-Leitlinie zu ADHS im Kindes-, Jugend- und Erwachsenenalter (2017). Online verfügbar unter: https://www.awmf.org/leitlinien/detail/ll/028-045.html (20.12.2023).

Drogenbeauftragte der Bundesregierung (Hrsg.) (2017). Stressreduktion bei FASD Betroffenen, deren Bezugspersonen und sozialer Umwelt durch Elterncoaching. Ein Handbuch zum Coaching von Bezugspersonen FASD Betroffener (Training für Trainer). Online verfügbar unter: https://bit.ly/44v2oDb (20.12.2023).

Feldmann, R., Löser, H. & Weglage, J. (2007). Fetales Alkoholsyndrom (FAS). Monatszeitschrift für Kinderheilkunde, 155, S. 853–865.

Feldmann, R. (2012). Faul, frech, schlecht erzogen, … – oder doch FASD?!? Leben mit dem fetalen Alkoholsyndrom. In PFAD für Kinder. Landesverband der Pflege- und Adoptivfamilien in Bayern e. V. (Hrsg.), Faul, frech, schlecht erzogen, … – oder doch FASD? Leben mit dem fetalen Alkoholsyndrom. Dokumentation der Fachtagung in Zorneding, S. 9–28.

Feldmann, R., Ellinger, K. (2012). FASD in Schule und Beruf. In E. Paditz, & O. Ipsiroglu (Hrsg.), FASD 2011 – Facetten eines Syndroms. Dresden: Kleanthes, S. 133–143.

Feldmann, R. (2021). Zu viel Alkohol in der Schwangerschaft – was wir tun müssen, um ein weit unterschätztes Problem effektiv anzugehen. In R. Schmid (Hrsg.), Viel zu viel und doch zu wenig – Über- und Unterversorgung in der Medizin, München: Elsevier, S. 156–162.

Feldmann, R. (2022a). Geschichte und Diagnostik. Historische Entwicklung und aktueller Stand. In R. Feldmann & E. Graf (Hrsg.), Praxishandbuch FASD in der Jugendhilfe. München/Basel: Ernst Reinhardt, S. 11–26.

Feldmann, R. (2022b). Diagnostik der vorgeburtlichen Alkoholschädigung bei Kindern und Jugendlichen. In R. Feldmann & E. Graf (Hrsg.), Praxishandbuch FASD in der Jugendhilfe. München/Basel: Ernst Reinhardt, S. 27–39.

Hoff-Emden, H. (2017). Die Fetale Alkoholspektrumstörung. Die wichtigsten Fragen der sozialrechtlichen Praxis. In Drogenbeauftragte der Bundesregierung (Hrsg.), Online: bit.ly/3KDBQbL (20.12.2023).

Landschaftsverband Rheinland, LVR-Landesjugendamt Köln, Landschaftsverband Westfalen-Lippe, LWL-Landesjugendamt Münster (Hrsg.) (2017). Fetale Alkoholspektrum-Störungen. In der Praxis der Pflegekinderhilfe. Köln/Münster. Online: bit.ly/449TdYC (20.12.2023).

Landgraf, M. & Heinen, F. (2017). Fetale Alkoholspektrumstörungen. S3-Leitlinie zur Diagnostik. Stuttgart: Kohlhammer.

Landgraf, M. & Hoff, T. (2019). Fetale Alkoholspektrumstörungen. Diagnostik, Therapie, Prävention (Sucht: Risiken – Formen – Interventionen). Stuttgart: Kohlhammer.

Liesegang, J. (2022). Fetale Alkoholspektrumstörung (FASD) bei Kindern und Jugendlichen. Praxisbuch zur Teihabe-Ermöglichung. Weinheim und Basel: Beltz.

Löser, H. (1995). Alkoholembryopathie und Alkoholeffekte. Stuttgart: Fischer.

Schindler, G. (2017). Die Fetale Alkoholspektrumstörung. Die wichtigsten Fragen der sozialrechtlichen Praxis. In Drogenbeauftragte der Bundesregierung (Hrsg.), Online: bit.ly/3KDBQbL (20.12.2023).

Spohr, H. L. (2016). Das Fetale Alkoholsyndrom im Kindes- und Erwachsenenalter (2. Aufl.). Berlin: De Gruyter.

Fachtagungsbände von FASD Deutschland e. V.

Im Zuge der jährlich stattfindenden Fachtagungen des Vereins FASD Deutschland e. V. werden Fachtagungsbände herausgegeben. Diese beinhalten die Vorträge der Referentinnen und Referenten und dienen dem Nachlesen sowie Vertiefen.

Ratgeber und Fachliteratur zu den Themen »Kinder mit FASD in der Schule« und »Schulbegleitung« (Auswahl)

Billerbeck, E.-M. (2022). Qualifikation und Qualifizierung von Schulbegleiter/innen. In M. Laubner, B. Lindmeier & A. Lübeck (Hrsg.), Schulbegleitung in der inklusiven Schule (3. Aufl., S. 53–68). Weinheim und Basel: Beltz.

Henn, K., Thurn, L., Besier, T., Künster, A., Ziegenhain, U. & Fegert, J. (2014). Schulbegleiter als Unterstützung von Inklusion im Schulwesen. Zeitschrift für Kinder- und Jugendpsychiatrie und -psychotherapie, 42, 397–403.

Hohloch, C. (2021). Unterrichtsalltag mit Schulbegleiter*in: So geht's! Rollenverständnis, Zusammenarbeit, Problemlösung. Augsburg: Auer.

Jungbauer, J., Sieger, A. & Feldmann, R. (2023). Schulbegleitung für Kinder mit Fetaler Alkoholspektrumstörung (FASD): Ergebnisse einer explorativen Pilotstudie. Zeitschrift für Heilpädagogik, 74, 321–331.

Koepper, W. (2020). Die Kunst der Schulbegleitung. Systemisches Miteinander und miteinander im System. Göttingen: Vandenhoeck & Ruprecht.

Kremer, G. (2018). Schulbegleiter erfolgreich einbinden – Grundschule. Ratgeber und Praxishilfen für Lehrer (1. bis 4. Klasse). Hamburg: Persen.

Kremer, G. (2021). Schulbegleiter erfolgreich einbinden – Förderschule. Ratgeber und Praxishilfen für Lehrer (3. Aufl.). Hamburg: Persen.

Lüders, L., Feldmann, R. & Jungbauer, J. (2020). Kinder mit FASD in der Schule. Weinheim und Basel: Beltz.

Mays, D. (2016). Wir sind ein Team! Multiprofessionelle Kooperation in der inklusiven Schule. München/Basel: Ernst Reinhardt.

Probst, M. (2018). Schulbegleitung bei Kindern mit Fetaler Alkoholspektrumstörung. Leitfaden. Bachelor-Arbeit im Studiengang Soziale Arbeit der Technischen Hochschule Nürnberg Georg Simon Ohm. Online: https://bit.ly/3EaA3Yd (20.12.2023)

Sautter, C. (2020). Experte werden im »Team Kind«. Professionell handeln als Schulbegleitung/Teilhabeassistenz/Integrationshilfe. Ravensburg: Sautter.

Schlachtberger, A. (2023). FASD und Schule. Eine Handreichung zum Umgang mit Schülern mit Fetaler Alkoholspektrumstörung (4. Aufl.). Idstein: Schulz-Kirchner.

Thiel, S. (2022). Die Beantragung und Bewilligung von Schulassistenz Qualifikation. In M. Laubner, B. Lindmeier & A. Lübeck (Hrsg.), Schulbegleitung in der inklusiven Schule (3. Aufl., S. 30–39). Weinheim und Basel: Beltz.

Weinbach, H., Geese, N., Rohrmann, A. & Schulte, D. (2023). Formen und Folgen von Schulbegleitung. Ethnografische Erkundungen im Alltag außerhalb des Unterrichts. Zeitschrift für Erziehungswissenschaft, 26, 975–996.

Ratgeber/Hörbuch und Inspirationskarten für Entspannungsübungen (Auswahl)

Adams, S. (2023). 30 Fantasiereisen und Entspannungsübungen. Bildkarten für Jugendarbeit und Schule. München: Don Bosco.

Friebel, V. (2020). Traumreisen für Kinder zur Förderung von Entspannung, Konzentration, Ich-Stärke und Kreativität (7. Aufl.). Aachen: Ökotopia.

Petermann, U. (2021). Entspannungstechniken für Kinder und Jugendliche. Ein Praxisbuch (9. Aufl.). Weinheim und Basel: Beltz.

Petermann, U. (2021). Die Kapitän-Nemo-Geschichten. Geschichten gegen Angst und Stress (21. Aufl.). Göttingen: Hogrefe.

Polakov, S. (2012). Hörbuch: Entspannung für Kinder. Autogenes Training, Muskelentspannung, Imaginationen. Baden-Schweiz: minddrops.

Reeker-Lange C., Aden, P. & Seyffert, S. (2021). Handbuch der Progressiven Muskelentspannung für Kinder (4. Aufl.). Stuttgart: Klett-Cotta.

Salbert, U. (2020). Ganzheitliche Entspannungstechniken für Kinder. Bewegungs- und Ruheübungen, Geschichten und Wahrnehmungsspiele aus dem Yoga, dem Autogenen Training und der Progressiven Muskelentspannung (13. Aufl.). Aachen: Ökotopia.

Schweppe, R.-P. & Long, A. (2022). Kleine Meditationen und Fantasiereisen für Kinder. 55 einfache Übungen zum Entspannen – für Kinder ab 5 Jahren. München: mvg.

Hinweise zum Online-Material

Eine Vorlage zur Vorbereitung des Hilfeplangesprächs sowie das Beispiel für das Mitteilungsheft, auf die in Kapitel 3.3.1 und 3.3.2 verwiesen wird, finden Sie unter www.beltz.de, auf der Produktseite zum Buch. Da das Arbeitsmaterial nur so lange zur Verfügung steht, wie das Buch lieferbar ist, empfehlen wir Ihnen, es sich auf dem eigenen Rechner zu speichern.

Autistischen Besonderheiten in Schule und Unterricht gerecht werden

Stephanie Meer-Walter
Schüler_innen im Autismus-Spektrum verstehen
Praxishilfe zu autistischen Besonderheiten in Schule und Unterricht.
Mit E-Book inside und Online-Materialien

2021 | 252 Seiten | broschiert
ISBN 978-3-407-63231-9

Die Inklusion von Schüler_innen im Autismus-Spektrum stellt für Lehrpersonen vielfach noch »Neuland« dar. Dieses Buch bietet zahlreiche Impulse, um dieses (selbst-)sicher, vorbereitet und kompetent zu betreten.

Die Autorin vermittelt aus ihrer »autistischen Innensicht« und Lehrer_innen-perspektive grundlegendes Wissen über Autismus-Spektrum-Störungen und zeigt pädagogische Handlungswege auf. Die Beispiele und Übungen, die in das Buch eingebunden sind, machen autistisches Erleben erfahrbar und laden zur Perspektivübernahme ein. Mit diesem Wissen aus »erster Hand« kann es gelingen, in Unterricht und Schule den spezifischen Besonderheiten und Bedürfnissen von Schüler_innen im Autismus-Spektrum möglichst gerecht zu werden.